유다 컨스피러시

KB191574

유다 컨스피러시

초판 1쇄 인쇄 2023년 7월 7일
초판 1쇄 발행 2023년 7월 14일

지은이 옥성호
펴낸이 정해종

펴낸곳 ㈜파람북
출판등록 2018년 4월 30일 제2018 - 000126호
주소 서울특별시 마포구 토정로 222 한국출판콘텐츠센터 303호
전자우편 info@parambook.co.kr **인스타그램** @param.book
페이스북 www.facebook.com/parambook/ **네이버 포스트** m.post.naver.com/parambook
대표전화 (편집) 02 - 2038 - 2633 (마케팅) 070 - 4353 - 0561

ISBN 979 - 11 - 92964 - 44 - 7   03230
책값은 뒤표지에 있습니다.

이 책은 저작물 저작권법에 따라 보호받는 저작물이므로 무단 전재와 복제를 금하며, 이 책 내용의 전부 또는 일부를 이용하시려면 반드시 저작권자와 ㈜파람북의 서면 동의를 받아야 합니다.

옥성호의
빅퀘스천

유다 컨스피러시

옥성호 지음

파람북

아버지와 아들의 대화

여기 한 남자가 있습니다. 에덴동산을 꿈꾸며 결혼했지만, 그만 아내가 아들을 낳다가 죽고 말았지요. 절망한 그는 고아원에 갓 태어난 아들을 맡기고 그 후로 혼자 살았습니다. 아들을 볼 때마다 떠오를 아내와 이별을 견딜 자신이 없었습니다. 차라리 좋은 양부모를 만나는 게 훨씬 더 좋겠다고 생각했습니다.

그로부터 무려 30년이 흐른 후, 그 남자는 자신의 젊은 시절 모습과 거의 똑같이 생긴 야구 선수가 있다는 친구의 말을 듣고 그동안 잊고 살았던 아들을 떠올렸습니다. 소용돌이치는 마음에 평소 관심도 없던 프로야구를 보러 경기장을 찾았습니다. 한 선수를 보고는 직감적으로 아들임을 알았지요. 아들은 그저 그런 선수가 아니었습니다. 연봉도 국내에서 1, 2위를 다툴 정도로 유명한 투수였습니다. 정작 남자가 놀란 건, 좋은 양부모를 만났으리란 추측과 달리 고등학교까지 고아원에서 자랐다는 게 아닙니까? 아무런 배경 없이 오로지 실력 하나만으로 지금의 성공을 이룬 아들은 자수성가의 상징이 되어 있었습니다. 30년은 결코 짧은 시간이 아니었습니다. 아들은 이미 자식을 둘이나 둔 엄연한 가장이었습니다. 남자는 도무지 "내가 네 아버지다"라며 나설 엄두가 나지 않았습니다.

'만나야 할까? 나를 밝히는 게 맞을까?'

차일피일 고민하던 남자는 어느 날 케이블 방송에 나온 아들의 인터뷰를 보고 마음을 정했습니다. 혹시 종교가 있냐는 기자의 질문에 아들이 너무도 당당하게 무교라고, 무신론자라고 대답하는 게 아닙니까? 남자는 순간 하나님의 음성을 듣는 것 같았습니다. 그토록 오랜 세월, 잊고자 했던 아들을 다시 만나야 하는 이유가 무엇인지 깨달았습니다.

30년 만에 아버지를 만난 아들은 크게 당황했습니다. 그러나 자신과 똑같이 생긴 얼굴, 단지 주름살만 더 많은 얼굴은 굳이 DNA 검사를 하지 않아도 둘 사이를 증명하고도 남았지요. 남자는 아들의 손을 잡고 눈물만 흘렸습니다.

"네 엄마를 잃고 충격이 너무 커서 아무것도 할 수 없었다. 혼자 널 키울 엄두가 나지도 않았고, 네가 내 옆에 있다간 같이 죽을 것만 같았지."

"정말 죽을 것만 같았다"를 반복하며 중얼거리는 아버지를 보는 아들의 눈에서도 어느새 눈물이 고였습니다. 그렇게 부자 상봉이 이뤄졌고, 아들은 초라하게 사는 아버지에게 조그마한 아파트까지 마련해주었습니다. 그리고 1년 가까운 시간이 흘렀습니다. 남자는 아들을 찾아간 이유를 단 한 번도 잊은 적이 없었습니다. 전도하겠다고, 비록 육신의 성장은 돕지 못했지만, 영혼만큼은 책임지는 아버지가 되겠다고 말입니다. 그러나 차마 입이 떨어지지 않았죠. 텔레비전에서 아들을 본 순간 가슴을 때린 하늘의 음성은 잊을 수 없었습니다.

"아들을 구원해라. 아들의 영혼을 네가 책임져라. 이 모든 건 다 내가 계획한 섭리다."

남자는 마운드에서 힘차게 공을 뿌리는 아들의 사진을 붙잡고 백일 작정기도에 돌입했습니다. 그리고 마침내 아들 집을 찾아갔습니다. 조심스럽게 예수와 십자가 이야기를 꺼냈지요. '하나님이 너를 얼마나 사랑하는지, 그리고 믿기만 하면 모든 죄가 용서받는다'는 기독교의 복음을 조목조목 설명하는데, 눈에서는 주책맞게 자꾸 눈물이 흘렀습니다. 아들은 고개를 숙이고 묵묵히 듣고만 있었습니다. 그리고 한동안 침묵이 두 사람을 감쌌습니다. 물끄러미 아들을 바라보던 남자가 물었습니다.

"그래, 예수님을 구주로 받아들일 마음이 생기니? 그냥 믿기만 하면 된다. 예수님을 네 마음의 주인으로 모시기만 하면 되는 거야. 나랑 같이 기도하지 않을래?"

조용하지만 힘이 실린 아버지의 재촉에 잠시 머뭇거리던 아들이 마음을 잡은 듯, 처음으로 고개를 들었습니다.

"아버지, 하나님이 전지전능하다고 하셨지요? 모르시는 게 없고, 당연히 못하시는 것도 없고요."

남자의 얼굴에 흐뭇한 미소가 떠올랐습니다.

"그렇지, 그러니까 하나님이시지."

"그런데 꼭 죄 없는 예수를 죽여야만 했나요? 그것 말고는 다른 방법이 없었을까요?"

남자는 순간 온몸이 얼어붙었습니다. 아들이 마치 이렇게 말하는 것 같았으니까요.

"아버지, 나를 꼭 버려야만 아버지가 살 수 있었나요?"

50년 넘게 교회를 다녔지만, 어디서도 들어보지 못한 질문이었습니다. 의문 비슷한 것도 머리를 스친 적 없었고요. 열기가 얼굴로 치솟았습니다. 남자는 자기도 모르게 말을 더듬었습니다.

"어어? 그, 그거야, 예, 예수님이 우리 죄를 대신해서……."

당황하는 아버지를 보며 아들이 잠시 미안한 표정을 지었습니다. 그러나 단호하게 말했습니다.

"아버지 죄송해요. 도통 납득이 안 돼서요. 투수 코치가 잘못해서 졌는데, 감독이 타자 코치에게 책임을 묻는다면 말이 안 되잖아요? 벌을 줄 거면 잘못한 사람한테 줘야지, 왜 죄 없는 엄한 사람한테 줘요? 왜 죄 없는 예수를 희생시키는지, 그게 이해되지 않아서요."

두 사람 사이에 다시 어색한 침묵이 흘렀습니다. 왠지 애초에 기대했던 대로 대화가 흐르지 않는다는 느낌에 남자는 조금 초조해졌습니다. 기도가 부족한 게 분명했습니다. 일단 오늘은 여기서 마무리하려고 형식적으로 물었습니다.

"그래, 다른 건 뭐, 궁금한 건 없지?"

아들이 크게 심호흡을 한 번 하고는 말했습니다.

"아버지, 제가 오래전에 단테의 『신곡』을 읽으면서 참 이상하다고 생각한 게 하나 있어요."

남자가 놀라서 아들을 보았습니다.

"너 운동하면서 그런 것도 읽니?"

아들이 빙긋 웃고는 말을 이었습니다.

"지옥 편 보면 최하층이 9층이에요. 또 4구역이 제일 끔찍하고요. 근데 거기 있는 게 누군지 아세요?"

남자가 궁금하다는 듯 눈을 크게 뜨고는 고개를 흔들었습니다.

"루시퍼예요."

남자의 얼굴에 처음으로 환한 미소가 떠올랐습니다.

"그렇구나. 그거 딱 맞는 얘기다, 그지? 루시퍼가 사탄 아니냐? 당연히 지옥 제일 밑바닥에서 굴러야지. 나쁜 놈."

"근데."

남자가 '뭔데?' 하는 표정으로 아들을 보았습니다.

"루시퍼의 입에 물려서 더 큰 고통을 받는 사람이 있어요."

"뭐? 그럼 루시퍼보다 더 나쁜 놈이란 얘기잖아? 그게 누군데?"

"가룟 유다요."

남자가 큰 깨달음을 얻었다는 듯 환희의 손뼉을 쳤습니다.

"맞네. 가룟 유다가 아니면 그런 끔찍한 벌은 말도 안 되지. 『신곡』, 그거 아주 은혜롭구나."

아들이 잠시 아버지를 빤히 보다가 말했습니다.

"그런데 아버지, 저는 참 이상했어요."

"뭐가?"

"가룟 유다가 무슨 잘못을 했기에 이런 벌을 받는지?"

완전히 여유를 되찾은 남자가 아들의 어깨를 툭 치면서 큰 소리로 웃었습니다.

"하하~ 네가 아직 말씀을 몰라서 그래. 가룟 유다가 얼마나 나쁜 놈인데, 우리 예수님을 팔아넘겼어요. 고작 은 30냥에. 세상에 그런 배신자가 없어. 하하하~ 근데, 우리 아들, 그게 왜 궁금했을까?"

남자가 사랑스러운 눈빛을 보냈습니다. 그러나 아들은 여전히 납득하지 못하겠다는 표정이었습니다.

"그러니까 아버지도 가룟 유다를 미워하네요?"

"당연하지, 세상에 그런 놈을 좋아하는 사람도 있니?"

"동료 중에 기독교인이 몇 명 있어요. 포수가 특히 교회에 열심히 다니는데, 한번은 내가 그 친구한테 물어봤어요. 왜 유다를 미워하는지."

남자가 어이없다는 듯 말했습니다.

"아니, 우리 예수님을 배신했는데, 고작 은돈 30냥에 팔았는데, 그런 놈을 미워하지, 너라면 사랑하겠니?"

"그 친구 대답도 지금 아버지랑 똑같았는데, 그럼 아버지가 바라는 게 뭐예요? 유다가 배신하지 않아서, 예수가 천수를 누리다가 나중에 늙어서 가족의 손을 잡고 평안하게 죽는 거예요?"

남자에게는 차마 상상도 한 적 없는 그림이었습니다.

'뭐라고? 천수를 누리다가 평안하게 죽는 예수님?'

"아니, 그건 말이 안 되지……."

"예수가 십자가에서 죽어야 다 구원받는 것 아니에요?"

남자가 말없이 고개만 끄덕였습니다.

"아버지, 그런데 왜……."

갑자기 뭔가 생각난 듯 남자가 아들의 말을 끊었습니다. 처음으로 목소리까지 조금 올라갔습니다.

"하나님은 가룟 유다의 배신이 아니었어도 얼마든지 십자가 구원을 이루실 수 있어. 지금 너는 마치 우리 하나님이 가룟 유다한테 무슨 신세라도 진 거처럼 말하는데……. 그렇지가 않아요. 하나님은 얼마든지 다른 방법으로 하실 수 있어. 아들아, 가룟 유다는 그냥 배신자야. 오죽하면 우리 사랑의 예수님이 태어나지 않았으면 좋았을 거라는, 그런 무서운 말씀을 다 하셨겠니? 유다 때문에 십자가가 가능했다는 이야기는 다른 데 가서 절대 하지 마라. 나한테는 괜찮아. 하지만 딴 데서 그런 소리 하면, 무식하다고 욕만 먹는다."

순간 아들의 얼굴이 상기되더니 중얼거렸습니다.

"그럼 플랜 B가 있었단 건가?"

"뭐라고?"

"나도 아버지의 플랜 A가 실패해서 플랜 B로 고아원에서 자란 건가요?"

"무슨 말이니?"

"어른이 될 때까지 나를 괴롭히던 생각이 있었거든요. 나는 왜 태어났나?"

남자가 자기도 모르게 말을 더듬거렸습니다.

"너, 너는 하나님이 최고로 키우셨어. 지금 이렇게 한국 최고의 선수가 되었잖니?"

"지금 마중물 이야기하시는 거예요?"

"뭐?"

"아버지, 저 처음 만났을 때 하신 얘기……."

그제야 남자는 기억했습니다. 아들의 손을 잡고 헤어지기 직전에 말했었지요.

"아들아, 사실 따지고 보면 내가 마중물이 되었잖아? 내가 아니었다면 너는 이렇게 훌륭한 선수가 될 수 없었어. 나같이 운동에 전혀 관심이 없는 아비랑 살았으면, 너는 절대 야구도 못했을 거고."

남자가 멋쩍은 표정을 지었습니다.

"그래. 기억난다. 네가 야구팀 있는 고아원에서 자란 덕에 야구도 하고 이렇게 성공할 수 있었다는 거 말이지? 그러니까 그게 다 하나님의 선한 뜻이지……."

아들이 고개를 끄덕였지만 입가에는 알 수 없는 미소가 떠올랐습니다. 잠시 후 남자를 똑바로 보고 물었습니다.

"그럼 아버지는 왜 가룟 유다를 미워하는 거지요? 결국 유다 때문에 예수가 십자가에서 죽었는데, 유다는 마중물이 아닌가요? 유다가 아버지와 뭐가 다르지요?"

순간 할 말을 잃은 남자의 귓가에 낮게, 천천히 말하는 아들의 슬픈 목소리가 들렸습니다.

"하지만 저는 아버지 안 미워해요."

남자가 더듬거렸습니다.

"그, 그래, 고맙구나. 하지만 아무리 그래도 나를 가룟 유다랑 비교하는 건…… 어, 내 말은…… 어, 그러니까, 하나님의 깊은 뜻을 우리 부족한 인간이 어떻게 알겠니? 다 알면 우리가 하나님이게?"

남자의 마음속에는 마치 고장 난 축음기처럼 같은 말이 빙빙 울렸습니다.

'맞아, 내가 다 알면, 나도 하나님이게? 맞아, 내가 다 알면, 나도 하나

님이게?'

두 사람 사이에 다시 침묵이 흘렀습니다. 아들이 천천히 말했습니다.

"오늘 아버지 얘기 들으니까 『신곡』이 생각났어요. 그때 유다가 오히려 희생자라고 생각했거든요. 희생자가 배신자가 되어서 루시퍼에 물려 있는 게 아닌가. 아버지, 좀 전에 죄 없는 예수가 우리의 죄 때문에 죽었다고 하셨죠?"

"그랬지. 우리 죄 때문이지."

"그럼 가롯 유다는 왜 필요했을까요?"

망치로 뒤통수라도 맞은 것처럼, 남자는 멍한 얼굴로 아들을 바라보기만 했습니다.

차례

컨스피러시:

맥락, 배경 그리고 희생

1
메이킹 스토리

1995년부터 스페인 FC 바르셀로나 소속이었던 루이스 피구는 당시에도 이미 월드클래스 반열에 오른 선수였다. 그리고 새천년이 시작하는 2000년에는 전 세계에서 단 한 명에게만 주어지는 발롱도르까지 수상함으로써 명실상부한 최고의 축구 선수가 되었다. 그런데 3,700만 파운드의 이적료를 받고 숙적 레알 마드리드로 옮긴 그날부터, 바르셀로나에서는 그를 새로운 이름으로 불렀다. '가롯 유다', 그리고 레알에서 받는 연봉을 유다가 예수를 팔고 받은 돈, 은화 30냥이라고 조롱했다.

2002년 11월, 레알 마드리드의 유니폼을 입은 피구가 처음으로 바르셀로나 홈구장 누캄프를 찾았을 때, 그를 맞은 건 '유다'라고 쓴 현수막과 운동장 전체가 떠나갈 듯 외치는 "가롯 유다"라는 비아냥이었다. 그리고 코너킥을 차려는 피구에게 관중석에서 던진, 중세시대부터 반유대주의의 상징으로 악용되던 '코치니요'라고 불리는 새끼돼지의 머리[1]가 날아왔다. 바르셀로나 팬에게 피구는 더 이상 포르투갈 사람이 아니었다. 그

---

1 돼지고기 먹는 것을 금하는 유대율법을 향한 조롱이다.

는 어느새 배신자를 상징하는 '유대인 유다'가 되어 있었다.[2]

바르셀로나와 레알 마드리드가 아무리 숙적이라고 해도 포르투갈 사람 피구를 유대인이라고, 유다라고 부르며까지 조롱할 필요가 있었을까? 피구가 레알 마드리드로 옮기고 한동안 바르셀로나의 성적이 좋지 않았다. 매년 1, 2위를 다투던 팀이 2002-03시즌은 리그 6위까지 추락했고, 바르셀로나 팬에게는 납득할 이유, 부진한 성적을 합리화하기 위해서라도 희생양이 필요했다.

"그래, 맞아. 우리 팀이 이렇게 추락할 리 없어. 이게 다 너의 배신 때문이야. 피구, 너만 우리 등에 비수를 꽂지 않았어도 이런 수치는 없었을 거야."

피구의 경우는 21세기에도 여전히 살아 있는 가롯 유다의 모습을 잘 보여준다.

예수만큼 인류에게 영향을 끼친 사람이 없다는 말에 대부분 동의할 것이다. 그러나 거기에 밑거름이 된 사람이 가롯 유다라는 말에는 과연 몇 명이나 고개를 끄덕일까? 이건 결코 과장이 아니다.

---

2 피구의 바르셀로나 이적은 보통 충격적인 사건이 아니었다. 2022년 넷플릭스는 이 사건을 다큐멘터리로 제작해서 방송했다. 우리나라에서도 언론에 의해서 유다라고 불린 사람들이 꽤 있다. 야구의 이만수, 축구의 김주영, 서정원, 이상호, 배구의 박철우 그리고 쇼트트랙의 빅토르 안 등이다.

희생양

그리스 시대에는 기근이나 홍수 같은 각종 자연재해를 맞을 때마다 몇 사람을 뽑아서 폴리스 밖에서 사형에 처했다. 그들이 흘린 피가 무슨 역할을 했을까? 자연재해를 내린 신이 그 피를 보고 마음을 풀었을까? 그래서 다시는 재해가 일어나지 않았을까? 아니다. 그들은 프랑스의 철학자 르네 지네르의 말대로 "거대 폭력에 봉헌된 희생양"에 불과했다. 집단의 분노를 누그러뜨리려고 흘린 무고한 피에 지나지 않았다. 신에게는 피가 필요없지만, 희생양의 가치를 모를 리 없는 권력자에게는 필요했다. 기왕이면 약자로, 그래서 뒤탈을 걱정하지 않아도 되면 더 효과적이었다.[3]

고대사회에서나 볼 수 있는 야만성은 오늘이라고 크게 다르지 않다. 말이 21세기이지, 분야를 막론하고 무슨 사고가 일어나면 가장 먼저 하는 일이 희생양 찾기다. 원시적 본능이라고 해도 과언이 아니다. 온통 죄를 뒤집어쓸 누군가를 끄집어내서 조리돌림해야, 그나마 속이 조금 풀린다. 공정한 절차를 통한 올바른 원인규명보다 희생양으로 울분을 해소하는 사회, 이성과 상식에 근거해서 앞으로 나아가는 대신 반이성과 비상식에 기대어 열광하는 후진사회에서는 필연적으로 비극이 반복된다. 이제는 진부하다고 느낄 만한데도, '예고된 인재'라는 헤드라인 카피가 사

---

3 웰스(G. A. Wells)에 따르면, 고대 바벨론에서는 죄수 중에서 희생자를 뽑아 왕의 옷을 입히고 7일간 왕처럼 대우를 한 후에 제물로 바쳤다. 이유는 자명하다. 진짜 왕을 죽일 수는 없고, 신도 기왕이면 신분이 높은 희생자를 더 좋아할 테니까. 게다가 죄수를 죽이는 건데, 뒤탈을 걱정할 필요는 전혀 없다. G. A. Wells, *The Jesus of the Early Christians* (Pemnerton, 1971), p.233.

라지지 않는다. 인재를 예고할 정도로 시스템을 갖춘 사회라면 애초에 황당한 사고는 일어나지 않는다. 그러니까 이 카피처럼 현실과 동떨어진 것도 없다. 그리고 반복되는 비극은 사람을 무감각하게 한다. 불감증과 빠른 망각이야말로 사회에 일어날 수 있는 최악의 시나리오다. 비극과 망각의 사이클이 빨라지는 만큼 희생양의 피도 빨리 뿌려진다. 그 와중에서 상식과 이성을 외치는 사람은 또 다른 희생양이 될 가능성이 크다.

2,000년 가까운 시간 서구사회를 지배한 기독교[4]가 우리나라에 끼치는 영향은 절대적이다. 개신교의 경우는 우리나라에 들어온 지 고작 100년이 조금 넘었지만, 이른바 초대형교회를 일컫는 '메가처치(Mega Church)'는 한두 개가 아니다. 세계선교를 책임지는 명실상부한 개신교 국가라고 해도 과언이 아니다.[5] 그러니 기독교의 영향에 깊이 빠질 수밖에 없다. 기독교 교리의 핵심이 '죄 없는 예수의 죽음'이라는, 원시적이고 비극적인 희생양 시스템이다. 그러므로 이런 사회일수록 희생양 찾기는 자연스럽다.

아즈텍(Aztecs) 문화에도 죄 없는 사람을 죽이는 제사가 성행했다.[6] 다행히

---

4 가톨릭과 개신교를 포함하는 의미다.
5 한민족을 아예 '새로운 이스라엘'이라고 부르는 목사가 적지 않다.
6 "고대 멕시코의 아즈텍족만큼 혼하고도 엄숙하게 신의 대리인을 희생시키는 풍습을 행한 민족은 없는 것처럼 보인다. …… 그들은 잘생겨 보이는 포로를 끌고 와서 우상에게 제물로 바치기 전에 우상의 이름을 그에게 붙이는 한편, 우상과 똑같은 장식으로 치장한다. 그가 바로 우상을 대표한다. …… 일정 기간 그는 먹고 마시고 즐겼다. 그가 거리를 지나면 사람들이 와서 경배를 올렸고, 시주를 바쳤으며, 아이들과 병자들을 치료하고 축복해달라고 기원했다. …… 이렇게 생활하다 잔칫날이 오면 그는 살이 찌고, 사람들은 살이 찐 그를 죽여 각을 떠서 먹어 치움으로써 엄숙한 제물로 삼았다." 제임스 조지 프레이저, 이용대 옮김, 『황금가지』(한겨레출판, 2001), 691쪽.

인류는 그런 죽음을 부끄럽게 생각하는 방향으로 서서히 발전했지만, 기독교는 오히려 역행했다. …… 진정한 진보는 유대교처럼 아예 인간 희생을 폐지하는 것이다. 그러나 기독교는 …… 인간 희생 제도를 채택했다.[7]

"하나님이 세상을 이처럼 사랑하사……"로 시작하는 요한복음 3장 16절은 유명하다. 하나님의 사랑, 그런데 사랑의 종교라고 주장하는 기독교의 구원교리, 죄 없는 이가 무고한 피를 흘려서 죄 있는 이를 구하는 것이야말로 가장 잔인하고 불합리하다. 사랑이 아니라 불의한 폭력이다. 그건 희생양에게도, 수혜자에게도 공정하지 않다. 어쨌거나 기독교의 희생이 죽었다가 다시 살아났다는, 예수 하나로 끝났다면 문제 될 게 없다. 예수의 희생은 해피엔딩이니까. 부활해서 하늘로 올라가 하나님의 우편에 앉아 있다는 예수처럼 찬란한 보상을 받은 희생양도 없으니까.

문제는 가룟[8] 유다,[9] 그리고 그로 상징되는 유대민족이라는, 기독교

---

7   Hyam Maccoby, *Judas Iscariot and the Myth of Jewish Evil*(Free Press, 1992), p.95.

8   '가룟', 영어로 'Iscariot'인 이 단어가 무슨 의미인지에 관해서는 스무 가지 가까운 다양한 의견이 있다. 목을 매어 죽은 유다를 의미한다는 '질식(choking)'의 뜻이라는 주장도 그중 하나다. 하지만 가장 많은 지지를 받는 건 다음 세 가지다. 1. 가룟은 유대 마을 중 하나를 의미한다. 따라서 어느 지역 출신의 유다라는 뜻이다. 2. 'iscariot'은 단검을 의미하는 '시카리'에서 변형된 것이다. 유다는 분명히 단검을 숨기고 다니던 예수 시절의 과격한 젤롯당 암살단이었을 것이다. 3. 'iscariot'은 히브리어 '이쉬까르야'에 해당하는 '거짓의 사람, 배신자'를 뜻한다. 로버트 프라이스, 이혜청 옮김, 『복음서의 탄생』(예린출판, 2021), 318~319쪽 요약.

9   "구약과 이스라엘 역사에서 유다는 영예롭고도 대중적인 이름이었습니다. 그 뜻은 찬양입니다. …… 성서에서는 야곱의 넷째 아들에게서 유다라는 이름이 처음 등장했습니다. 그 후 통일왕국이 남과 북으로 분단되고 포로기 이후 귀환한 이들이 대게 유다 지파나 남왕국 출신이 많았기에, 유다는 자연스레 민족 공동체 전체를 일컫는 이름이 된 것이지요."(김기현, 『가룟 유다 딜레마』, IVP, 2008, 24쪽) 유다는 1세기까지만 해도 가장 인기 있는 이름이었다. 기원전 2세기 셀레우코스 왕조 치하의 유대를 독립시킨 민족 영웅 유다 마카베오, 1세기 갈릴리 유다를 보아도 알 수 있다. 참으로 영광스러운 이름이 바로 유다였다. 우리나라에서 유다라는 이름과 비슷한 뉘앙스를 주는 이름을

가 만들어낸 진짜 희생양. 지금부터 하려는 이야기다. 동서고금을 막론하고 희생양이 만들어지는 이유와 똑같다. 1세기 기독교인이 살아남기 위해서 쓴 게 복음서다. 내가 살기 위해서 누군가가 대신 죽어야만 했다. 기독교인에게 유대교를 신봉하는 유대민족 외에 다른 선택지는 없었고, 그 결과 그들을 상징하는 인물, 가롯 유다를 만들었다.

"뭐라고요? 복음서가 유대민족을 죽이기 위해서 쓰였다고요? 너무 황당한 주장 아닙니까? 그런데도 2,000년 가까이 절대적인 사랑을 받는 게 말이 됩니까?"

이런 반론이 지배적이다. 가롯 유다라는 인물이 세상에 나온 지 무려 2,000년 가까운 시간이 흘렀지만, 그 정도로 기독교의 영향력은 지금도 막강하다. 기존 기독교 세계관을 전복하지 않고는 그를 다루기가 여전히 불가능하다. 하지만 이제는 기독교 가치관도 이성과 상식의 잣대로 평가받아야 한다. 늦어도 한참 늦었다. 역사 속 실존인물이든 또는 신화 속 가상인물이든, 희생양의 피를 통한 가치의 추구, 설혹 그게 영원한 생명을 주는 구원이라고 해도, 폭력을 담보로 하는 방식은 비난받아야 한다.[10] 지금부터 기독교가 살아남기 위해서 유대민족을 희생양으로 삼았다는, 이 과격한 주장이 과연 사실인지 살펴보자. 정말로 가롯 유다가 배신자가

찾는다면, '배달' 정도가 되지 않을까? 유대민족이라는 말은 '민족 전체가 야훼를 찬양한다'는 의미다. 그런데 가롯 유다를 시작으로 그들은 '배반의 민족'이 되었다.

10 아담에서 시작해 예수의 부활까지, 기독교의 모든 이야기를 신화라고 주장하며 역사성보다는 이야기 속에 담긴 가치를 중시하자는, 이른바 진보 기독교인이 적지 않다. 가롯 유다만 놓고 볼 때, 실제로 발생하지 않았다면, 누군가 만들어냈다면, 그건 더 끔찍하다. 유다가 던지는 부당한 희생양이라는 도덕적 가치와 효과가 주는 악영향을 간과해서는 안 된다. 진짜 진보 기독교인이라면 가롯 유다 뒤에 숨은 폭력성을 비난해야 한다.

아니라 희생양인지 파헤쳐보자.

가롯 유다와 예수

가롯 유다, 어떤 이미지가 가장 먼저 떠오를까?

"가롯 유다요? 예수를 팔았잖아요? 배신자의 대명사지요. 십자가에 예수를 못 박도록 도운 거 아니에요?"

'배신자 유다'라는 딱지는 무려 1,000년도 넘게 동서양 가리지 않고 인류의 뇌리에 박혔다. 그럼 예수는 어떨까? 사랑과 희생의 동의어다. 이기적인 교회와 기독교인은 싫지만, 예수는 좋아한다는 비기독교인이 적지 않다. 예수와 유다처럼 180도로 이미지가 상반된 인물도 없다. 기존 이미지가 더 굳어질수록, 각각이 대표하는 사랑과 배신의 이미지는 더 강력해진다. 유다가 더 나쁜 놈이 될수록 예수의 사랑은 더 감동을 주고, 그럴수록 지옥에서 유다를 기다리는 화염의 불꽃은 더 활활 타오른다. 그런데 정작 이 두 사람의 연관관계를 찾는 '정직한' 질문은 만나기 힘들다.

"가롯 유다가 아니었다면, 예수의 십자가가 불가능했을까요? 왜 십자가 구원에 굳이 유다의 배신이 필요했지요?"

기독교는 구원의 종교다. 구원의 처음이자 마지막은 예수의 십자가 죽음이고, 그래서 십자가의 종교라고도 불린다. 따라서 십자가를 다양한 각도에서 조명하는 설교가 차고 넘친다. 반면 여간해서 듣기 힘든 게 있는데, 십자가를 가능하게 한 직접적인 동기, 가롯 유다의 배신이다. 조금

과장하면, 일종의 금기어가 아닐까 싶을 정도로,[11] 3장에서 자세하게 살펴볼 '뻔한 내용' 외에 기독교 내에서 유다에 관한 '이성과 상식에 입각한 진지한 토론'은 접하기 힘들다. 그럼 신학은 어떨까? 워낙 다양한 주제의 신학이 존재하는 기독교인만큼, 유다와 관련한 신학도 있어야 할 것 같은데 그렇지 않다. 이유가 뭘까? 십자가에 관한 한 개신교에서 가장 유명한 책이라고 불러도 과언이 아닌, 존 스토트의 『그리스도의 십자가』에서 중요한 단서를 찾을 수 있다.

> 예수님이 인간의 죄악 때문에 죽음을 당하시긴 했지만, 그분이 순교자로 죽으신 것은 아니다. 도리어 그분은 자발적으로, 심지어 의도적으로 십자가를 향해 나아가셨다. 예수님은 공적인 사역의 시초부터 이 목표를 위하여 자신을 바쳤다.[12]

자발적 죽음 또는 '의도성'이라는 측면에서 가룟 유다의 존재는 치명

---

11 진짜 놀라운 사실은 기독교의 창시자이자 예수와 십자가, 그리고 부활에 관해서 처음으로 글을 쓴 사도 바울의 침묵이다. 그는 가룟 유다에 관해서 그 어떤 암시조차도 하지 않는다. 십자가의 죽음을 그토록 강조한 바울이 아닌가? 기이하다고밖에 말할 수 없는 바울의 침묵은 유다의 역사성, 나아가서 예수의 역사성에까지 심각한 의문을 제기한다.

12 존 스토트, 황영철·정옥배 옮김, 『그리스도의 십자가』(IVP, 1998), 83쪽. 존 스토트는 『나는 왜 그리스도인가』(IVP, 2020)에서 기독교를 믿는 이유 세 가지를 설명한다. 세 번째가 십자가다. 마찬가지로 예수의 의도성과 자발성을 강조한다. "다른 종교 지도자는 살 만큼 살다가 성공적으로 자기 사명을 완수하고 자연사했습니다. 마호메트는 62세에, 공자는 72세에, 부처는 80세에, 그리고 모세는 120세에 죽었습니다. 그러나 예수님은 30대 초반에 …… 예수님은 죽음이 자기 삶의 핵심이라고 이해하셨음을 분명합니다. …… 예수님은 죽음이 반드시 일어나야 한다고 말씀하셨습니다." 그러나 그는 여기서도 예수의 죽음을 가능하게 한 동기, 유다에 관해서는 일절 언급 자체가 없다. 유다만 아니었다면, 예수는 그가 열거한 사람들보다 더 오래, 장수했을 수도 있다는 생각을 안 하는 걸까, 아니면 못 하는 걸까?

적이다. 예수가 배신 때문에 원하지 않는 죽음을 맞았다는 소리가 된다. 임진왜란 때 진주성이 함락되자 왜장을 안고 남강에 투신한 논개를 생각해보자. 그게 누군가의 사주 때문이었다면, 그녀의 죽음을 '순절'이라고 부를 수 있을까? 예수도 다르지 않다. 이성적으로 접근할수록 유다는 한마디로 십자가 가치에 하등 도움이 되지 않는다. 그렇다고 삭제할 수도 없으니, 말 그대로 목에 걸린 생선 가시다. 유다에 관한 신학이라고? 유다는 수면 아래로, 머리카락도 보이지 않게 최대한 꼭꼭 숨겨야 한다. 그러나 그건 불가능하다. 십자가 사건에서 유다가 차지하는 비중이 워낙 크다 보니 그를 빼고는 서사 자체가 흔들린다. 그래서 기독교가 찾아낸 방법이 바로 상식과 이성이 아예 들어설 자리가 없도록, 최대한 배신이라는 감정적 측면을 강조하는 것이다. 4장에서 자세하게 살펴볼 '십자가 사건의 전후맥락'을 아예 생략하고, 오로지 '배신'이라는 감정적 한 단어에 근거해서 유다를 무조건 패륜아로 몰아가는 것이다. 이성을 가진 사람인 이상, 앞에서 던진 정직한 질문에서 벗어날 수 없다.

"가룟 유다가 아니었다면, 예수의 십자가는 불가능했나요? 왜 십자가 구원에 굳이 유다의 배신이 필요했지요?"

애초에 이성과 상식이 결여된 상태에서 만들어진 인물이 유다다. 그러므로 이 질문에 대답하는 길은 기독교에 존재하지 않는다. 문을 열고 들어간 사람에게 벽을 부수고 나오라는 것과 같은 소리다. 21세기가 되었지만, 기독교가 건재한 이상 여전히 유다에 관해서만은 이성과 상식을 적용하는 건 불가능하다. 이점을 염두에 두고, 지금부터 기독교의 숨은 진실을 파헤쳐보자.

복음서 저자의 의도

기독교의 창시자[13]는 예수가 아니라 바울이다. 그래서 바울은 예수와 십자가를 창시했다. 그런데 시작은 거기서 끝나지 않는다. 예수를 십자가 죽음으로 희생하게 함으로써 본인의 의도와 전혀 관계없이 유다까지 창조했다. 한마디로 유다는 십자가 때문에 만들어졌다. 예수가 십자가에서 죽지만 않았다면, 유다는 이 세상에 나올 필요가 없었다. 따라서 가룟 유다에 관한 이야기를 바울에서 시작하는 건 매우 적절하다. 그런데 바울은 가룟 유다를 언급한 적도 없다. 그럼 바울이 유다를 만들었다는 건, 도대체 무슨 소리인가? 신약성서에서 가장 먼저 쓰인 건 서기 50년이 조금 지나서 나온 바울 서신서다. 다양한 곳에 편지를 보낸 바울은 반복해서 오로지 한 가지를 강조했다.

"예수가 십자가에서 죽었고 사흘 만에 부활했다!"

이건 마치 누군가가 "이순신은 노량해전에서 죽었다"라는 말만 하고 이순신이 누구인지, 도대체 어디서 무슨 일을 했는지 전혀 이야기하지 않는 것과 비슷하다. 바울의 편지만 읽은 당시 기독교인이 예수에 관해서 알 수 있는 것은 아무것도 없었다. 놀랍게도 정작 바울은 예수의 생애에 관해서는 전혀 언급하지 않았다.[14] 그냥 십자가만 반복했을 뿐이다. 하

---

13 바울은 예수를 만난 적이 없다. 바울에 관한 영어책에서 여간해서는 빠지지 않는 문장이 하나 있다. "Paul never met Jesus."

14 기독교에서 성찬식 장면이라고 주장하는 고린도전서 11장 속 구절을 포함해서 몇 개가 있지만, 실제로 역사 속에서 벌어진 사건을 적은 게 아니다. 복음서 내용 중에서도 가장 시대착오적인 장면을 딱 하나만 꼽자면, 1세기 초 유대 땅에서 살았던 예수가 제자들에게 내 살을 마시고 내 피를 마시라

지만 바울이 복음이라고 부른 메시지는 명확했다. 예수가 너의 죄 때문에 십자가에서 죽었다는 것을 "믿으면" 너는 영원한 생명을 보장받는다는 주장이다. 그런 복음을 믿어서 기독교인이 되는 건 얼마든지 가능했다. 예수에 관해서 아무것도 몰라도, 새 생명을 얻는 데는 아무런 장애가 없었다.

여기서 우리는 한 가지 중요한 사실을 발견한다. 바울이 기독교 신앙을 만들고 포교하던 처음 몇십 년간 예수의 '생애'가 없어도 얼마든지 바울의 복음은 로마 곳곳에 뿌리내릴 수 있었다. 기독교인으로 사는 데는 예수의 죽음 하나만으로도 충분했다. 그렇지 않았다면, 다음 두 가지 중 하나가 발생했을 것이다. 얼마 지나지 않아 기독교가 사그라졌거나 또는 바울이 예수에 관해서 자세하게 썼거나.

바울이 죽고 얼마 지나지 않아, 기독교인의 삶 전체를 뿌리에서 흔든 운명적 사건이 발생했다. 서기 66년, 제1차 유대-로마전쟁. 로마를 상대로 유대민족이 전쟁을 벌였다. 이건 요즘으로 치면 마치 멕시코가 미국을 상대로 전면전을 시작한 것과 다르지 않았다. 진짜 놀라운 건, 누가 봐도 금방 끝나야 할 전쟁이 무려 4년이나 계속되었다. 한마디로 말도 안 되는 일이 벌어졌다. 그럼에도 현실에서는 다윗이 골리앗을 죽이는 기적은 일어나지 않았다. 예루살렘을 꽁꽁 잠그고 1년 가까이 투쟁하던 유대민족은 마침내 불타는 성전 안에서 처참하게 패했다. 정치와 종교를 떼고 생각할 수 없는 유대민족에게 사라진 성전은 정체성의 상실이었다. 그러나 로마제국 곳곳에 흩어져서 살던 바울이 전한 복음을 받아들인 디

고 했다는 성찬식이다.

아스포라 유대인들에게는 단지 정체성의 위기가 아니었다. 거주지역과 관계없이 유대인이라면 누구라도 반역자라는 의심의 눈초리를 받게 하는 생존의 위기상황에 봉착했다.

부자면 부자라서, "너, 그동안 예루살렘에 보낸 돈이 얼마야?"

가난하면 가난해서, "너 평소에도 로마에 불만이 많았지?"

그러나 기독교인이 맞은 위기상황은 또 하나 더 있었다. 누구라도 색안경을 끼고 기독교인을 볼 수밖에 없는 중요한 이유가 생긴 것이다. 왜였을까? 십자가 때문이다.

신앙 여부를 떠나서 성서를 연구하는 거의 모든 학자가 인정하는 예수에 관한 유일한 역사적 팩트를 딱 하나만 꼽자면, 단연 십자가다. 예수가 십자가에서 죽었다는 것. 십자가가 무엇인가? 페니키아인[15]의 잔인한 고문방식이다. 문화 면에서 취약하기 그지없었던 로마가 그나마 그리스 문화에 하나 보탠 게 있다면 잔인한 십자가형이라는 말이 있을 정도로[16] 십자가형은 독특한 사형제도다. 십자가의 독특성은 오로지 하나, 잔인성 때문이다.[17] '역사상 십자가형을 받은 로마 시민은 단 한 사람도 없고',[18] 이 형벌은 오로지 반역자에게만 시행했다. 따라서 십자가 죽음은 그 자체로 메시지를 갖는다. 반로마라는 정치성이다. 그런데 예수가 십자가에서 죽었다고?

15 현 레바논 민족의 직계조상이고 히브리성경(구약)의 가나안인이 바로 이들이다.

16 Hyam Mccoby, *Revolution on Jedea*(Taplinger Publishing co., 1981), p.49.

17 "로마의 사상가 키케로는 십자가형을 '가장 잔인하고 역겨운 형벌'이라고 비난했다." 존 스토트, 『나는 왜 그리스도인인가?』, 68쪽.

18 존 스토트, 『나는 왜 그리스도인인가?』, 68쪽.

"아니, 인류를 구원하기 위해서 온 예수가 왜 하필이면 십자가에서 죽어요? 왜 로마가 예수를 사형시킨 거죠?"

육영수를 비극적으로 떠나보낸 박정희가 평생 아내만을 그리워하면서 살았다고 믿는 사람들을 가장 곤란하게 하는, 박정희에 관한 역사적 진실 딱 하나가 있다면, 과연 뭘까? 여자를 옆에 끼고 술을 마시다가 최측근의 총에 맞은 궁정동 죽음이다. 박정희의 전기작가가 있다고 치자. 그가 박정희의 죽음을 어떻게 쓸지 결정하는 요소는 두 가지다.

첫 번째는 작가가 어떤 사람인지 여부다. 만약에 박정희 숭배자라면, 그는 다음 두 가지 중 하나를 선택할 것이다. 아예 궁정동 죽음을 삭제한다. 대신 물에 빠진 어린이를 구하려다가 대신 죽었다는 식의 미담을 만들어낼 것이다. 그러나 궁정동 죽음의 증거가 너무 많아서 차마 삭제가 불가능하다면? 그에게 남은 선택지는 궁정동의 의미 자체를 바꾸는 왜곡이다. 궁정동에서 일하다가 과로로 죽었다는 식으로 스토리를 만드는 것이다.

두 번째 요소는 전기가 쓰인 시점이다. "역사서 속 진실은 집필 시기와 가장 밀접한 관련을 맺는다"라는 E. H. 카의 말을 기억하자. 즉 박정희의 전기가 쓰인 시기야말로 전기 속 궁정동 죽음이 어떻게 서술되는지와 직결된다. 만약에 박정희의 최측근이 권력을 잡았던 때라면 진실 그대로 나올 가능성은 훨씬 낮다. 박정희의 죽음은 미화되어야 하고, 궁정동의 진실은 삭제될지도 모른다. 그런데 세상이 바뀌면서 이런 사람들이 생기기 시작한다면?

"아니, 궁정동에서 업무를 보시다가 과로사하셨다고 하지 않았어요? 그런데 궁정동이 알고 보니까 사실상 술 마시는 요정이었다는데? 왜 그런 데서 업무를 보신 거예요?"

복음서 저자에게 십자가가 주는 문제가 이와 비슷했다. 전쟁 발발과 함께 반역자에게만 처하는 사형방식인 십자가가 수면 위로 급부상했다. 평화로울 때는 별 관심의 대상이 아니었던 팩트, 기독교인이 구세주로 믿는 예수가 십자가에서 죽었다는 사실이 사람들의 입방아에 오르내렸다.

"뭐라고? 너희가 믿는 예수가 십자가에서 죽었다고? 그럼 이번에 전쟁을 일으킨 본토 유대인과 한통속이라는 것 아니야? 너희들, 그러니까 십자가를 믿는다는 건, 로마를 받아들일 수 없다는 소리 아니야?"

십자가는 노예의 등에 찍힌 낙인, 여자의 가슴에 달린 주홍 글씨와 같은 꼬리표다. 요즘 사례를 들어 조금 비약하자면, 내가 믿는 주님이 전자 발찌를 차고 있다는 것과 비슷하다. 부끄러운 정도가 아니다.[19] 전자 발찌를 긍정적으로 바꾸는 게 가능할까? 마찬가지로 십자가 죽음 속에 담긴 정치적 의미를 중화하는 건 쉽지 않았다. 하지만 바꾸지 않으면 아예 생명을 내어놓아야 하는 상황인 만큼, 바울이 선교할 때만 해도 굳이 나올 필요가 없었던 예수의 '구체적 생애', 복음서 집필이 절박한 당면 과제가 되었다. 예수의 삶과 어록이 아예 없는 바울의 일방적인 교리만으로 사람들을 설득하는 시대가 끝났다. 교리를 뒷받침하는 예수의 구체적인 인

---

19 복음서의 역사성과 관련해서 지적할 부분이 있다. 복음서, 특히 마태복음 말대로 정말로 예수의 십자가 사건에 맞춰서 사람들이 부활하고 지진이 일어나고 하늘이 어두워졌다면, 로마 백부장이 예수를 하나님의 아들이라고 고백했다면, 무엇보다 며칠 후에 예수가 살아났고 진짜로 수백 명이 목격했다면, 십자가가 더는 부끄러울 필요가 있을까? 십자가는 예수의 처형과 부활을 기점으로 영광과 기적의 상징이 되었을 것이다. 당장 로마부터 십자가형을 폐지했을지도 모른다. 물론 이제는 더 이상 십자가가 부끄럽지 않다. 자랑스러운 '장식품'이다. 그건 예수의 죽음과 함께 기적이 일어났거나 예수의 부활 때문이 아니다. 로마의 국교가 된 기독교가 권력이 되었기 때문이다.

간됨이 필요했다. 예수가 누구이고, 어떤 생을 살았는지 자세하게 제시되어야 했다. 목적은 단순 명확했다. 무슨 수단을 써서라도 예수의 죽음을 비정치적이고 종교적으로 포장하고, 반로마 사형집행 도구인 십자가를 사랑의 상징으로 '조작'하는 것이다. 살해당한 사람을 자살했다고, 참사로 죽은 걸 의인의 희생이라고 주장하는 것이다.

복음서 저자가 선택한 전략은 두 가지였다. 첫 번째로 평화주의자 예수를 강조했다. 두 번째로 예수를 죽인 게 악마의 하수인 유대민족이라는 것을 분명하게 했다. 그래서 예수를 유대민족과 대적하고 로마를 사랑한 인물로 재탄생시키는 것이다. 당연히 이런 질문이 떠오른다.

"아니, 평화주의자 예수를 그리는 것으로 충분하지 않나요? 왜 굳이 유대민족을 악마로까지 만들어야 했지요?"

복음서 저자들은 예수가 진짜로 평화주의자였다면, 애초에 그가 십자가에서 죽을 이유가 전혀 없다는 것을 모를 리 없다. 독재자가 가장 사랑하는 대상이 누구일까? 원수를 사랑하라고 가르치는 사람이다. 한쪽 뺨을 맞으면 다른 뺨도 갖다 대라고 외치는 사람이다. 무조건적인 박애주의자로 넘치는 사회처럼 독재가 뿌리내리기에 적합한 토양도 없다. 평화주의자 예수야말로 로마가 온 힘을 다해서 지켜야 하는 보호대상 1호가 아닌가? 그런데 예수를 로마가 죽였다고? 그것도 십자가에서? 이건 말이 안 된다는 소리로도 부족한, 황당무계한 궤변이다. 그래서 두 번째 방향, 유대민족이라는 희생양이 필요했다.[20]

---

20   공관복음서는 예수가 정치적 이유가 아니라 종교적 이유로 죽었다고 주장한다. 그런데 왜 돌에 맞

"사실 로마는 기를 쓰고 예수를 살리려고 했어. 하지만 유대민족이 보통 사악해야 말이지. 한마디로 사탄, 마귀라고. 오죽하면 로마가 두 손 두 발을 다 들었겠어? 유대민족, 그것들이 죽인 거야. 우리 주님을……."

이게 바로 본토 유대민족을 로마를 대신해서 예수를 죽인 희생양으로 만든 복음서의 메시지다. 그렇게 민족 전체가 예수 살인자라는 누명을 썼다. 내가 살기 위해서는 누군가 죽어야 했다. 게다가 본토 유대민족은 이미 전쟁에 패해서 뿔뿔이 흩어졌다. 그들이야말로 무슨 말을 해도 괜찮은, 뒤탈 걱정이 없는 희생양이었다. 그래서 유대민족을 상징하는 인물로 가룟 유다가 선택되었다.

이게 이른바 복음서라고 불리는, 신약성서의 문을 여는, 예수의 생애를 담은 네 권(마태복음/마가복음/누가복음/요한복음)의 정체다. '복음', 즉 누군가에게는 기쁜 소식일 수 있겠지만, 유대민족에게는 날조와 저주로 가득한 기소장이다. 결과적으로 완전범죄를 노리며 증거를 지운, 살인자의 진실 은폐 기록이다. 역사는 진실 여부에 관심이 없다. '언제나' 승리자의 편이다. 기독교가 로마의 국교가 되고, 서구문화가 세계를 지배하면서 복음서가 은폐한 범죄현장은 아예 성지로 탈바꿈했다. 정말 복음서가 범인의 DNA는 말할 것도 없고 지문까지 덕지덕지 묻은 잔혹한 범죄 증거일까? 먼저 복음서가 채택한 첫 번째 전략, 평화주의자 예수를 살펴보자.[21]

아서 죽지 않고 뜬금없이 십자가에서 죽었을까? 2부 요한복음에서 자세하게 살펴보겠지만, 십자가와 비정치적 죽음이라는 애초에 불가능한 두 가지를 하나로 묶으려는 저자들의 시도는 곳곳에서 실소를 자아내는 모순을 드러낸다.

21   이 주제를 제대로 다루려면 한 권의 책으로도 모자란다. 여기서는 한두 개의 사례만 든다.

평화주의자 예수

평화를 사랑하는 예수를 특히 강조한 게 마태복음 저자다. 최초의 복음서 마가복음을 무려 90%가량 베낀 마태[22]는 초반부터 그 부분을 명확하게 한다. 그는 평화주의자 예수와 관련해서 마가가 덤덤하게 그린 광야 시험에 주목했다.

> 그리고 곧 성령이 예수를 광야로 내보내셨다. 예수께서 사십 일 동안 광야에 계셨는데, 거기서 사탄에게 시험을 받으셨다. 예수께서 들짐승들과 함께 지내셨는데, 천사들이 그의 시중을 들었다.
>
> (마가복음 1:12-13)

마태는 이 장면을 아주 드라마틱하게 보완했다. 세 번의 시험 속에 각각 분명한 메시지를 담았는데, 특히 세 번째 시험에서 강조한 게 평화의 사도 예수다.

> 또다시 악마는 예수를 매우 높은 산으로 데리고 가서, 세상의 모든 나라와 그 영광을 보여주고 말하였다. "네가 나에게 엎드려서 절을 하면, 이 모든 것을 네게 주겠다." 그때에 예수께서 그에게 말씀하셨다. "사탄아, 물러가라. 성

---

22 마태복음을 마태라는 사람이 썼다는 의미가 아니다. 그냥 편의상 마태라고 부른다. 다른 복음서도 마찬가지다. '익명의 요한복음 저자'라는 번거로운 호칭 대신 그냥 '요한'이라고 쓰는 것뿐이다.

경에 기록하기를 '주 너의 하나님께 경배하고, 그분만을 섬겨라' 하였다."

(마태복음 4:8-10)

마태가 던지는 메시지는 명확하다. 예수는 세상의 모든 나라와 영광 따위에는 관심이 없다. 세상 권력에는 눈길조차 돌리지 않는다. 말 그대로 '예수가 완전히 포기한 세상 제국'[23]은 다른 말로 하면 로마였다. 그러니까 예수는 유대민족의 독립 '따위'에는 관심이 없다는 것, 그의 목표는 오로지 영혼 구원이고 따라서 그런 예수가 로마에 위협이 되는 건 말이 안 된다. 그렇다면 당연히 이 질문이 따라온다. 아니, 그런 예수가 왜 십자가에서 죽었는가? 실제로 그런 비극이 일어났다면, 그나마 가장 가능성이 높은 대답은 이것이다.

"로마가 착각했다."

인류의 구원에만 관심이 있는 예수를 로마가 착각해서 위협인물로 간주하고 사형시켰다. 그래서 십자가 위에 '유대인의 왕'이라는 조롱 섞인 표지까지 걸어놓았다는 것이다. 일제 강점기 때, 독립군이 아닌데도 오해받아서 죽은 사람이 좀 많겠는가? 독재시절, 빨갱이로 몰려서 죽은 무고한 사람이 어디 한둘인가? 2,000년 전 로마라고 달랐을까? 그런데 이건 로마 입장에서 여간 손실이 아니다. 로마가 예수의 정체를 제대로만 알았다면, 사형은커녕 온 군사를 동원해서라도 그를 지켰을 것이다. 예를 들어, 전두환 독재시대에 일요일 예배 때마다 전두환을 위해서 간

---

23   S. G. F. Brandon, *Jesus and the Zealots* (Scribners, 1967), p. 310.

절하게 기도하는 목사가 있다고 치자.

"주님, 주님이 주신 위대한 영도자 전두환 대통령 각하에게 지혜를 더하시고……."

동시에 이 목사가 저주하는 집단이 있다. 공부는 뒤로 제쳐놓고 시위하는 학생들과 그들을 조종한다고 확신하는 좌파용공 세력이다.

"주님, 하늘이 내려주신 권세에 도전하는 사탄의 자식들을 하루빨리 없애주시고, 저 북한 정권도 망하게 하셔서……."

그런데 뭔가 착각한 전두환이 이런 목사를 사형시킨다면? 그건 정권 차원에서 이만저만한 손실이 아니다. 예수가 로마에게는 딱 이런 존재였다.

예를 하나만 더 들자. 그나마 세금 납부에서 방패막이 역할을 제대로 하던 헤롯이 죽자 당장 세금문제가 심각하게 부각되었다. 그러니까 유대인에게 로마 황제, 즉 이방인에게 세금을 내는 건 이방신을 섬기는 것과 다르지 않았다. 십계명을 처음부터 어기는, 상상도 못 할 죄악이었다. 젤롯의 시초로 불리는 갈릴리 유다로 대표되는 수많은 반란이 일어났고, 그 결과 수도 없이 많은 유대인이 십자가에 매달려 죽었다. 그런데 예수의 생각은 달랐다. 이방신과 다를 바 없는 로마에게 열심히 세금을 내라고 가르친 게 예수였다.

"황제의 것은 황제에게 돌려주고, 하나님의 것은 하나님께 돌려드려라."

(마가복음 12:17)

로마 입장에서 예수야말로 가려운 곳을 알아서 긁어주는 해결사였다. 게다가 예수가 앞장서서 저주한 대상은 다름 아니라 로마와 전쟁에서 중추 역할을 한 바리새파였다. 그러니 온 세상이 로마에 반역해 들고 일어난다고 해도, 목숨을 내어놓고 로마를 지킬 한 사람이 있다면, 그건 예수다.

"이놈들아, 로마에게 반항할 거면, 차라리 나를 밟고 가라."

그런데 로마가 이런 예수를, 그것도 반역자만 매다는 십자가에 달아서 죽였다고? 도무지 말이 안 되는 것이다. 그런데 논리적 오류보다 더 심각한 건 신학적 문제였다. 예수의 십자가 구원이 로마의 착각 때문에 가능했다는 소리가 되니까. 달리 말해서, 창세 전부터 하나님이 계획한 인류의 구원이 오해의 결과라는 것 아닌가? 당연히 복음서 저자는 그렇게 주장하지 않는다. 로마의 착각은 있을 수 없는 일이다. 게다가 멀리 계신 하나님보다 더 두려운 로마에 대한 모욕이 될 수도 있다. 그래서 그들은 로마를 대표하는 인물, 본디오 빌라도를 등장시켰다. 그것도 부족해서 아예 빌라도 부부가 힘을 합쳐서 예수 구명운동에 올인하게 만들었다. 그런데 참 이상하다. 다른 사람도 아닌 최고 권력자 빌라도가 살리려고 했다면 당연히 살아야 하는 거 아닌가? 그런데 복음서가 내린 결론은 어이가 없다.

예수가 죽었단다. 그것도 십자가에서 말이다. 원수까지 사랑하라는 평화의 메시지를 외친 것밖에 없는데, 그런 예수가 빌라도 부부의 필사적인 노력에도 불구하고 죽었단다. 어떻게 그런 일이 가능했을까? 로마

를 등에 업은 빌라도를 위협할 정도로[24] 악독한 유대민족 때문이란다. 예

24 빌라도가 정말 유대민족의 협박이 무서워서 억지로 예수를 죽였을까? 이 문제와 관련해서 졸저 『갑 각류 크리스천: 화이트 편』(글의 온도, 2022)을 참조하라. 길지만 일부를 인용한다.
"예수의 피를 내 자손에게 돌리라는 말을 유대인의 입에 담은 마태복음 구절(마태복음 27:25)이 인 간이 펜으로 쓴 가장 사악하고 잔인한 장면이라면, 지금 빌라도를 향해 왜 로마 황제를 향한 충성 이 부족하냐며 소리치는 유대인을 묘사한 요한복음 장면은 역사 왜곡에서 최고의 백미다. 이 장면 만 봐서는 도대체 누가 로마 시민이고 누가 지배를 받는 민족인지 헷갈릴 정도다. 세상에, 앞뒤가 바 뀌어도 이렇게 바뀔 수가 있을까? 빌라도는 유대 땅에 왕을 세워주고 싶어서 안달이 난 사람처럼 보일 정도다. "당신들의 왕을 십자가에 못 박으란 말이오?" 이게 도대체 말이 되는 소리인가? 유 대 땅 총독의 가장 큰 책무가 무엇일까? 행여 왕이라고 주장하며 유대민족을 선동하는 반역자가 생 기지 않도록 하는 게 아닌가? 그런데 그는 여기서 자신의 책임을 아예 망각하는 것 같다. 그럼 유대 민족은 또 어떤가? 요한복음의 장면만 봐서는 세상에 유대민족처럼 로마에 충성하는 사람들도 없 다. 이거야 뭐, 로마에 충성하라고 로마 총독까지 협박하는, "우리에게는 황제 폐하밖에는 왕이 없 습니다"라고 외치는 아주 기이한 피지배민족이다. 복음서 안에는 크게 세 장면이 들어 있다. 평화로 운 유대 땅을 거닐며 복음을 전하는 예수와 그의 제자들, 예수를 시기해서 어떻게든 죽이려고 혈안 이 된, 거의 사이코패스에 가까운 바리새인들 그리고 그런 예수를 뒤에서 몰래 돕는 착한 키다리 아 저씨 로마인이다. 특히 로마와 로마인에 대한 복음서 저자의 칭송은 그 수준이 도를 넘을 정도여서 나는 『야고보를 찾아서』에서 이렇게 썼다. "복음서 저자들에게 하나님은 다름 아닌 '로마제국'이다." 자, 지금부터 신약성경, 특히 저자가 누구인지도 알 수 없는 복음서가 말하는 픽션이 아니라 역사 속 에 분명히 존재하는, 신원이 분명하게 확인된 역사가가 서술한 당시의 상황을 살펴보자. 유대 역사 가 요세푸스에 의하면 로마의 유대 통치는 기원전 63년 로마의 폼페이가 군홧발로 예루살렘 성전 을 난입해 지성소를 유린하면서 시작했다. 로마의 유대 땅 통치는 애초부터 '관대함'과는 거리가 멀 었다. 로마는 결코 유대민족에게 호의적이지 않았다. 성격이 잔혹하고 포악한 본디오 빌라도가 유 대 땅에 파견된 이유도 반로마 소요가 끊이지 않는 유대 땅을 더 강력하게 통치하기 위한 로마의 포 석이었다. 총독 임기는 보통 3년이었지만, 그런 배경 탓에 빌라도는 이례적으로 10년에 걸친 장기 집권을 할 수 있었다. 예수와 동시대를 살았던 알렉산드리아의 유대 철학자 필로와 요세푸스는 비 교적 상세하게 빌라도에 대한 기록을 남겼는데, 요세푸스에 따르면 애초부터 강경 통치를 기치로 내건 빌라도에게는 유대인 전통에 대한 존중이 조금도 없었다. 부임하면서부터 전임 총독이었던 발 레리우스 그라투스와 전혀 다른 행보를 보였는데, 가이사랴에 주둔하던 로마 주력 부대를 예루살렘 에 재배치하는 과정에서 유대인이 그토록 혐오하는 시저의 초상이 그려진 군기(pole)를 예루살렘 에 들여왔다. 그 결과 부임과 동시에 유대인과 전면적 직전까지 가는 상황을 맞이했다. 기독교인이 라면 당연히 이 대목에서 고개를 갸우뚱해야 한다. 복음서의 내용, 특히 그중에서도 요한복음이 맞 는다면 이건 도저히 이해할 수 없는 내용이기 때문이다. 유대민족이 어떤 사람들인가? 그들은 빌라 도 앞에서 이렇게 외친 사람들이다. "우리에게는 황제 폐하밖에는 왕이 없습니다." 그런데 시저의 초 상이 그려진 군기 때문에 집단 반란을 일으켰다고? 요한복음이 맞는다면 그들은 도리어 이렇게 외 쳤어야 한다. "왜 군기만 들고 들어옵니까? 시저의 흉상이나 동상도 같이 들여오십시오. 아니, 시저 의 얼굴이 새겨진 두루마리로 온 예루살렘을 뒤덮어주십시오." 무려 닷새에 걸친 군기 제거를 요구 하는 유대인의 외침을 무시하던 빌라도는 전혀 해산할 기미를 보이지 않는 시위대에 유혈 진압을 강행하려고 했다. 만약에 그가 부임 직후부터 예루살렘에서 피를 보았더라면, 복음서 저자들은 빌

수는 오로지 사랑을 외쳤지만, 악마와 다를 바 없는 유대민족이 소리친 것은 '십자가의 죽음'이었단다.[25] 복음서는 이렇게 말한다.

"오죽하면 빌라도 같은 권력자가 두 손 두 발을 다 들었겠어? 온 민족이 들고일어나서 죽이라고 난리를 치는데, 방법이 있었겠어? 질서 유지를 위해서는 빌라도도 어쩔 수 없었던 거지. 유대민족, 그 정도로 예수를 향한 증오에 눈이 먼 지독한 족속이야."[26]

라도를 묘사할 때 조금은 더 고민했을지도 모르겠다. 그러나 피를 흘린다고 물러설 유대인이 아님을 깨달은 그는 다행히 한발 물러서서 군기를 제거했다. 그러나 빌라도의 성향은 전혀 바뀌지 않았는데, 요세푸스에 따르면 특히 서기 26년, 빌라도가 부임한 그해에 그가 예루살렘 성전에 들여놓은 독수리 문양 때문에 대규모 항쟁이 일어났다. 티베리우스 황제를 기리는 금을 입힌 방패를 성전에 들임으로써 이미 큰 원성을 샀던 그는 독수리 문양까지 성전에 갖다놓음으로써 가이사랴에서 대규모 항쟁의 빌미를 제공했다. 그러나 요한복음이 맞는다면 당시의 황제인 티베리우스를 기리는 방패 때문에 유대민족이 대규모 항쟁을 벌였을 리 없다! 그들은 본디오 앞에서 이렇게 외친 사람들이니까. "우리에게는 황제 폐하밖에는 왕이 없습니다." 이처럼 수시로 예루살렘 성전과 유대민족을 모욕하던 빌라도는 상수도 시설을 만들기 위해 성전 돈을 훔치는 일까지 마다하지 않았고, 그에 항의하는 사람들을 무차별적으로 살육했다. 빌라도의 반복적인 악행을 고려할 때, 로마군대의 주력부대와 총독 관저가 있던, 사실상 유대 땅을 다스리는 로마제국의 행정 수도라고 할 수 있는 가이사랴가 갈릴리 지역과 더불어 예수 시절 반빌라도 운동이 가장 활발하게 일어난 지역이 된 것은 너무도 당연했다. 그런데 요한복음이 맞는다면, 반빌라도 운동의 이유는 단 하나다. 빌라도가 로마 황제에게 제대로 충성하지 않아서. 유대민족이 어떤 사람들인가? 빌라도의 충성심이 부족하다고 그를 협박하는 사람들이 아니던가? "이 사람을 놓아주면, 총독님은 황제 폐하의 충신이 아닙니다. 자기를 가리켜서 왕이라고 하는 사람은, 누구나 황제 폐하를 반역하는 자입니다." 아, 빌라도의 충성심이 부족하다고 외치던 유대민족의 원성이 로마에까지 닿았던 것일까? 시와 때를 가리지 않고 유대인 정체성의 핵심이라고 할 수 있는 유일신 사상을 자극하던 빌라도는 서기 36년, 사마리아인 집단 살육 사건을 계기로 마침내 유대 총독 자리에서 물러났다. 로마 총독 중에서 유일하게 잔인성 때문에 자리에서 쫓겨난 인물이다. 빌라도에 대해서 예수와 동시대를 살았던 필로는 그를 '인간 말종'으로 평가했다. 더불어서 그의 통치 기간을 '부패, 폭력, 도적질, 사람들에 대한 학대와 재판 절차도 없이 시행된 수없는 사형 집행'으로 요약했다."

25 "없애 버리시오! 없애 버리시오! 그를 십자가에 못 박으시오!"(요한복음 19:15) 왜 유대인이 십자가에 죽이라고 요구했을까? 그들 눈에 예수가 로마의 반역자로 보였던 걸까? 복음서에 따르면 유대민족은 로마에 충성하지 못해서 안달이 났다. 왜 그런 민족이 얼마 지나지 않아 로마와 전쟁을 벌였을까? 2부에서 자세하게 살펴보겠지만, 십자가 처형을 요구하는 유대민족 이야기는 국가 보훈자에게 전자 발찌를 채우라는 것과 다르지 않다. 시대착오라는 말도 과분하다.

26 "감히 총독에게 로마에 더 충성하라고 충고한 유대인이 있다면, 그 사람은 한 시간을 더 살지 못했을 것이다." Halm Cohn, *The trial and death of Jesus*(Konecky & Konecky, 2000), p.17.

유대민족의 악마화

두 번째 전략은 로마에 면죄부를 주기 위해 유대민족을 희생양으로 선택한 것이다. 복음서가 그리는 반유대민족 정서는 노골적이다. 조금도 숨기려고 하지 않는다. 게다가 분량도 만만찮은 만큼, 제대로 검토하려면 책 한 권이 모자랄 정도다. 복음서를 읽을 때면 어김없이 드는 의문이 하나 있다.

"복음서 저자가 땅을 칠 정도로 아쉬워한 게 뭘까?"

아마도 예수가 유대인이라는 사실이 아니었을까? 그래서 그런지 복음서 저자의 의도는 명확하다. 예수를 최대한 비유대인처럼 그릴 것. 따라서 복음서 속 예수와 기존 유대인을 연결하는 건 쉽지 않다. 예수의 말과 행동에는 당시 유대인이라면 상상하기 힘든 내용으로 가득하다. 게다가 예수 주변에 있는 '진짜' 유대인은 하나같이 어리석은 모지리로 그려졌다. 예수의 직계가족조차도 위협적인 존재로 묘사된다. 세상에, 가족이 예수를 핍박한다. 더 놀라운 건, 동정녀로 예수를 낳았다는 어머니 마리아조차도 '모지리 유대인' 대열에서 빠지지 않는다. 생계와 가족을 다 버리고 예수를 따라나섰다는 제자들은 아예 아무리 가르쳐도 알아먹지 못하는 천하의 멍청이로 그려진다. 그게 다가 아니다. 말 그대로, 예수는 가는 곳곳 만나는 모든 유대인과 충돌한다. 자기 민족과는 끊임없이 갈등을 빚는 예수에게 코드가 맞는 유일한 대상이 있는데, 로마인이다. 어머니 마리아조차도 오해하는 예수의 정체를 로마인은 귀신처럼 잘 안다.

가장 먼저 쓰인 마가복음부터 반유대민족 메시지는 분명하다. 수수께끼 같은 비유로 복음을 전하는 이유가 행여라도 유대민족이 구원받는 '황당한' 일이 생기는 사태를 미연에 방지하기 위해서라는[27] 주장이 예수의 입에서 흘러나온다.[28] 마태복음에서 반유대주의는 더 노골적이 된다. 마태는 시작부터 범상치 않다. 예수의 입을 통해서 유대민족의 운명을 예견한다.

"이 나라의 시민들은 바깥 어두운 데로 쫓겨나서, 거기서 울며 이를 갈 것이다."

(마태복음 8:12)

아니나 다를까, 예수를 죽인 가해자가 유대민족이라는 점을 분명하게 하려고 마태는 죄수 바라바라는 가상인물 하나를 만들어낸다. 예수를 살리고 싶어서 안달이 난 빌라도가 바라바와 예수를 나란히 앞에 놓고 살릴 자를 선택하도록 했다는, 차마 실소도 나오지 않는 황당한 상황을 창작해냈다.

명절 때마다 총독이 무리가 원하는 죄수 하나를 놓아주는 관례가 있었다.

(마태복음 27:15)

---

27 예수께서 그들에게 말씀하셨다. "너희에게는 하나님 나라의 비밀을 맡겨주셨다. 그러나 저 바깥사람들에게는 모든 것이 수수께끼로 들린다. 그것은 '그들이 보기는 보아도 알지 못하고, 듣기는 들어도 깨닫지 못하게 하셔서, 그들이 돌아와서 용서를 받지 못하게 하시려는' 것이다."(마가복음 4:11-12)

28 유튜브 '옥성호의 진리해부'를 참고하라. 예수의 어려운 말 1, "오발탄은 누가 쐈을까?"(https://www.youtube.com/watch?v=XnBKCQMJDBY&t=28s).

유월절을 포함한 명절 때마다 로마가 죄인을 하나씩 풀어주는 관습이 있었다고? 유대에는 3대 명절이 있다. 유월절, 칠칠절(맥추절, 오순절) 그리고 초막절(장막절, 수장절)이다. 따라서 1년에 최소 3명씩 풀어줬다는 말이 된다. 일단 유월절 하나만 생각하자. 유월절은 이집트로부터 독립을 축하하는, 일종의 독립기념일이다. 그랬기에 로마는 다른 때는 몰라도 유월절에는 주력 부대를 예루살렘에 집결할 정도로 초비상사태에 들어갔다. 평소에는 가이사라에 머무는 빌라도도 유월절이면 예루살렘으로 왔다. 예수가 죽을 때 그가 예루살렘 현장에 있었던 이유다. 예수가 정말로 성전 소동으로 체포되었다면, 유월절이라는 특수성을 떼어내고 그의 죽음을 생각할 수 없는 이유다. 그런데 뭐라고? 다른 때도 아닌, 독립을 축하하는 유월절에 로마가 반역죄를 지은 죄인을 한 명 풀어줬다고? 아니, 세상에 이렇게 착하고 자비로운 지배국이 다 있다니……. 1919년 삼일운동이 일어난 이후, 일본이 매년 3월 1일이면 조선인이 원하는 독립운동가를 한 명씩 풀어준다는 소리나 마찬가지다.

왜 이런 설정이 필요했을까? 대제사장이 예수를 빌라도에게 넘기는 것만으로는 부족했기 때문이다. 유대민족을 확실한 '예수 살인자'로 만들기 위해서, 이른바 '스모킹건'이 필요했다.[29] 그 덕분에 모든 것이 확실해

---

[29] 컬럼비아대학교에서 고대 역사 연구로 박사학위를 받은 미국의 역사가이자 베스트셀러 저자인 리처드 캐리어는 바라바 이야기를 전혀 다른 각도에서 설명한다. "마태복음 저자는 유대의 욤 키퍼 전통에서 바라바 스토리를 만들었습니다. 욤 키퍼 때 두 마리의 염소를 데리고 와서 한 마리는 풀어주는 염소(escape goat), 그러니까 모든 죄를 지고 광야로 내보내고 또 한 마리는 희생양, 죄를 대신 지고 피를 흘리면서 죽도록 만들지요. 그러니까 바라바는 풀어주는 염소를 상징해요. 바라바가 아람어로, '아버지의 아들(son of father)'입니다. 예수가 누구예요? 하나님의 아들이 아닙니까? 그러니까 그 두 사람이 두 마리의 염소를 상징하는 거죠."(https://www.youtube.com/

졌다. 예수와 바라바 사이에서 유대민족이 하나가 되어서 바라바를 살리라고 소리를 쳤단다. 사도행전 저자는 이 이야기로 유대민족을 부관참시했다.

> "너희가 거룩하고 의로운 이를 거부하고 도리어 살인한 사람(바라바)을 놓아주기를 구하여 생명의 주를 죽였도다."
>
> (사도행전 3:14)

마태는 바라바 이야기에서 끝나지 않고 확실하게 마무리한다. 그의 글에서 인류 역사상 가장 잔인한 문장 하나가 만들어졌다. 예수를 살리려고 발버둥 치던 빌라도가 마침내 두 손 두 발을 다 들자, 그를 향해서 유대인이 외쳤다는 27장 25절이다.

> 온 백성이 대답하였다. "그 사람(예수)의 피를 우리와 우리 자손에게 돌리시오."
>
> (마태복음 27:25)

이제 아무런 양심의 가책 없이, 얼마든지 유대인을 향한 칼을 휘두를 수 있게 되었다.

---

watch?v=rCFuhlnsF9c) 물론 그런 측면도 있을 것이다. 그러나 내가 생각하기에 바라바의 가장 중요한 역할은 유대민족이 바라바를 선택함으로 확실한 "예수 살인자"가 되도록 만드는 것이다.

"너희 조상이 그랬어. 예수의 핏값을 너희들한테 매기라고. 불만이 있으면 저세상에 가서 조상한테 따져. 너희 조상, 그것들 사람도 아니야. 자기네 죄악을 후손한테 돌리는 그것들이 금수랑 뭐가 달라?"

공관복음서와 180도 결을 달리하는 복음서의 마지막 편, 요한복음에 이르러서 모든 게 바뀌었다. 가장 먼저 유대인의 신분이 새롭게 정의되었다. 더는 아브라함의 자손이 아니라고, 예수의 입을 통해서 공식화되었다. 이건 일종의 신학적 정리다.

> 그들이 예수께 말하였다. "우리 조상은 아브라함이오." 예수께서 그들에게 대답하셨다. "너희가 아브라함의 자녀라면, 아브라함이 한 일을 하였을 것이다. 그러나 지금 너희는, 너희에게 하나님에게서 들은 진리를 말해준 사람인 나를 죽이려고 한다. 아브라함은 이런 일을 하지 않았다."
>
> (요한복음 8:39-40)

가정법, '너희가 아브라함의 자녀라면,' 그러니까 이제 더는 아브라함의 자녀가 아니라는 선언이다. 부모 뜻대로 하지 않는 자식을 향한 아버지의 이런 말과 다르지 않다.

"네가 내 자식이라면 이럴 리 없어. 오늘 자로 호적에서 네 이름을 파버리겠어."

백번 양보해서 과거에는 상속자였는지 몰라도, 이제는 아니라는 것이다. 하나님의 선택을 받은 민족이라는 특권이 사라졌다. 유대민족은 이제 하나님이 버린 민족, 얼마든지 죽어도 싼 민족이 되었다.

예수가 누구인가? 요한복음 저자에게 하나님 자체다. 예수의 말은 곧 하나님의 말이다. 그런 예수는 아예 유대민족 전체를 향해서 저주의 말을 쏟아낸다. 물론 공관복음서(마태복음/마가복음/누가복음)에서도 예수는 유대인 전체를 적대시한다. 그러나 최소한 저주의 말은 '주적' 바리새인으로 한정되었다. 그러나 민족 전체로 전선이 확대되었다. 요한복음에서 예수의 독설은 더 이상 바리새인으로 제한되지 않는다. 유대민족 전체가 '악마'가 되었다.[30]

> 요한복음은 한마디로 '유대인(the Jews)'에 집착한 예수를 그리고 있다. 다른 복음서는 '유대인'이라는 단어를 고작해야 몇 번밖에 쓰지 않는다. 마태복음과 누가복음에 각각 5번 나오고 마가복음에 6번 나온다. 그런데 요한복음에는 무려 71번이 나온다. 그리고 그중 반 이상이 지독한 반유대주의 맥락에서 언급된다.[31]

예수의 눈에 유대민족은 한마디로 '악한 세상' 그 자체다.

> "너희는 너희 아비인 마귀의 자식이므로 너희 아비가 원하는 것을 하고 싶어 한다."

(요한복음 8:44)

---

30 예수의 재판 장면에서도 마가복음 15장 8, 11, 15절, 마태복음 27장 15, 20절, 누가복음 23장 4절에서는 참석자가 익명의 군중으로 그려진다. 그러나 요한복음 19장 16절에서는 유대민족으로 구체화되었다.

31 David Fitzgerald, *Nailed*(LuLu.com., 2010), p.82.

이 말을 하는 예수는 도대체 어느 나라 사람인가? 그리스인인가? 유대인 전체를 향한 저주가 부메랑이 되어서 자기에게 돌아오는데, 같은 유대인인 예수도 마귀의 자식이 되는 건데, 거기에는 생각이 미치지 못한 걸까?

유대민족을 향한 정죄는 네 권의 복음서에서 끝나지 않는다. 누가복음과 저자가 같은 사도행전은 초반부 내내 예수를 죽인 건 로마가 아니라 유대인이라는 점을 강조한다. 그것도 다른 사람이 아닌, 예수의 제자인 베드로의 입을 통해서다.[32] 로마를 사랑하고 유대민족을 저주하는 예수는 복음서와 사도행전의 핵심주제다.

복음서 저자는 예수와 당시 유대인 사이에 건널 수 없는 깊은 골을 파고 싶어 했다. 그러기 위해서 예수는 동시대의 자기 동족과 전혀 다른 사람이 되어야만 했다. 그 결과 예수는 치욕적이고 잔인한 로마제국의 통치를 받는 유대 땅에 살았음에도, 그 현실과 철저하게 무관한 인물로 그려졌다.[33]

---

32 이스라엘 온 집안은 확실히 알아두십시오. 하나님께서는 여러분이 십자가에 못 박은 이 예수를 주님과 그리스도가 되게 하셨습니다. …… 여러분은 일찍이 그를 넘겨주었고, 빌라도가 놓아주기로 작정하였을 때에도, 여러분은 빌라도 앞에서 그것을 거부하였습니다. 여러분은 그 거룩하고 의로우신 분을 거절하고, 살인자를 놓아달라고 청하였습니다. 그래서 여러분은 생명의 근원이 되시는 주님을 죽였습니다.(사도행전 2:36, 3:13-15)

33 옥성호, 『야고보를 찾아서』(테리토스, 2018), 283쪽.

십자가, 유다의 시작점

우리는 다시 시작점으로, 정말로 가룟 유다를 만든 원인이 십자가 때문인가 하는 질문으로 돌아간다. 바울이 예수를 십자가에서 죽은 인물로 만들지만 않았다면, 유다는 태어날 필요가 없었다. 아, 한 가지가 더 있다. 유대민족이 로마에 대항해서 전쟁을 벌이지만 않았어도, 유다는 탄생하지 않았을 것이다. 역사가 자비를 베푸는 건 오로지 승자뿐이다. 전쟁은 비극적으로 끝났고, 기독교인에게 십자가를 부정할 길은 없었다. 새로운 십자가 이야기를 만드는 길뿐이었다. 그건 전두환을 찬양하던 홍길동 목사가 안기부에 끌려가서 물고문으로 죽었다는 이야기를 바꾸는 것과 같다.

"뭐라고요? 홍 목사님이 물고문으로 죽었다고요? 어떻게 그런 말도 안 되는 일이 생긴 거지요?"

"아, 그거요? 안기부도 정말 살리려고 발버둥을 쳤는데, 여론이 너무 안 좋아서 죽일 수밖에 없었다고 하네요."

이게 복음서가 말하는 예수 죽음의 실체다. 복음서는 오늘도 외친다.

"오해하지 말라고! 우리 주님이 로마에 반역해서 십자가를 진 게 아니야. 유대인이 난리를 쳐서 어쩔 수 없이 십자가를 진 거야. 예수는 정치범이 아니라고, 제발 진실을 직시하라고."

살아남아야만 했던 기독교인에 의해서 그나마 예수와 관련한 '유일한' 역사성, 십자가가 왜곡되었다. 그 결과 한 민족을 향한 집단적 증오라는, 인류 역사에서 가장 끔찍한 비극이 탄생했다. 유대민족은 2,000년 가까이 피를 흘렸다. 그리고 그 중심에는 예수를 배신한 한 사람, 가롯 유다가 있다. 기독교의 눈에 예수를 메시아로 인정하지 않는 유대교는 이단보다 더 끔찍했다. 기독교 교리의 정당성을 위해서라도 씨를 말려야만 하는 게 유대교였다. 유대교의 피를 마시며 기독교는 나날이 성장했고, 기독교의 세력이 커갈수록 유대민족은 점점 더 맹목적이고 반이성적인 집단증오의 대상이 되었다. 지난 2,000년 가까운 세월에 걸쳐서 서구를 지배한 기독교가 자행한 만행에 비춰볼 때, 기독교야말로 인류의 재앙이라는 도올 김용옥의 평가[34]는 지나치지 않다.

예수 때문에 생명을 건진 사람[35]과 유다 때문에 생명을 잃은 사람을 비교하면, 결과가 어떨까? 그러나 다 과거의 일이다. 냉혹한 말이지만, 역사는 역사일 뿐이니까. 무엇보다 지금 기독교는 아주 다르다. 과거에 자행한 유대인 학살을 부끄럽게 생각하는 기독교인이 적지 않다. 아무리 곱씹어도 과거를 돌이킬 수는 없는 노릇이고, 비극은 끝났으니까, 그럼 괜찮은 건가? 이제 희생양 가롯 유다는 정말 사라졌는가?

인간의 비이성은 그저 얼굴과 옷을 바꿔 입을 뿐이다. 글자 그대로의 마녀사냥은 없어졌을지 몰라도, 불과 얼마 전인 20세기만 해도 우리는 스탈린의 공개재판과 매카시의 미국 상원 청문회, 중국 문화대혁명 기간의 수많은 박해 사건을 목격했다. …… 기술은 오히려 종교적 열정에 불을 붙인다. ……

---

34   https://www.youtube.com/watch?v=5FKqfI6EKUc&t=97s.
35   이른바 '중생'이라 불리는 '영적 생명'을 말하는 게 아니다.

설문조사를 보면 21세기에 귀신이나 유령, 천사를 믿는 사람은 오히려 늘어났다.[36]

희생양이라는 원시 시스템, 누군가 나 대신 피를 흘려야 내가 산다는 구원의 교리로 움직이는 기독교는 언제라도 새로운 가룟 유다를 만들 수 있다. 기독교는 지금도 편 가르기에 골몰한다. 희생양은 기독교의 본질이고 DNA다. 인류 문명을 거스르는 상상을 하나 해보자. 행여 기독교의 손에 과거 서구세계를 지배하던 무소불위의 중세시대 권력이 다시 쥐어진다면 어떤 일이 생길까? 21세기라고, 이단사냥, 마녀사냥이 없을까?

36   로버트 그린, 이지연 옮김, 『인간 본성의 법칙』(위즈덤하우스, 2019), 67쪽.

2
반유대주의와 기독교

복음서가 유대민족을 희생양으로 삼은 기독교인의 저작물이자 반유대주의 메시지를 담았다는 건 억지가 아닐까?

신이 죄인을 대신해 죄 없는 사람이 받는 고통을 감당한다는 식으로 신의 도덕적 정의를 모욕하고, 아담에게 내려진 판결을 집행하지 않으려는 구실을 만들기 위해 신이 스스로 인간의 형상으로 변신했다고 가정하는 허술한 도덕성과 저속한 책략은 별개의 고려사항으로 제쳐두고서도…….[37]

선입견만 벗어던질 수 있다면, 1장에서 소개한 내용만으로도 복음서가 어떤 책인지 제대로 알 수 있다. 그러나 삶을 움직이는 가장 강력한 종교 관성에 맞서서 이성과 논리가 승리하는 경우는 극히 드물다. 그럼에도 우리는 이성과 더불어 양심의 소리에 귀 기울여야 한다. 텍스트가 분명하게 드러내는 진실 앞에서, 2,000년 권력의 아우라가 만든 사랑의 예

37　토마스 페인, 정귀영 옮김, 『이성의 시대』(돋을새김, 2018), 71쪽.

수와 거룩한 정경이라는 허울을 벗어던지고 정직해야 한다.

페미니스트 인권 운동가이자 가톨릭 신학자인 로즈메리 류터 (Rosemary Radford Reuther)가 1974년에 출간한 『신앙과 형제살인 (Faith and Fratricide)』은 미국에서 1975년 종교철학 부분 내셔널 어워드[38]를 받은 명저다. 신약성서 속에 뿌리 깊게 박힌 기독교의 반유대적 사상과 함께, 역사 속에서 기독교가 유대인을 상대로 저지른 범죄를 폭로하는 이 책은 매우 인상 깊었다. 독일 출신 가톨릭 신학자 그레고리 바움(Grogory Baum)이 이 책의 해설을 썼는데, 제목이 「기독교 국가는 복음을 빙자해서 수세기 동안 유대인을 학살했다」다. 오랜 시간 '반유대인적 경향은 교회의 가르침 가운데서 주변적인 것이고, 역사 속에서 후에 기독교에 소개되었던 복음의 변형에 불과한 것'[39]이라고 믿고 살았던 그는 기독교를 향한 반유대주의 공격에 대응하기 위해서 『유대인과 복음』[40]이라는 신약성서를 변호하는 책까지 썼다. 그런 그가 놀랍게도 류터의 책을 읽고 입장을 바꿨다고 고백한다.

신약성서를 위한 내 해명서(저자 주: 1961년에 쓴 『유대인과 복음』)는 나를 모순 속으로 빠뜨리고 말았다. …… 나는 꼼짝없이 신약성서는 이미 이

---

38 https://www.nationalbook.org/books/faith-and-fratricide.
39 로즈마리 류터, 장춘식 옮김, 『신앙과 형제살인』(대한기독교서회, 2001), 12쪽(가독성을 위해 조사와 접속사 등 수정).
40 *The Jews and the Gospel.* 1961년에 나온 이 책은 1965년에 『신약성서는 반유대적인가(Is the New Testament Anti-Semitic)』라는 제목으로 개정판이 나왔다(로즈마리 류터, 『신앙과 형제살인』, 12쪽의 각주 3).

스라엘 종교에 대하여 논쟁적인 칼날을 갖고 있는 기독교의 메시지를 선포하고 있다는 사실을 인정할 수밖에 없었다. …… 나는 여전히 기독교의 반유대인적 성향은 신약성서 자체에 기초를 둔 것이 아니라, 후대의 발전에 기인한 주변적이며 부수적인 것이었고, 결과적으로 기독교의 복음을 반유대인적 성향으로부터 정화시키는 것은 상당히 용이한 일일 것으로 확신하고 있었다. 그러나 나는 특별히 로즈메리 류터가 쓴 글의 영향을 받고 마음을 바꾸지 않으면 안 되었다. 따라서 나는 본서의 해설을 쓰는 이 기회를 통하여 내가 1961년에 출간했던 책은 더 이상 교회와 회당 사이의 관계에 대한 내 입장을 대변하지 않고 있음을 밝혀두려고 한다.[41]

저명한 학자가 "나는 틀렸다. 나는 더 이상 과거의 입장을 옹호하지 않고 내 생각을 바꿨음을 밝힌다"라고 공개적으로 말한 것은 감동해서 놀랄 만큼 극히 드문 일이다. 바움은 단지 자신의 오류를 인정하는 데서 그치지 않고 한 걸음 더 나아가 중요한 질문을 던진다.

"기독교, 신약성서는 반유대적인 메시지를 담고 있다. 그건 부정할 수 없다. 그럼 이제 어떻게 해야 하는가?"

살인 용의자 아버지를 변호하는 아들이 있다. 아버지가 누명을 썼다고 확신한다면, 아들에게 최소한 내적 갈등은 없다. 그러나 비록 심신미약 또는 정신병을 주장할 여지가 있다고 하더라도, 잔혹한 살인을 저지른 게 사실이라면, 과연 변호할 수 있을까? 무엇보다 그런 아버지를 무죄라고 주

---

41   로즈마리 류터, 『신앙과 형제살인』, 14쪽.

장하는 아들이 온전한 정신상태일까? 그런데 그게 바로 바움과 같은 신학자가 이루려는 목표다. 아버지의 살인을 알면서도 무죄를 받아내려는 아들과 다르지 않다. 신약성서 속 반유대적 메시지를 인정하면서도 여전히 신약성서가 진리라고 주장하려다 보니, 내적 딜레마가 없을 수 없다. 그는 이렇게 주장한다.

> 기독교 신학자는 기독교 생명의 메시지로부터 죽음의 요소를 제거하고, 근본적인 면에서 필요하다면, 기독교의 자기 이해를 재해석하기 위하여 부름받고 있다.[42]

'기독교 생명의 메시지에서 죽음의 요소를 제거'하자고? 이게 가능할까? 당장 바움은 이렇게 자문한다

> 기독교가 반유대인 바이러스로부터 그 메시지와 생명을 살리기를 원한다면, 교회는 '좌파적 기독론'[43]을 제거해야만 한다. 이것은 교회가 고대 성서에 대한 유대적 해석에 기꺼운 마음으로 자리를 만들어주어야만 한다는 것을 의미한다. 내가 이해하기로는, 이것이 바로 로즈메리 류터의 결론이다. 그러나 기독교의 그러한 재해석은 가능한 일인가? 예수는 성서에 언급되어 있는 모

---

42   로즈마리 류터, 『신앙과 형제살인』, 21쪽.
43   "유대인에게 메시아의 약속은 여전히 이루어지기를 고대하는 것이지만, 기독교인에게는 예수 그리스도로 인해 시작한 왕국에서 이미 실현된 것이다. …… 로즈마리 류터는 유대교 회당의 반박을 불러온 기독교의 주장을 '기독론의 좌파'라고 부르는데, 이것이 기독교 반유대주의의 출처며 기원이다." 로즈마리 류터, 『신앙과 형제살인』, 24~25쪽.

053
1부 컨스피러시: 맥락, 배경 그리고 희생

든 약속의 성취가 아니란 말인가? 교회는 그리스도로서의 예수를 상대화할 수 있는가?[44]

'기독교 생명의 메시지'가 무엇인가? 예수가 메시아, 그리스도라는 주장이다. 그럼 거기서 제거해야 한다는 '죽음의 요소'는 무엇일까? 유대인을 향한 저주다. 그럼 왜 유대인을 저주할까? 기독교가 '생명'이라고 부르는 예수를 거부하기 때문이다. 예수는 유대인이 기다리던 메시아가 아니다. 그 결과, 바움이 '기독교 생명의 메시지'라고 부르는 복음 속에는 역설적이게도 유대인을 죽여야만 기독교의 메시지가 살아나는, '죽음의 요소'가 들어갔다. 따라서 '기독교 생명의 메시지에서 죽음의 요소를 제거'하자는 바움의 말은 사람의 몸에서 모든 혈액을 뽑아내어 건강을 찾아주자는 황당한 주장과 다를 게 없다. 바움은 지금 불가능한 꿈을 꾸고 있다.

신약성서에 담긴 반유대 사상을 변명하는 기독교의 방식은 크게 두 가지다.

첫 번째는 신약성서의 억울한 누명을 벗기겠다는 시도다.[45]

"그건 너희들이 잘못 해석한 거야."

---

44 로즈마리 류터, 『신앙과 형제살인』, 26~27쪽.
45 여기에 관해 좀 더 다양한 내용을 원하는 독자는 Alan T. Davies, ed., *Antisemitism and the Foundations of Christianity*(Paulist Press, 1979)에서 타운센드(John T. Townsend)가 쓴 "The Gospel of John and the Jews: The story of a religious divorce"를 참조하라(https://www.bc.edu/content/dam/files/research_sites/cjl/sites/partners/cbaa_seminar/townsend.htm).

'기독교의 반유대인적 성향은 신약성서 자체에 기초를 둔 것이 아니다'라고 말한 바움의 이전 태도가 바로 여기에 해당한다. 개신교 목사와 신학자 대부분도 비슷하다. 아주 전형적인 사례를 『가롯 유다 딜레마』에서도 찾을 수 있다. 신약성서 속 반유대주의에 관한 개신교 목사 김기현의 주장을 살펴보자.

> 예수님도 유대인입니다. 유대인이 예수님을 죽였다는 것으로 반유대주의가 성립된다면, 예수님은 유대인이므로 친유대주의도 가능해야 하고, 그것이 반유대주의에 우선하지 않겠습니까? 그러므로 (가롯) 유다를 통해서 유대인 핍박을 정당화하려는 것은 가증스러운 모순에 지나지 않습니다.[46]

복음서는 예수를 유대인이 아닌 전 인류의 대속자로 그린다. 한마디로 예수는 1세기 유대인이 아니다. 로마의 압제에 시달리는 유대민족의 현실도 반영되지 않는다. 복음서 속 유대 땅은 평화롭기 그지없다. 혼자 미쳐서 악마 짓을 하는 건 위선의 상징인 바리새인뿐이다. 로마인은 유대인을 몰래 돕는 키다리 아저씨다. 그게 바로 시대착오라는 오류에서 심하게 허덕이는 복음서다. 복음서를 읽으면 누구라도 이런 생각을 한다.

"야, 이거 사악한 바리새인만 다 죽으면 예수님 시대 유대 땅은 진짜 파라다이스인데 말이야. 로마인과 하나가 되어 진정한 번영을 누릴 텐데."

요한복음에 나오는 예수와 빌라도의 대화는 충격적이다. 예수는 로

---

46   김기현, 『가롯 유다 딜레마』(IVP, 2008), 117쪽.

마의 죄를 면제하고 유대민족을 저주한다. 유대인을 상대로 싸우고 로마를 위한 변명에 여념이 없다.

> "위에서 주지 않으셨더라면, 당신(빌라도)에게는 나를 어찌할 아무런 권한도 없을 것이오. 그러므로 나를 당신에게 넘겨준 사람(가룟 유다, 유대민족)의 죄는 더 크다 할 것이오."
>
> (요한복음 19:11)

예수가 유대인이니까 친유대주의라고? 어이없는 주장이다. 을사오적 이완용도 조선인이었다. 앞장에서 살펴본 대로, 예수는 유대민족 전체를 주적으로 삼았다. 그가 뭐라고 했는가?

> "너희는 너희 아비인 악마에게서 났으며, 또 그 아비의 욕망대로 하려고 한다."
>
> (요한복음 8:44)

지금도 교회에서 쉽게 듣는 설교가 있다.
"우리 모두 예수님의 사랑으로 유대인을 사랑합시다."
그럼 예수가 바리새인과 유대인을 향해서 한 말과 로마인을 향해서 한 말을 노트를 펼치고 좌우 페이지에 각각 적어보라. 이게 얼마나 비성경적인 소리인지 깨달을 것이다. 예수야말로 유대인 혐오의 주체인데, 예수의 사랑으로 유대인을 포용하자고? 복음서 속 반유대주의가 근거 없

다는 주장은 반성경적인 자기 부정이다.[47]

신약성서 속 반유대 사상을 해결하는 기독교의 두 번째 방식은 성서를 아예 새롭게 해석하는 것이다. 성서가 쓰였던 시대를 반영해서 받아들이자는 등의 각종 희한한 주장이 한두 개가 아니다. 기독교 신학자가 '기독교의 자기 이해를 재해석하기 위해 부름받았다'는 바움의 현재 태도가 여기에 해당한다. 그런데 문제는 기독교의 본질인 예수, '기독론'을 새롭게 만들어내야 가능하다. 진한 갈색이라고 다 커피일 수 없다. 반유대주의가 없어지면 증오는 사라질지 몰라도, 기독교 자체가 증발한다. 반유대주의, 반유대교는 기독교의 핵심이다. 그건 유대교가 기독교 복음의

---

47 한 군데를 더 살펴보자. "요한복음은 유대교로부터 축출당한 기독교 공동체를 배경으로 하고 있습니다. …… 그러니까 요한복음은 부당하게 출교를 당한 힘없는 소수자, 약자의 시각으로 쓰인 성서입니다. …… 요한복음이 반유대주의적이라고 치더라도, 그것은 적어도 약자가 강자의 위협으로부터 자기 자신을 보호하려는 한 수단일 뿐입니다. …… 이러한 사실에 입각해볼 때 요한복음에서 유대인을 마귀의 자식으로 규정한 것은 어떤 의미로도 반유대주의나 반셈족주의로 읽을 수 없습니다. …… 기독교 공동체는 핍박받는 소수자들이었고 …… (신약성서는) 사도들 중 우두머리로 간주되는 베드로마저도 사탄으로 명명함으로써 반유대주의로 발전할 가능성을 원천적으로 봉쇄하고 있습니다." 김기현, 『가룟 유다 딜레마』, 121쪽(괄호는 저자 추가). 저자는 지금 원수를 사랑하라는 예수의 가르침을 정면으로 반박하고 있다. 아무리 약자라도 저주를 정당화할 수 있을까? 그것도 복음서라는 성서가 예수의 입을 빌어서? 정작 예수가 유대민족을 향해서 '악마의 자식'이라고 쏟아낸 저주도 약자의 설움에서 나온 것인가? 하나님의 아들인 전지전능한 예수가 약자라고? 이건 신성모독이다. 예수가 베드로를 사탄이라고 저주했으니까, 유대민족을 사탄이라고 부른 것도 반유대적인 내용으로 볼 수 없다는 희한한 주장도 이해할 수 없다. 아니, 사탄이 애칭이라도 되나? 이건 가룟 유다를 베드로 등에 실어 보내려는 전형적인 물타기다. 핵심은 복음서 저자가 유다를 어떻게 그렸는가다. 저자가 묘사한 유다가 어떤 모습인가? 그 속에 반유대주의가 없다고? 다른 사람도 아닌 예수가 차라리 태어나지 말았어야 했다고 저주한 게 유다다. 그리고 유대민족을 상징하려고 붙여진 이름이 유다다. 사도행전 15장 27절에 나오는 유다, 예수의 동생 유다를 비롯해서 신약성서가 긍정적인 인물로 유다를 그린다는 반론도 있다. 그러나 유다라고 할 때 가룟 유다 말고 긍정적인 유다를 기억하는 사람이 얼마나 될까? 결과가 중요하다. 더불어서 잊지 말아야 할 점은 가룟 유다를 처음 등장시킨 마가복음 저자에게 유다가 어떤 인물이었는가 하는 것이다. 그에게 유다는 배신자일 뿐이다. 예수의 형제 중에 유다가 있다고 처음으로 쓴 사람도 마가복음 저자다. 마가복음에서 예수의 가족은 예수와 적대관계다. 가룟 유다도 예수의 형제 유다도 다 예수의 적이었다.

본질, 예수를 공격하기 때문이다. 예수는 유대교가 기다리는 메시아가 아니다. 기독교인 입장에서 유대교가 기독교 복음을 근본에서부터 훼손한다고 주장하는 이유가 여기에 있다.[48] 류터가 바울과 똑같은 고민을 안고 있는 건 당연하다.

기독교 신앙을 근절시키지 않는 동시에 반유대교적 기독교를 정화할 수 있을 것인가? 암시적으로나 아니면 명백하게, '유대인들은 저주받은 백성들이다'라고 말하지 않으면서도 동시에 '예수는 메시아다'라고 말할 수 있을까? 기독교 신앙의 가장 근본적인 고백은 예수가 그리스도라는 믿음이다. 그는 예언자들이 '예언'했으며, 유대인들이 '고대'했던 바로 그 메시아다. 기독교 신학의 모든 게 다 이 고백 위에 수립되었다. 이 고백을 의심하는 것은 기독교 신앙의 근본원리를 의심하는 것과 똑같다. 그러나 유대교가 메시아가 이미 도래했다고 말할 가능성은 없다.[49]

류터는 지금 반유대주의 극복 여부가 기독론에 달렸다고 말한다. 그러나 반유대주의 극복은 기독교의 포기를 의미하므로 그게 불가능하다는 것을 잘 안다. 유대인에게는 '메시아의 도래'와 '메시아 시대의 도래'는 분리가 불가능하다.[50]

---

48 "로마법 안에 자리 잡고 있던 유대인들에 대한 관용의 전승을 반전시킨 데 대한 책임이 바로 이 신학적 근거에 있다." 로즈마리 류터, 『신앙과 형제살인』, 46쪽.

49 로즈마리 류터, 『신앙과 형제살인』, 343쪽.

50 졸저 『신의 변명』(파람북, 2018)을 참조하라. 유대인에게 메시아가 도래하면 분명하게 드러나는 다섯 가지 현실적인 변화가 있다. 그건 히브리성경(구약)이 선명하게 드러내는 부분이다. 기독교는

하루에 세 끼 먹는 게 힘든 집이 있다. 어머니가 배가 고파서 우는 아이들에게 입버릇처럼 하는 말은 이렇다.

"아빠만 오시면 모든 게 달라질 거야. 아빠가 지금 열심히 돈 벌고 있어. 아빠 오실 때까지 우리 힘들어도 조금만 참자."

마침내 기다리고 기다리던 아버지가 돌아왔다. 그런데 떼돈을 벌었으리라고 믿었던 아버지가 돌아왔는데도 사정이 달라지지 않는다면? 아니, 오히려 입 하나 더 늘어서 그나마 이틀에 한 끼 먹던 밥이 사라지고 죽으로 연명한다면? 그런 아버지를 아이들이 오매불망 기다렸을까? 그게 바로 유대인의 눈에 비치는, 기독교가 메시아라고 주장하는 예수다.

"뭐라고? 예수가 메시아라고? 그런데 메시아가 왔는데도 세상이 왜 이래? 오히려 더 나빠진 것 같은데?"

물론 기독교야 모든 게 다 영적으로 실현되었다고 한다. 십자가로 인해 세상이 이미 새로워졌다고 주장한다. 그건 마치 자식들에게 이렇게 말하는 아버지와 비슷하다.

"너희들, 내 얼굴 보는 것으로 배가 부르지 않니? 꼭 밥까지 꼬박꼬박 챙겨 먹어야 직성이 풀리겠어?"

유대민족에게 현실을 바꾸지 못하는 메시아는 존재하지 않는다. 몰래 왔다 갔다는 메시아, 언제가 될지는 몰라도 재림해서 세상을 바꾸겠다는 메시아는 듣도 보도 못한 궤변이다. 유대교가 기다리는 메시아는 예수를 근본에서부터 부정한다. 기독교와 유대교 사이에는 애초에 조화

그 모든 변화가 이미 다 '영적으로 이뤄졌다'고 주장한다.

가 불가능하다는 것을, 그게 가능한 사람은 인지부조화 환자라는 것을, 어머니가 유대인인 류터는 너무도 잘 안다. 그러나 류터는 이 불가능한 목표를 이루기 위해서 '발버둥' 친다.

어머니를 일찍 여읜 숙자는 홀아버지 밑에서 자랐다. 아버지는 주변에서 재혼하라는 성화가 줄을 이었지만, 행여 딸에게 안 좋은 영향을 줄지도 모른다는 생각에 맞선 한 번 보지 않고 오로지 딸만 바라보고 살았다. 그러던 아버지가 숙자가 가장 좋아하는 통닭을 손에 들고 파란불이 들어온 횡단보도를 건너다가 음주운전으로 추정되는 뺑소니차에 치였다. 워낙 외진 곳이라 한 시간 가까이 길에서 피를 흘리며 방치되었다가 뒤늦게 병원에 도착했지만 이미 사망한 상태였다. 빨리 조치만 취했더라도 살릴 수 있었다는 의사의 말에 숙자는 그 자리에서 기절했다.

정신과 치료까지 받으며 몇 년을 힘들게 살던 숙자는 다행히 다시 직장을 구하고 또 사랑하는 남자를 만나서 결혼도 했다. 거실과 침대 머리맡에 결혼사진과 함께 아버지 사진을 놓고 매일 숙자는 이렇게 말한다.

"아빠, 나 행복하게 살게. 내가 슬퍼서 울고만 있으면 아빠가 제일 속상할 거 아니야. 나, 기운낼게."

결혼하고 몇 년이 지나고 이제는 아이를 가져야 하지 않을까 고민하던 중에, 숙자는 아버지를 죽이고 뺑소니친 운전자가 자신이 사랑하고 매일 밤 살을 비비던 남편이라는 사실을 알게 되었다. 그가 숙자에게 일부러 접근한 건지, 아니면 우연히 만난 건지, 그건 중요하지 않다. 그가 잘못을 뉘우치는지, 매일 자신이 죽인 사람의 얼굴이 걸린 집에서 무슨 생각을 했는지, 그것도 중요하지 않다. 물어야 할 질문은 이것이다.

"숙자는 과연 남편을 계속 사랑할 수 있을까? 앞으로 부부로 사는 게 가능할까?"[51]

신약성서의 본질을 속속들이 아는 바움과 류터는 무슨 수를 써서라도 남편과 결혼생활을 이어가려는 숙자다. 두꺼운 양털 옷을 벗는 대신, 연신 부채질만 하며 더위를 쫓으려 애쓰는 것처럼 텍스트가 드러내는 진실 앞에서 발버둥 친다.

기독교에서 반유대주의 극복은 불가능하다. 아니, 그건 메시아 예수를 깨끗하게 포기하지 않는 한, 일어날 수 없다. 해가 달이 되고, 산이 바다가 되더라도 안 되는 일이다. 유대인과 유대교의 포용은 기독교가 아니라고 선언하는 것과 다르지 않다. "동성애자도 하나님이 사랑하십니다." 수준의 립서비스가 최대치다.

그럼 반유대주의와 가룟 유다의 분리는 가능할까? 예수의 십자가에서 유다의 희생이라는 지분을 인정함으로써, 배신자 유다라는 오명을 벗기고 그의 복권을 기대할 수 있을까? 그렇지 않다. 유다가 나쁜 놈이 될수록 기독교가 산다. 기독교가 사는 길 중 하나가 유다를 '더' 악인으로 만드는 것이다. 무슨 수를 써서라도 유다를 향한 이성적 판단이 아예 발을 붙이지 못하게 해야 한다. 그건 무려 2,000년 가까이 지속된 기독교의 전략이다.

히에라폴리스의 파피아스(60년경~160)는 기독교 역사에서 엽기적

---

51 비슷한 주제를 다룬 영화가 1989년 제시카 랭이 주연한 〈뮤직박스〉다. 시청을 강력하게 권한다. 그리고 자문해보자. "주인공이 아버지를 사랑하는 게 가능할까?"

인 유다의 이미지를 창시한 인물이다. 중세를 거치면서 만들어진 유다에 관해 상상을 초월하는 모든 황당무계한 이미지의 원조다. 자칭 예수의 육성을 들은 장로들에게 '직접' 가르침을 받았다는[52] 그는 지금도 기독교에서 매우 중요한 인물로 인정받는다.

히에라폴리스(오늘날의 터키)의 주교 파피아스는 2세기가 시작될 무렵에 다섯 권의 책으로 구성된 『주님의 말씀 해석』을 썼다. …… 예수의 '살아 전해지는 육성'을 전해 들은 '장로들'이 다시 자신에게 직접 들려준 이야기를 토대로 쓰였다고 적었다. 그는 제 4권에서 유다의 죽음을 다루면서, 유다를 둘러싼 상이한 두 주장, 마태복음에 기록된 자살이라는 주장과 사도행전에 기록된 '창자가 쏟아져' 죽었다는 주장을 하나로 합치려 한다. 그렇게 파피아스 주교는 유다가 그 두 가지를 동시에 해내는 기가 막힌 시나리오를 고안해 낸다. 유다는 스스로 밧줄에 목을 매려 했지만, 죽기 전에 밧줄이 끊어지는 바람에 예수가 죽은 후 부활한 이후에도 잠시나마 살아 있게 된다. 하지만 이미 유다의 안에 있던 악마가 밖으로 빠져나오면서 외형이 흉측한 괴물로 변한 후였다고 한다. …… 파피아스 주교는 또한 처음으로 유다를 성적 결핍자로 기록했다. 그리고 성적 결핍은 이후 특히 기독교가 성 아우구스티누스의 영향력 밑으로 들어가면서부터 배신자 유다의 중요한 특징이 된다. 성 아우구스티누스는 기독교가 역사적으로 성과 관련된 모든 것을 부정적으로 여기는 데 가장 큰 영향을 끼친 인물이다. 유다를 성적 결핍자로 단정하면, 성

---

52   사도 요한의 직계 제자라는 설도 있다.

자체를 죄악시할 수 있었다. "유다의 생식기는 너무나 비대해졌고, 다른 누구의 것보다 더 추악하게 변했다." 파피아스 주교는 이렇게 적었다. 물론 이 또한 장로들로부터 직접 들은 이야기일 것이다. "유다가 대변을 누면 그의 몸 전체를 돌아다니는 고름과 벌레가 함께 나왔다." 이 기록을 보면 왜 예수의 제자들이 예수의 부활이란 복음을 전하기도 바쁜 와중에, 굳이 유다가 화장실에 가서 똥을 누는 장면을 지켜봤는지 궁금할 따름이다.[53]

파피아스에 이어서 유다를 악마화하는 데 가장 큰 업적을 세운 사람이 개신교 종교개혁의 기수 마르틴 루터다.

『시편 주석』에서 루터는 유대인을 '(가롯) 유다의 민족'이라고 불렀다. 이처럼 루터의 반유대주의 성향은 비교할 수 없을 만큼 강했다. 루터는 1543년에 작성한 논문, 「유대인과 그들의 거짓말에 대하여」에서 유대인을 '천하고 음탕한 민족'이며 '독기 품은 뱀'과 같은 이들이라고 규정했다. 그러면서 모든 유대교 회당을 불태워버리고, 기독교 국가에서 유대인을 추방하자고 제안했다. '스가리옷 섬 출신 유다'에 대한 루터의 묘사는 유다가 악취를 풍기는 태생적으로 사악한 인간이라는 중세의 선입견을 그대로 답습했다. 다만 루터가 사용한 표현은 유다를 아주 추악하게 묘사한 파피아스 주교의 표현과 비교해도 매우 극단적이었고, 특히나 유다의 배설물을 집요하게 파고들었다. 루터는 또 다른 반유대주의 소논문, 「알 수 없는 이름」에서 이렇게 적

---

53 피터 스탠퍼드, 차백만 옮김, 『예정된 악인, 유다』(미래의 창, 2015), 151~152쪽.

었다. "나는 유대인이 보기에 저주받은 이단, 비유대인이다. 그렇기에 그들이 어찌 그렇게 능숙한지 잘 모르겠다. 다만 이런 생각이 든다. 이스가리옷 유다가 목을 매어 죽었을 때, 창자가 터져 나왔다. 어쩌면 유대인들은 하인들을 시켜서 금과 은을 담은 쟁반을 들고 유다에게 가서 다른 보화들과 함께 유다의 창자와 오줌을 받아오게 하지 않았을까? 유대인들이 사람을 꿰뚫을 것 같은 눈빛을 지니게 된 이유도 유다의 창자를 먹고 오줌을 마셨기 때문이다."[54]

유다의 배설물에 루터가 특히 관심을 가졌던 데는 이유가 있다. 아벨의 피에서 시작해 수많은 의인의 피로 영양분을 얻었던 거룩한 땅은 추수로 보답한다. 의인의 피가 뿌려져야 하는 신성한 땅에 유다의 더러운 피가 흘러 들어가는 것을 루터는 참을 수 없었다. 그래서 그는 유다의 피는 땅이 먹은 게 아니라, 유대민족이 달려와서 마셨다고 썼다. 루터가 죽은 지 무려 몇백 년이 지났다. 그러나 차마 땅에 피를 흘릴 자격조차 없는 배신자 유다는 죽어서도 끊임없이 부관참시당하고 있다.

54   피터 스탠퍼드, 『예정된 악인, 유다』, 287~288쪽.

3
유다 활용법

가롯 유다가 예수 이상으로 교회에서 중요했던 시기도 있다. 이성과 상식이 억압된, 인류의 암흑기로 불리는 중세시대다. 교회는 유다를 꼭꼭 숨기는 대신 최대한 끄집어내어 강조했다. 당시 최고의 인기를 구가하던 '실외연극'에서도 유다는 단골 주인공이었다.[55] 그렇다고 당시에 유다에 관한 신학적 토론이 활발했다는 것은 아니다. 진지한 성찰이 전무한 것은 지금과 하나 다를 바 없었다. 그러나 유다는 교회에 없어서는 안 되는 핵심인물이었다. 두 가지 이유 때문이다.

먼저 유대민족 모두를 악마로 만드는 데 꼭 필요했다. 그리고 교회의 권위를 곤고히하는 데도 유다의 배신은 가장 효과적인 교훈이었고, 신자들이 예수를 향한 충성을 강화하게 유도하는 매개체였다. 성경을 역사와 과학으로 받아들이던 중세의 미개한 사람들에게 예수의 제자마저 멸망시킨 사탄의 존재는 말 그대로 공포였으니까. 행여 유다처럼 저주받아

---

[55] 반유대주의에 가장 크게 기여한, 상상을 초월하는 '예수 수난극'에 관한 자세한 내용이 궁금한 독자는 안타깝게도 지금은 절판된 『예정된 악인, 유다』를 참고하기 바란다.

영원히 지옥에서 불탈지도 모른다는 협박에 짓눌린 신자가 늘어갈수록, 교회의 존재는 점점 더 절대적으로 되었다. 유다를 본보기로 삼는 설교가 울려 퍼질수록, 교회의 권위와 권력은 막강해졌다. 그렇다 보니 "유다의 이야기를 자세히 탐구하려는 욕구보다는 자신들의 주장을 펼치기 위한 도구로 유다를 사용하려는 욕구"[56]는 아예 통제가 불가능한 지경에 이르렀다.

그럼 지금은 어떨까? 그때와 다를까? 빈도와 정도에서만 차이가 날 뿐, 왜곡된 유다 활용법이라는 면에서는 전혀 달라지지 않았다. 유다에 관한 설교는 그때나 지금이나 매한가지다. 핵심은 언제나 예수의 제자까지 거꾸러뜨린 무시무시한 사탄의 계략에서 너를 지켜줄 건 교회밖에 없다는 것, 그러니까 교회 가르침에 절대적으로 복종하라는 암묵적 압박이다. 교회 권력자에게 유다는 과거 독재정권 유지에 가장 효과적이었던 '북한의 위협'과 별반 다르지 않다.

기독교 초기부터 시작해서 중세를 지나 지금까지 이어진 가룟 유다 활용법이 오늘날 교회에서 어떻게 적용되는지 살펴보자.

첫 번째로 보통 기독교인이 생각하는 유다의 모습이다. 이 글을 준비하면서 몇 명에게 그에 관해서 물었다.

"돈 몇 푼에 스승을 판 배신자야. 태어나지 않았으면 차라리 좋았다는 게 맞지. 유다는 예수님한테서 세상적 성공을 기대한 거야. 그게 좌절되니까 배신한 거고."

---

56   피터 스탠퍼드, 『예정된 악인, 유다』, 157쪽.

"뭐라고요? 가룻 유다요? 진리를 모른 멍청한 인간이지. 깨어서 기도해야 하는데 말이야. 허점이 보이니까 사탄이 바로 들어간 거야. 사탄이 누구야? 지금도 우는 사자처럼 잡아먹을 놈을 찾아다니는, 공중에 권세 잡은 자잖아? 우리는 깨어 있어야 해. 절대로 제2의 유다가 되어서는 안 돼."

"아이고, 한마디로 구원받지 못한 불쌍한 인간이야. 무려 3년을 우리 주님과 같이 먹고 자고 했는데도 구원을 못 받았으니, 오죽하면 주님이 차라리 태어나지 않으면 좋겠다고 하셨겠어? 우리 사랑의 주님이 그런 막말을 하실 분이야? 솔직히 조금 불쌍하지만 어쩌겠어?"

"답 없는 인간이야. 예수님이 몇 번이나 사랑의 손길을 내미셨어. 게다가 십자가 얘기를 3년이나 들었잖아? 그럼, 그게 구원의 길이라는 걸 뻔히 다 알잖아? 아이고, 내가 배신하면 사탄의 도구가 되겠구나, 이러면서 바로 깨닫고 무릎을 꿇었어야지. 회개하고 돌아왔어야지. 끝까지 안 그랬잖아?"

"유다는 십자가의 진리를 다 알면서도 배신한 겁니다. 예수님이 하나님의 아들인 걸 알면서도 주님을 팔았다고요. 도무지 용서할 수 없는 화인 맞은 자예요."

두 번째로 설교에 등장하는 유다다. 직접 들은 내용을 그대로 옮겼다.

"여러분, 나는 가룻 유다를 볼 때마다 무섭습니다. 유다가 누굽니까? 예수님과 무려 3년을 동고동락했습니다. 예수님 말씀을 바로 앞에서 들었고, 수도 없는 기적까지 경험했습니다. 그런 그가 주님을 배신했습니다. 어떻게 제가 두렵지 않겠습니까? 여러분 중에서도 교회 문을 나서는 순간, 바로 예수를 파는 자가 나올 수 있습니다. 우리는 두려운 마음으로 살아야 합니다. '유다는 절대 남의 이야기가 아니다'라는 것을 잊지 마십시오."

"예수를 통해 뭘 얻을까, 오로지 예수를 통해서 뭔가 성취하는 데만 관심 있었던 사람이 유다입니다. 여러분은 다릅니까? 예수를 자신의 틀 안에서만 보는 사람, 자신의 틀이 주님으로 인해 깨어지지 않는 사람, 유다와 하나 다를 바 없습니다."

"여러분, 한 번 사는 인생, 세상에 꼭 필요한 사람으로 살고 싶습니까. 아니면 예수님에게 차라리 태어나지 않는 게 나았다, 이런 소리 듣는 사람으로 살고 싶습니까? 오늘 선택하십시오. 남은 인생을 어떻게 살지, 결단하시라고요."

"유다가 특히 더 가증스러운 이유가 뭔지 압니까? 예수님이 여러 번 그에게 기회를 주셨다는 것입니다. 그러나 유다는 다 거부했습니다. 그게 유다가 베드로와 다른 점입니다. 베드로는 주님의 손을 잡고 회개하고 돌아왔습니다. 그런데 여러분은 지금 주님이 내미는 손을 거부하고 있지 않습니까? 여러분은 지금 유다의 삶을 사는 게 아닙니까?"

"다른 제자가 다 예수님을 주님이라고 부르는데, 유다만 끝까지 '선생'이라고 불렀습니다. 그는 애초에 구원받지 못한 자였습니다. 이 얼마나 무서운 이야기입니까?"

가룟 유다와 관련한 설교에서 거의 빠지는 법이 없는, 레오나르도 다빈치가 등장하는 예화가 있다.

다빈치에게 누가복음 속 열두 살 어린 예수를 그려달라는 요청이 들어왔다. 그림의 성공은 모델에 달려 있었다. 누가 봐도, "어린 예수님이라면 딱 저렇게 생기셨을 거야"라는 감탄이 절로 나오게 하는 모델을 찾는 게 관건이었다. 다행히도 다빈치는 예수처럼 얼굴에서 빛이 나는 놀라운 아이를 찾았고, 성공적으로 작품을 완성했다. 그로부터 20년이 넘은 시간이 흐르고, 다빈치는 일생의 대작 〈최후의 만찬〉을 그릴 결심을 했다. 그러나 이번에는 상황이 어려웠다. 무엇보다 가룟 유다의 얼굴을 찾는 게 만만찮았다. 누가 봐도 나쁜 놈, 배신자라고 무릎을 치게 하는 얼굴이 여간해서 눈에 띄지 않았다. 그러던 어느 날, 한 술집에서 다빈치는 술에 찌든 한 알코올중독자의 얼굴을 보고 자리에서 벌떡 일어났다.

"맞아, 저 얼굴이야! 누가 봐도 저건 가룟 유다의 얼굴이야."

최대한 정중하게 모델을 부탁하는 다빈치에게 알코올중독자가 말했다.

"저를 못 알아보시는군요. 저는 당신을 기억합니다. 20년 전 나는 당신 그림에서 어린 예수 모델을 했습니다."

누군가 다빈치를 빙자해서 만들어낸 이 이야기가 주는 교훈은 명백하다.

"누구라도 가룟 유다가 될 수 있다. 그러니까 조심하라!"

세 번째로 기독교책은 가룟 유다를 어떻게 그릴까? 세계적인 베스트셀러 작가인 필립 얀시가 쓴 『내가 알지 못했던 예수』[57]에 유다가 등장한다.

유다가 폭도들을 데리고 동산에 왔을 때 예수님은 그를 '친구'라고 부르셨다.

---

[57] 무려 400페이지에 육박하는 책에서 가룟 유다를 다루는 건 고작 두세 페이지에 지나지 않는다. 십자가 사건의 핵심인 가룟 유다가 얼마나 다루기 까다로운, 껄끄러운 존재인지를 잘 보여준다. 나는 얀시처럼 명민한 사람이 내가 앞으로 자세하게 설명할 '유다의 모순'을 보지 못했다고는 생각하지 않는다.

제자들은 예수님을 버리고 도망갔지만, 그분은 여전히 그들을 사랑하셨다. …… 나는 베드로와 유다만큼 신랄하게 대조적인 운명을 보지 못했다. 둘 다 예수님의 제자들 사이에서 리더로 지목되었다. …… 둘 다 스승을 부인하였다. 두 사람의 비슷한 점은 여기서 끝난다. 유다는 후회했지만, 회개하지 않았고, 자기 행동의 논리적 결과를 받아들여 스스로 목숨을 끊고 역사상 가장 악명 높은 배신자로 전락했다. 그는 예수님이 이 땅에 오시고 그에게 주려 하신 걸 받지 않고 죽었다. 하지만 베드로는 부끄럽지만 여전히 예수님의 은혜와 용서의 메시지에 마음을 열고, 예루살렘의 부흥을 이끌었으며, 로마에 당도하기까지 걸음을 멈추지 않았다.[58]

다음은 우리나라에서는 드물게 본격적으로 가룟 유다를 다룬 김기현 목사의 『가룟 유다 딜레마』다.

유다는 우리 모습입니다. 열두 사도였던 그가 예수를 판 자가 되었습니다. …… 우리도 그럴 수 있습니다. 유다처럼 말입니다. 우리는 언제나 유다와 베드로처럼 예수를 부인하고 배신할 가능성이 농후합니다. 현재의 축복과 형통함에 우쭐할 것이 하나도 없습니다. …… 유다를 사용하시는, 이해하기 어려운 하나님의 신비에 걸려 넘어지기 전에, 그 신비를 이성의 잣대로 재단하기 전에,[59] 마리아의 희생과 섬김을 본받아 나는 어떻게 마리아처럼 살 것

---

58 필립 얀시, 김성녀 옮김, 『내가 알지 못했던 예수』(IVP, 2012), 260~261쪽.

59 저자는 이성의 잣대를 유다에게 들이대는 순간, 십자가 자체가 얼마나 황당한 이야기가 되는지를 알았던 걸까? 그래서 이렇게 강조하는 걸까?

인지를 기도하고 결단하시기 바랍니다. 그러니 굳이 유다가 되려고 하지 마세요.[60]

평신도의 기도에서 설교나 신앙서적에 이르기까지, 기독교가 말하는 가룟 유다 활용 목표는 100% 다음 세 가지 중 하나다.

협박

"우리는 주님을 세 번 부인했지만 회개하고 돌아온 베드로가 되어야 한다. 조금만 방심하면 당신도 언제 유다가 될지 모른다. 유다의 배신은 결코 남 이야기가 아니다. 그러니까 항상 조심하고 깨어 있어야 한다."

이런 협박은 뒤집어서 보면 역효과를 내기 십상이다. 유다가 누구인가? 예수와 무려 3년간 동고동락했다. 인류 역사상 최초의 성만찬에 참여했다. 그런데도 바뀌지 않는다면, 예수의 그림자도 밟은 적 없는 나는 아예 희망이 없다는 것 아닌가?[61] 예수를 눈으로 본 적도 없고, 고작해야 교회 다니면서 성경 읽는 게 다인데, 어떻게 유다를 뛰어넘을 수 있을까? 유다는 격려가 아닌 절망을 안기고도 남는다. 누군가 이런 반론을 꺼낼

---

60   김기현, 『가룟 유다 딜레마』, 30, 107쪽.
61   물론 교회에서는 이렇게 조언할 것이다. "무슨 소리야? 성령님이 함께하시잖아!"

수 있다.

"예수님의 가르침에 문제가 있었다고도 볼 수 있지 않을까요? 예수님의 말씀을 듣는다고 무조건 다 변화되었다고 생각하는 것도 편견이에요. 바리새인 보세요. 예수님 말씀 많이 들었어도 예수님을 미워했잖아요? 그러니까 너무 절망하지 마세요. 교회에서 잘 배우는 게 예수님 곁에서 직접 듣는 것보다 나을 수도 있어요."

아무리 희망을 주고 싶다고 해도, 이런 변명은 설득력이 약하다. 결국 예수를 깎아내리지 않으면서 동시에 절망하지도 않는 방법은 하나뿐이다. 기독교가 주장하는 '예정론'을 받아들이는 것이다. 유다는 예수를 배반하도록 운명지어졌다. 그게 아니라면, 무려 3년이나 데리고 다니면서도 제대로 변화시키지 못한 예수의 무능이 도마 위에 오르지 않을 방법은 없다.

예를 들어, 3년간 오로지 한 사람한테만 수학 과외를 받은 학생이 여전히 인수분해를 못한다면? 둘 중 하나다. 선생이 엉터리거나 학생의 머리가 많이 나쁘거나. 유다가 머리 나쁜 제자였다는 증거도 없는데, 모든 잘못을 오롯이 그에게만 돌리는 것은 부당하다. 따라서 예수를 무능한 선생이라는 비난에서 구하고 싶으면 운명이나 예정론에 기댈 수밖에 없다. 그런데 여기에는 큰 함정이 하나 있다.

"그럼 이미 다 결론이 났다는 소리잖아? 그런데 조심하고 발버둥 치는 게 무슨 의미가 있어?"

진 경기를 보고 또 본다고 결과가 바뀌지 않는다. 행여 내가 유다가 될 운명이라, 어떤 처절한 노력도 의미 없다. 반대로 내가 유다가 될 운명이 아니라면, 매 순간 걱정하고 안달하는 거야말로 하나님의 능력을 의심하는 신성모독이다. 하나님을 향한 노골적인 모욕이다. 아버지가 밥을 굶긴 적이 없는데도 매번 "아빠, 우리 오늘도 밥 먹을 수 있어요? 그게 가능할까요?"라고 묻는 아들과 다르지 않다. 그런 아들은 정상이 아니다. 교회에서 자주 하는 말이 있다. "매일 두려운 마음으로 구원을 이뤄가라." 그럴듯하게 보이는 이 말이 실상은 얼마나 하나님의 섭리를 부정하는 신성모독인가?

전가

"예수에게는 아무런 잘못이 없다. 모든 잘못은 유다에게 있다. 사랑의 예수는 유다를 살리기 위해서 여러 번 경고하고 회개를 촉구했지만, 유다가 듣지 않았다."

한 걸음만 떨어져서 보면, 정말 말이 안 되는 참담한 주장이다. 예수에게는 아무런 잘못이 없다고? 아무런 책임이 없다고? 아니, 제자의 배신을 알면서도 방치하는 예수를 어떻게 사랑의 주님이라고 부를 수 있을까? 예수를 살리겠다는 일념에 모든 책임을 유다에게만 돌릴 때 따라오는 결과는 치명적이다. 2부에서 자세하게 살펴보겠지만, 요한복음에 따르면 예수가 유다에게 빵 한 조각을 건넸고 유다가 빵을 받은 순간 사탄이 그의 속에 들어갔다. 이 상황을 어떻게 이해해야 할까? 가장 합리적인 해석은 예수가 빵에 사탄을 버터처럼 발라서 준 것이다. 그런데 이런 행동조차도 회개를 촉구한 예수의 사랑이라는 게 기독교의 설명이다.

말이 나온 김에, 예수가 정말로 유다를 살리고 싶었을까? 아무리 복음서를 뒤져도 딱히 예수가 유다를 막기 위해서 행동한 게 없다. 아예 방법이 없었던 걸까? 아니, 하려고만 하면 한두 가지가 아니었을 텐데. 당장 유다를 앞에 앉혀놓고 설득할 수도 있지 않았을까? 그러나 그러지 않았다. 무작정 저주부터 쏟아냈다. 설득해도 듣지 않으면 제자들을 통해서라도 막을 수 있지 않았을까? 며칠 어딘가에 가두기만 했어도, 유다가 잘 아는 은신처로 예수가 가지만 않았어도, 유다는 배신할 수 없었다. 그게 사랑하는 사람이 취할 최소한의 행동이 아닌가? 참 이상하다.

다섯 살짜리 아들이 양손에 회칼을 들고 춤을 추려는데, '자유의지'를 존중해서 보고만 있다면 그게 부모인가? 유다가 정말로 배신이라는, 영원한 멸망이라는 천 길 낭떠러지를 향해 걸어갔다면, 무슨 수를 써서라도 막는 게 스승의 도리 아닌가? 그런데 예수가 그런 노력을 1%라도 보였나? "칼춤은 조심해서 추는 거야, 잘못하면 죽을 수도 있어." 이러면서 칼을 집어드는 아이를 전혀 말리지 않은 이상한 부모가 정작 예수가 아닌가? 유다를 향해서 예수가 말했다. "너는 차라리 태어나지 않았으면 좋았을 뻔했다." 이게 사랑해서 살리고 싶다는 사람의 입에서 나올 소리인가? 가족 중 누군가가 지금 당신을 배신하려고 모략을 꾸민다면, 어떻게 행동할까? "너 같은 게 왜 우리 집에 태어난 거야? 차라리 유산되어 죽었으면 딱 좋았을 텐데." 이렇게 저주를 퍼붓고 나 몰라라 할까?

물타기

"가룟 유다처럼 골치 아픈 문제 고민할 생각이 있다면, 차라리 유다가 되지 않게 해달라고 기도해라. 앞으로 유다로 살지 않겠다는 결단을 해라."

본질을 호도하는 가장 효과적인 방법은 상대의 죄책감을 자극하는 것이다. 1980년대 후반에 천국 경험담을 담은 책 『내가 본 천국』이 교회에서 많이 팔렸다. 저자인 선교사 펄시 콜레는 무려 7년간 천국을 보여달라고 기도했고, 그 결과 천국에 다녀왔다는 것이다. 그 책을 읽고 궁금한 게 한두 가지가 아니었다. 나는 대학부 목사를 찾아갔다.

"목사님, 펄시 콜레 책 진짜일까요? 아무리 봐도 구라 같아요. 특히 낙태된 아이들만 모아서 키운다는 인큐베이터는 너무 황당해요."

목사가 딱하다는 표정으로 나를 한참 보았다.

"콜레가 천국 보여 달라고 몇 년 기도했다고 했지?"

"7년이요."

"너는 천국 가고 싶다고 7분이나 기도해봤니? 그게 궁금할 시간에 기도를 해라."

대답하기 곤란할 때면 등장하는 죄책감의 자극, 가룟 유다를 다루는 책에서 거의 100% 발견한다. 게다가 죄책감과 섞어버리는 물타기는 수세를 공세로 전환하는 일석이조 효과까지 있다. 다음은 전형적인 사례다.

한번은《런던 타임스》가 저명한 작가들 몇 명에게 "이 세상에 무엇이 문제인가?"라는 동일한 주제로 에세이를 부탁했다고 합니다. 그중 한 사람이 체스터턴(G. K. Chesterton)입니다. 그의 대답은 역사상 가장 짧고도 가장 강력한 것이었습니다. "나입니다(I am)."[62]

이 글이 전하려는 메시지가 무엇일까? 가룟 유다를 논할 시간에 밖에 나가서 길에 떨어진 휴지라도 하나 더 주으라는 말이다. 우리나라에서 한때 '내 탓이오'라는 자동차 스티커가 유행했다. 그러나 그 열풍은 그리 오래가지 않았다. 스티커를 붙이고 하는 칼치기가 얼마나 황당한 코미디인지, 스티커가 자성의 다짐이 아니라 뒤차를 향한 조롱이 될 수도 있음을 깨닫는 건 어렵지 않았으니까. 몇 년 전 조두순 석방을 앞두고 한 기독교인이 페이스북에 올린 글을 보고 기가 막혔다.

"조두순의 잘못을 회개합니다. 다 내가 바로 살지 못해서 생긴 일입니다."

아니, 조두순의 만행이 왜 그 사람 잘못인가? 잘못은 잘못한 사람의 책임이고, 그런 짐승을 이 사회에 풀어놓은 건 사법부, 우리나라 법체계의 잘못이다. 만사를 다 "내 잘못입니다"라고 소리치며 속으로 우쭐한 사람으로 가득한 세상은 잘못하고도 뻔뻔한 사람으로 넘치는 세상만큼이나 끔찍하다.

21세기에도 가룟 유다는 여전히 교회에 유용한 존재다. 이성과 상식

---

62   김기현, 『가룟 유다 딜레마』, 228쪽.

에 근거한 토론 대신 유다를 휘감고 있는 건 집단적 히스테리다. 그 점에서 기독교는 지금도 여전히 중세에 머물러 있다. 다음 장에서 복음서가 왜곡한 유다를 바로잡을 것이다. 이성과 상식에 근거해서 가롯 유다를 바라보자.

4
재구성한 유다 스토리

네 권의 복음서는 가룟 유다가 왜 예수를 배신했는지에 관해 전혀 다른 두 가지 주장을 펼쳤다. 마가복음과 마태복음이 그리는 첫 번째는 유다가 돈 욕심에 눈이 멀어서 배신했다는 돈벌레 버전이다. 여기에는 돈이 아니었다면, 예수가 아예 십자가를 지지 못했으리라는 강한 암시가 깔려 있다. 물론 이런 주장에 기독교는 동의하지 않는다. 가룟 유다가 없었어도 십자가의 구원은 가능했으리라고 말한다. 그럼 하나님에게 플랜 B가 존재한다는 건가? 행여 첫 번째 계획이 실패할 가능성도 있었다는 건가? 그래서 차선책 내지 비상대책까지도 준비해야 하는, 불안한 존재가 기독교의 신, 하나님인가? 이런 주장이야말로 전지전능한 신에 대한 신성모독이다.[63] 문제는 거기서 끝나지 않는다. 정말로 십자가 구원이 복음서가 돈벌레로 그리는 유다의 배신으로 가능했다면, 결국 십자가 가치는 그가 받았다는 은돈 30냥으로 전락한다.

---

63 기독교인이라면 가룟 유다를 욕할 시간에 왜 십자가 구원에 '오로지' 가룟 유다의 배신이라는 방법이 필요했는지, 그 답을 찾는 게 옳은 길이다. 하나님을 살리려는 기독교의 '변명'은 거의 언제나 하나님에게 더 큰 '모욕'으로 돌아간다.

누가복음과 요한복음이 그리는 두 번째는 유다가 사탄의 하수인이 되었기 때문이라는 주장이다. 돈 욕심이 아니라, 유다의 마음속에 들어간 사탄이 그를 장악했다는 것이다. 그런데 이건 상식선에서 볼 때, 돈벌레 버전보다 더 말이 안 되는 시나리오다. 기독교는 십자가를 승리라고 부른다. 예수가 십자가에서 죽음으로 사탄에게 승리했다는 것이다. 사탄이 십자가의 의미를 몰랐던 걸까? 십자가가 자신에게 어떤 결과를 가져올지 몰라서 막기는커녕, 도리어 예수의 등을 떠밀었다고? 이건 사탄이 가미카제 특공대가 되었다는 말과 다르지 않다. 누가복음과 요한복음 저자는 왜 이런 주장을 펼쳤을까? 앞선 돈벌레 유다의 이야기가 너무도 사소하고 찌질하게 보여서, 예수의 십자가라는 거룩한 구원의 드라마를 일으킨 동기가 단지 돈 몇 푼이라는 주장이 마음에 들지 않아서다. 그래서 유다 속에 사탄을 집어넣음으로, 선과 악이 싸우는 거대한 전 우주 차원의 대결 속에 그를 재배치했다. 유다의 가치가 올라가야 예수와 십자가의 가치가 올라가기 때문이다. 그러나 결과는 더 처참하다. 하나님과 사탄이 손을 잡고, 힘을 합쳐서 십자가 구원의 역사를 써내려간 셈이 되니까. 복음서는 왜 한 사람에 관해서 이토록 다르게 이야기할까? 이제 진짜 질문을 던지자.

"유다는 정말로 배신자인가?"

사전이 정의하는 배신은 '믿음과 도리를 저버린 행위'다. 안중근 의사에게 최악의 배신이 뭘까? 누군가 이토 히로부미 저격을 막는 것이다. 그럼 성육신한 하나님, 예수에게는? 유일한 목적인 십자가의 죽음을 좌절시키는 것이다. 당연히 이런 질문이 떠오른다.

"아니, 안중근과 예수를 어떻게 같은 선상에 놓고 비교합니까? 하나님의 계획을 감히 인간이 방해하거나 좌절시키는 게 가능한가요? 애초에 예수에게 배신자가 있다는 게 말이 됩니까?"

백번 맞는 말이다. 사람이 하나님의 계획에 걸림돌이 되는 건 말이 안 된다. 따라서 배신자라는 단어는 아예 들어설 자리가 없다. 그나마 가능한 건, 방해자 정도다. 누굴까? 사탄이다. 따라서 예수의 십자가를 좌절시키려는 시도와 관련한 갈등구도는 단 하나, 예수와 사탄 간의 치열한 대결뿐이다. 사탄이 십자가의 의미를 몰라서 예수가 십자가를 지도록 돕는다는 설정처럼 어이없는 주장도 없다. 십자가는 사탄에게 파멸을 의미한다. 십자가와 함께 따라올 예수의 부활은 사탄의 가장 큰 무기인 '죽음'을 정복함으로써 그를 근원에서 무력화한다.[64] 더불어 사탄의 유일한 존재 목적은 인류와 하나님을 단절시키는 것이다. 그러나 십자가는 하나님과 인간을 다시 잇는다. 십자가야말로 사탄에게 악몽 그 자체다.

이처럼 시공을 초월해 십자가를 중심으로 벌어지는 신들의 싸움, 불꽃 튀기는 선과 악의 대결구도 안에서 한낱 인간이 배신자라는 이름으로 들어설 자리는 없다. 군이 역할이 있다면, 예수 또는 사탄의 편에서 들러리 서다가 장기판의 졸처럼 사라지는 희생자 정도다. 지금부터 하나님과 사탄 사이에서 벌어지는 선과 악의 대결, 그리고 무슨 수를 써서라도 십자가를 막아야만 하는 절박한 사탄이라는 신약성서 전체의 맥락을 우선

64　바울은 부활을 찬양하면서 사탄을 향해서 이렇게 외쳤다. 승리의 선언이다. "죽음아, 너의 승리가 어디에 있느냐? 죽음아, 너의 독침이 어디에 있느냐?"(고린도전서 15:55)

순위에 두고 유다를 그려보자. 우리는 과연 유다 이야기를 이성과 상식에 부합해서 재구성할 수 있을까?

유다 스토리 재구성

십자가를 중심으로 벌어지는 구원의 드라마가 담긴 유일한 책은 신약성서, 그중에서도 복음서라고 불리는 네 권이다. 하나님과 사탄 사이의 긴박감 넘치는 장대한 구원의 드라마는 몇 년 전 세계를 휩쓸던 〈왕좌의 게임〉 이상으로 박진감 넘치는 갈등을 기대하게 한다. 그중에서도 가장 관심을 끄는 부분은 인류의 구원을 막기 위한 사탄의 치열한 모략, 거기에 굴하지 않고 무슨 수를 써서라도 십자가를 지려는 예수, 이 둘 사이의 피 튀기는 싸움이다. 아니나 다를까, 겉으로는 건조해 보이는 내용이지만, 행간 속에는 적지 않은 스릴이 숨어 있다.

첫 사건은 예수가 태어나고 얼마 지나지 않아 발생한다. 당시 유대 땅을 다스리던 분봉왕 헤롯이 베들레헴에서 태어난 신생아 전부를 학살하는 만행을 저지른다. 식민지 통치자에 불과한 헤롯이 정치적 생명을 걸고 저지른 무모한 모험이었다. 왜 그랬을까? 사탄이 뒤에서 조종했기 때문이다. 헤롯은 단지 꼭두각시에 지나지 않는다. 그럼 사탄의 의도가 무엇인가? 한마디로 아기 예수를 죽여서 십자가 구원의 싹이 자라지 못하게 막겠다는 것이다. 다행히도 예수는 천사의 도움으로 아슬아슬하게 이집트로 피해서 목숨을 건졌다. 첫 번째 위기를 넘긴 것이다. 하지만 복음서 독자라면 모를 수 없다. 예수의 위기가 여기서 끝날 리 없다는 것을. 입술이 바싹바싹 타들어 가는 게 당연하다.

"과연 사탄의 위협을 뚫고 예수가 건강하게 자랄 수 있을까? 천사가 계속 지켜주겠지?"

인류 구원을 둘러싼 선과 악의 대결, 예수의 출생과 더불어 시작한 하나님과 사탄 간의 무시무시한 암투는 이제 막 출발선을 지났을 뿐이다. 그런데 독자의 예상과 달리 사탄은 그 후 무려 30년 동안 모습을 드러내지 않는다.[65] 그건 예수도 마찬가지다. 천사가 아예 예수를 감춰버린 것일까?

예수가 복음서에서 다시 모습을 드러낸 것은 서른 살 성인이 되어서다. 기다렸다는 듯 사탄이 공격을 재개했다. 그러나 이번 공격은 신생아 학살처럼 막무가내식으로 밀어붙인 30년 전과 달랐다. 사탄은 서둘지 않았다. 끈기 있게 예수가 허점을 드러낼 때를 기다렸다. 마침내 기회가 왔다. 광야에서 무려 40일을 금식한 예수가 지칠 대로 지쳐서 비틀거리는 게 아닌가? 사탄은 지체하지 않고 예수에게 다가갔다. 아뿔싸! 성인으로 자란 예수는 더 이상 부모의 품에 안겨 있던 허겁지겁 이집트로 도망가던 갓난아기가 아니었다. 하나님의 말씀을 들고나온 예수에게 사탄은 처참하게 패배한다. 사탄에게는 트라우마가 될 정도로 큰 충격이었다. 사탄은 강력한 예수의 능력에 깊은 절망을 느끼며 자책했다.

---

65 누가복음에는 열두 살 예수의 짧은 에피소드 하나가 등장한다. 그런데 여기서 예수와 갈등을 벌이는 건 사탄이 아니라 놀랍게도 예수의 부모다. 유튜브 '옥성호의 진리해부', '어머니 마리아 탐구'를 참고하라(https://www.youtube.com/watch?v=tcUDiIdShJ4).

"어릴 때, 채 여물기 전에 처리했어야 하는 건데……."

그러나 후회는 있어도 포기란 있을 수 없다. 결정적인 한순간을 기다렸다. 십자가가 수면 위로 떠오르는 바로 그때 말이다. 어차피 목표는 십자가를 지러 예루살렘에 들어가는 예수의 발걸음을 막는 것. 그를 다시 갈릴리로 돌아가게 할 수만 있다면, 사탄에게 과거의 패배는 아무것도 아니다.

마침내 예루살렘 입성을 앞둔 예수가 제자들에게 십자가 죽음의 신비를 드러냈다. 오매불망 그 순간만을 기다리던 사탄은 제자 중에서도 예수의 가장 큰 신뢰를 받는 베드로를 통해서 승부수를 던졌다.

> 예수께서는, 자기가 반드시 예루살렘에 올라가야 하며, 장로들과 대제사장들과 율법학자들에게 많은 고난을 받고 죽임을 당해야 하며, 사흘째 되는 날에 살아나야 한다는 것을, 제자들에게 밝히기 시작하셨다. 이에 베드로가 예수를 따로 붙들고 "주님, 안 됩니다. 절대로 이런 일이 주님께 일어나서는 안 됩니다" 하고 말하면서 예수께 대들었다.
>
> (마태복음 16:21-22)

다른 사람도 아닌 베드로가 대들었다. 십자가는 안 된다고 들고일어났다. 베드로의 반항에 예수도 크게 당황한 게 분명했다. 어쩌면 평생을 키워왔던 확신까지 흔들리지 않았을까?

"이거, 십자가 말고 다른 길이 있는 거 아니야? 다른 사람도 아닌 베드로가 이런 말을 하다니."

그러나 예수가 누구인가? 하나님의 아들이 아닌가? 베드로 뒤에 숨은 실체, 사탄의 계략을 바로 꿰뚫어 보았다. 그리고 베드로를 향해서 "사탄아!"라고 소리쳤다.

예수께서는 돌아서서, 베드로에게 말씀하셨다. "사탄아, 내 뒤로 물러가라. 너는 나에게 걸림돌이다. 너는 하나님의 일을 생각하지 않고, 사람의 일만 생각하는구나!"

(마태복음 16:23)

예수와 수제자 간에 오간 이날의 팽팽한 신경전은 수면 아래에서 예수와 사탄 간의 불꽃 튀는 영적 전투가 얼마나 치열했는지를 보여준다. 다행히도 인류의 존망이 달린 승부는 다시 예수의 승리로 끝났다. 감춰졌던 십자가가 마침내 모습을 드러냈다. 십자가 공개는 사탄을 향해 막을 수 있으면 막아보라는 예수의 선전포고와 다르지 않았다. 그러나 기세에서는 사탄도 뒤지지 않았다. 다른 사람도 아닌 수제자 베드로를 통해서 자신이 결코 만만찮은 적수임을 과시했다.

"예수, 당신 수제자도 내가 맘만 먹으면 내 수족처럼 부릴 수 있다고."

십자가를 지기 위해서 예수가 예루살렘에 발을 디딘 순간, 이제 누구 하나는 죽어야 끝나는 본격적인 영적 전투가 벌어졌다. 예수는 도대체 어떤 방법으로 십자가를 지려는 걸까? 사탄은 과연 예수를 막을 수 있을까? 사탄은 어떤 히든카드를 소매 속에 감추었을까? 십자가를 둘러싼 전투는 이제 클라이맥스를 향해서 달려간다.

그런데 갑자기 그림이 헝클어진다. 모두의 예상을 비웃기라도 하듯, 상상도 못 한 상황이 펼쳐진다. 치열하던 예수와 사탄, 선과 악의 대결이 어처구니없는 방향으로 흐르기 시작했다. 돌연 사탄이 사라졌다! 그의 계략이 더는 등장하지 않는다. 어이가 없는 괴이한 전개다. 이거야말로 이아고가 사라진 오셀로 이야기, 자베르가 사라진 장발장 이야기다. 워낙 예상을 뒤엎는 황당한 전개이다 보니, 사탄의 실종을, '완전한 부재를 통해 승리하려는 악마(사탄)의 계획'[66]으로 받아들이는 사람까지 있을 정도다. 그러니까 느닷없는 실종이야말로 사탄이 세운 고도의 책략이라는 주장이다.

"아, 아무리 발버둥 쳐도 십자가는 못 막을 것 같아. 그냥 퇴장해버리자. 예수 혼자 북 치고 장구 치고 다 하게 놔두자고. 내가 사라진 걸 알면 예수가 행여라도 김이 빠져서 구원의 게임 자체를 포기할 수도 있잖아. 혼자 경기하는 거, 재미없잖아?[67] 악이 부재한 상태에서 이루는 구원은 의미 없다고 생각하지 않을까? 그냥 갈릴리로 돌아가지 않을까?"[68]

이런 상상을 해야 할 정도로 사탄의 실종은 미스터리다. 그런데 진짜

---

66 발터 옌스, 박상화 옮김, 『유다의 재판: 가리옷 유다의 시복재판에 관한 보고서』(아침, 2004), 87쪽 (괄호 저자 추가).

67 이건 팀원이 한 명도 없는 부서의 팀장이 되는 꼴이다. 한 명밖에 출전하지 않은 대회에서 일등을 하는 꼴이다. 경쟁률 미달 학과에 합격하는 꼴이다. 테니스 치겠다고 혼자 코트에 서서 뛰는 꼴이다.

68 발터 옌스는 이런 사탄의 의도를 꿰뚫은 유다가 자진해서 사탄의 자리에 섰다는, 지극히 상식적인 의견을 펼친다. "성부께서 성자의 몸 안에서 성육신해야 했듯이 악마도 한 인간 안에서 인간의 모습으로 나타나야 한다는 생각을 하느님께서 유다에게 넣어주셨습니다." 발터 옌스, 『유다의 재판』, 87쪽. 그러나 한 발 떨어져서 보면 그리 설득력 있는 주장이 아니다. 이 책을 통해서 앞으로도 일관되게 주장하겠지만, 그럼 유다도 베드로처럼 예수의 십자가를 방해해야지 왜 돕냐는 문제가 생긴다. 예수를 파는 유다의 행동을 배신으로 볼 수 없는 이유다.

이상한 건 따로 있다. 복음서 중 가장 먼저 쓰인 마가복음은 돌연 예수의 제자 가룟 유다가 돈에 눈이 멀어서 예수를 팔겠다며 유대교 종교 지도자를 찾아갔다고 말한다. 그런데 따지고 보면 유다는 지금 예수가 십자가를 지도록 '돕겠다'는 것이다. 예수가 목적을 달성하도록 다리를 놓겠다고 한다. 하지만 이상하다. 왜 유다의 역할이 필요하지? 예수 혼자 힘으로도 얼마든지 갈 수 있는데, 왜 굳이 제자가 나서야 하지? 사라진 사탄만큼이나 뜬금없는 게, 느닷없는 유다의 등장이다.

이유 여하를 막론하고, 진짜 위기에 빠진 건 사탄이다. 겉으로야 예수가 배신의 위기를 맞은 것 같지만, 정작 생과 사의 갈림길에 선 건 사탄이다. 지금이라도 나타나서 유다를 막아야 한다. 십자가의 길을 닦으려는 그를 제거해야 한다.

"아, 이제는 사탄이 나타나겠지? 무슨 수를 써서라도 유다를 막겠지?"

그런데 이런 예상을 비웃기라도 하듯, 복음서 전체를 통틀어서 가장 기이한 상황이 발생한다. 사탄이 아닌 예수가 유다를 막겠다고 나선 것이다.

> "인자를 넘겨주는 그 사람(가룟 유다)에게는 화가 있다. 그 사람은 차라리 태어나지 않았더라면 자기에게 좋았을 것이다."
>
> (마가복음 14:21)

유다 이야기 중 최고의 난제다. 이 말을 어떻게 이해해야 할까? 아니, 격려하고 등을 떠밀어도 모자랄 판에 도리어 예수가 협박에 가까운 말로 유다를 비난하다니. 하나씩 살펴보자.

"인자를 넘겨주는……."

인자는 예수를 말한다. 그럼 누구에게 넘겨준다는 걸까? 대제사장과 로마다.

"인자를 넘겨주는 사람에게는 화가 있다……."

이게 도대체 무슨 소리인가? 아니, 애초에 예수가 세상에 온 건 대제사장과 로마에 잡혀서 십자가에서 죽기 위해서인데, 그걸 '돕는' 사람에게 왜 화가 있다는 거지? 혹시 이런 의미일까?

"인자는 알아서 자수하려고 하는데, 중간에 끼여서 나를 넘겨주는 자는 화를 입을 것이다."

말이 된다. 누군가가 중간에 끼는 순간, 십자가는 오염된다. 십자가 구원이 100% 예수의 자발적 의지의 결과가 아니라, 누군가의 도움으로 이뤄졌다는 소리니까. 그럼 그렇다고 설명하고 막으면 되는 거 아닌가?

"유다야, 네가 굳이 나서지 않아도 된다. 나는 때가 되면 자수한다. 괜히 중간에 끼어들지 마라."

그런데 예수는 다짜고짜 저주부터 퍼붓는다. 갑자기 사라진 사탄, 느닷없이 등장한 유다와 더불어서 유다 이야기 속 3대 난제다. 정말로 예수는 유다한테 화가 난 걸까? 하나 가능성이 있다.

"설마, 십자가를 질 마음이 없었다는 건가? 그래서 화가 나서 저주하는 건가?"

그게 아니라면, 유다에게 화를 낼 이유가 없다. 저주하는 대신 앞에 앉히고 차근차근 설명하면 된다. 누가 뭐래도, 무려 3년을 동고동락한 제자가 아닌가?

"유다야, 네가 그런다고 너한테 공이 돌아가지 않는다. 도리어 네가 배신자라고 두고두고 욕만 먹는다. 그냥 내게 다 맡겨라."

그러나 예수는 그러지 않았다. 그렇다면, 앞에서 살펴본 사탄의 도박이 성공했다는 것이다! 실종이라는 사탄의 작전에 예수가 말려들었다. 졸지에 혼자 무대에 남은 예수가 모든 흥미를 잃고 십자가를 지겠다는 목적의식을 상실했다. 예수의 극적 변화는 향유사건에서 노골적으로 드러난다. (2부에서 자세하게 다룬다.)

이제 유다를 새롭게 이해하는 중요한 단서를 찾았다. 유다가 예수를 배신한 진짜 이유를 알 수 있다. 제자 중에서 유일하게 유다만이 예수가 십자가를 지지 않을 수도 있다는 적색 신호[69]를 감지한 게 분명하다. 자발적으로 하지 않겠다는 사람을 하게 만드는 길은 뭘까? 유다는 고민했을 것이다. 그가 생각한 방법은 대제사장을 찾아가 예수를 넘기는 것이었다. 결국 유다는 배신이라는 '십자가'를 지고 예수를 골고다 언덕으로 몰아붙였다. '하드캐리'한 셈이다. 마음을 바꾼 예수와 예수의 변심을 알아챈 유다, 이것 외에 유다를 저주하는 예수를 이해할 수 있는 길은 없다.

문제는 이 상황을 지켜보는 사탄이다. 예수가 마음을 바꿨지만, 쾌재를 부르고만 있을 수는 없다. 생각지도 못한 복병, 유다가 나타났기 때문이다. 사탄은 이제 무슨 수를 써서라도 예수가 아닌 유다를 막아야 한다.

---

69 적색신호는 향유사건 외에 한 번 더 노골적으로 드러난다. 바로 겟세마네의 기도에서다. 예수는 분명하게 말한다. 나는 십자가라는 이 잔을 마시기 싫다고, 가능한 다른 길을 가고 싶다고.

하지만 그에게도 고민이 있다. 쉽게 자신을 드러낼 수 없는 것이다. 사탄을 보는 순간, 행여라도 예수가 다시 마음을 바꿔서 십자가를 지려고 할지도 모르니까. 일단은 그냥 숨죽이고 지켜보는 수밖에 없다. 유다가 어떻게든 예수의 협박에 마음을 바꾸길 바라는 수밖에 없다. 물론 이런 생각에 불안할 수도 있다.

"그래, 내 작전이 성공해서 예수가 맘을 바꿨어. 그런데 혹시 십자가말고 다른 구원의 길이 있는 건 아닐까? 그러니까 예수가 변심한 게 내 작전이 성공해서가 아니라, 구원의 방법을 바꿔서?"

사탄은 자신을 파멸시킬 제3의 길이 어딘가에서 만들어졌다는 생각에 더 초조했을 수도 있다. 하지만 그건 그때 가서 고민할 문제라고, 당장은 발등의 불부터 꺼야 한다고 생각했을 것이다. 지금으로서는 유다가 마음을 바꾸고 주저앉는 게 사탄의 입장에서는 최선이다. 다른 사람도 아닌 예수가 십자가를 막고 있으니, 유다가 주저앉는 건 시간문제라고 낙관했을 수도 있다. 그러나 예수의 협박에도 불구하고, 유다가 마음을 바꾸지 않았다.[70]

돌이켜서 볼 때, 사탄은 그때 멈칫거려서는 안 되었다. 행여 예수가 다시금 십자가를 지겠다고 마음먹는 위험을 감수하더라도, 모습을 드러

---

[70] 아, 바로 여기서 사탄으로서는 차마 생각이 미칠 수 없는, 예수가 유다를 막은 또 하나의 유력한 가능성이 있다. 유다를 노리는 사탄을 계산한 예수의 고도의 한 수였다는 것이다. 그러니까 유다를 막는 자신을 보고 충격을 받은 사탄이 잠시 동안 아무것도 할 수 없도록 마비시키겠다는, 그래서 유다가 안전하게 대제사장에게 가도록 하겠다는, 예수의 전략적인 저주였다는 것이다. 그러니까 이 경우에 예수가 철저하게 유다와 사전 협약을 한 상태에서, 일종의 연기를 하면서 십자가를 진행했다는 건데, 설득력이 떨어진다. 다시 말하지만, 예수 입장에서 십자가 역사에 유다가 끼어드는 것 자체가 십자가의 가치를 훼손하기 때문이다. 유다를 향한 예수의 저주가 진심인 이유다.

냈어야 했다. 유다의 다리를 분질러서라도 대제사장에게 가는 길을 막았어야 했다. 그러나 너무도 안일했던 사탄, 예수의 저주를 너무 믿었다는 게 패착이었다. 어느새 예수의 십자가행은 일사천리로 진행되었고, 그제야 "아뿔싸~" 정신을 차린 사탄은 로마 총독 빌라도를 동원했다. 빌라도 하나로는 안심이 안 되어서 부랴부랴 그의 아내까지 개입시켜 마지막 승부수를 던졌다. 빌라도 부부를 통해서 십자가를 막으려고, 예수를 살리려고 발버둥 쳤다.

> 빌라도가 유대 사람들에게로 나아와서 말하였다. "나는 그에게서 아무 죄도 찾지 못하였소"
>
> (요한복음 18:38)

그러나 상황은 사탄이 손을 쓰기에는 너무도 늦어버렸다. 그가 주춤거리는 사이에, 하나님은 가룟 유다뿐 아니라 유대민족 전체를 움직여서 십자가 구원 역사를 밀어붙였다. 유다가 시작한 골고다 십자가의 길을 온 유대민족이 힘을 합쳐 활짝 열었다.

> 유대민족이 외쳤다. "없애버리시오! 없애버리시오! 그를 십자가에 못 박으시오!"
>
> (요한복음 19:15)

천하의 사탄이지만 대세를 거스르기에는 너무 늦었고, 그는 멍청하게 십자가에 달려서 구원의 역사를 완성하는 예수를 바라볼 수밖에 없었다. 가롯 유다와 유대민족을 막지 못한 사탄을 기다리는 건, 이제 영원한 파멸뿐이다.

유다와 성서의 권위

기독교 세계관이 선과 악의 싸움이고 십자가 구원이 사탄에게 치명적이라는 기독교 신학을 전제로 깐다면, 지금까지 구성한 유다 이야기가 십자가를 지려는 예수와 좌절시키려는 사탄 사이의 치열한 암투 속에서 유다를 이해할 수 있는 유일한 길이다. 그러나 기독교는 결코 유다를 이런 시각으로 바라보지 않는다. 기독교에서 유다는 파렴치한 배신자, 그 이상도 이하도 아니다.

"예수를 '죽이는 게' 배신이고 '배신'을 악으로 정죄한다면, 결국 예수는 유다 때문에 '억울하게' 십자가에서 죽었다는 소리가 아닌가?"

자연스럽게 따라오는 이런 함의는 기독교에서 아예 존재하지 않는다. 이런 의문을 던지는 기독교인은 없다. 마치 축구에서 상대 수비수가 자살골을 넣어서 우리 팀이 이겼는데, 그를 욕하는 것과 비슷하다. 그 정도로 유다와 십자가는 논리와 이성을 뛰어넘는다. 수준이 높아서가 아니라 황당해서다. 예수의 십자가 이야기는 차마 '신화'라고 부르기에도 부끄러울 정도로 허술하다. 유다 이야기를 '상식에 대한 모욕'이라고 말한

토마스 페인[71]이 조금도 이상하지 않은 이유다.[72]

　기독교라는 종교는 상식에 대한 모욕이다. 유다와 본디오 빌라도는 구원이
란 행위를 달성하는 데 도움이 되었다. 그럼에도 기독교인은 그들을 성인으
로 추대하지 않는다. 희생에 미덕이 있다면, 그 미덕은 결코 희생되는 제물에
있지 않고, 오히려 희생을 바치는 자에게 있다"[73]

　가룻 유다에게 상식을 적용하는 순간 기독교에는 위기가 닥친다. 복
음서가 유다를 철저하게 배신자, 악인으로 그리기 때문이다. 복음서가 단
정한 악인을 아니라고 하는 건, 성서를 부정하는 이단이다. 중세시대였다
면 화형감이다. 모든 말씀이 하나님의 감동으로 쓰였고, 나아가서 복음서
속 모든 내용을 역사라고 확신하는 기독교에서 이성과 상식보다 중요한
건 성서의 권위다. 아무리 이성에 반한다고 해도, 무슨 수를 써서라도 유
다를 배신자로 고수해야만 한다. 유다를 덮고 있는 맹목적 증오를 걷어
내는 게 불가능한 이유다. 지금 우리 앞에 놓인 길은 두 개다. 이성에 역
행하는 복음서의 권위를 받아들일 것인지 아니면 이성과 상식을 성서에
적용할 것인지. 다른 말로, 기독교를 진리로 받아들일지의 여부다.

71　조선시대 정조 왕과 거의 같은 시대를 살았다. 『상식(Common Sense)』을 집필함으로써 미국의
　　독립혁명과 프랑스 혁명에 사상적 기초를 마련했다.
72　21세기가 훨씬 지난 지금에도 유다 하면 맹목적으로 '예수의 등에 칼을 꽂은 배신자'라는 이미지가
　　지배적인 점을 볼 때, 무려 200년도 훨씬 더 전에 죽은 페인이 이해한 유다는 놀랍다. 우리는 아직
　　도 상식에 대한 모욕을 여전히 당연한 상식으로 받아들이는 건 아닐까? 이 책에서 그 해답을 찾기
　　바란다.
73　피터 스탠퍼드, 『예정된 악인, 유다』, 298쪽.

지금부터 2,000년 가까운 세월 동안 '진리'라는 권력을 누린 신약성서가 그리는 가룟 유다를 살펴보자. 과연 그 속에서 '역사적 진실'을 발견할 수 있을까?

컨스피러시:

형성, 왜곡 그리고 함정

1

유다, 오리무중(마가)

기독교의 창시자 바울조차도 몰랐던 가롯 유다를 처음으로 성경 역사에 등장시킨 사람, 마가복음 저자는 그의 이름을 딱 세 번 언급했다. 지나가듯 썼다고 해도 과언이 아닌 유다에 관한 내용이 인류 역사에서 어떤 파장을 몰고 올지, 어떤 피바람을 불러일으킬지, 저자는 차마 상상이나 했을까? 이름은 나오지 않지만, 유다가 가장 먼저 등장하는 곳은 마가복음 3장 14-15절이다.

> 예수께서는 열둘을 뽑아 사도로 삼으시고 당신 곁에 있게 하셨다. 이것은 그들을 보내어 말씀을 전하게 하시고, 마귀를 쫓아내는 권한을 주시려는 것이었다.
>
> (마가복음 3:14-15)

이 문장이 전하는 메시지는 명확하다. 유다도 예수의 곁에 머물면서 말씀을 전하고 또 마귀를 쫓는 능력까지 겸비한, 당당한 열두 사도 중 한 명이었다. 유다가 다시 등장하는 건 한참 지난 14장 10절에 이르러서다.

열두 제자 가운데 하나인 가룟 유다가, 대제사장들에게 예수를 넘겨줄 마음을 품고, 그들을 찾아갔다.

(마가복음 14:10)

불친절하기 이를 데 없다. 아니, 뜬금없다. 왜 유다가 예수를 넘겨줄 마음을 품었는지, 하필이면 왜 대제사장들에게 찾아갔는지, 아무런 설명이 없다. 독자가 알아서 추측하라는 것이다. 결국 우리는 바로 앞에 있었던 사건에서 단서를 추측할 수밖에 없다.

배신의 동기

먼저 그전에, 14장 초반에는 예수를 놓고 고민하는 유대교 지도자가 잠깐 등장한다.

대제사장들과 율법학자들은 '어떻게 속임수를 써서 예수를 붙잡아 죽일까' 하고 궁리하고 있었다. 그런데 그들은 "백성이 소동을 일으키면 안 되니, 명절에는 하지 말자" 하고 말하였다.

(마가복음 14:1-2)

유대교 지도자는 지금 예수 체포와 대중 소요를 연결하고 있다. 당시 예수가 엄청난 대중의 인기를 누렸음을 암시한다. 게다가 유월절은 말 그대로 독립 기념일, 광복절이다. 세계 각지에 흩어진 유대인이 예루살렘에 다 모인다. 그때 반로마 민중 소요가 발생한다면, 그 여파는 걷잡을 수 없을지도 모른다. 일제 강점기 총독부 고위 관료와 다름없었던 대제사장들이 예민해지는 건 당연했다. 따라서 이들에게 주어진 선택지는 단 두 가지다. 일단 유월절이 지나기를 기다리던가, 아니면 예수를 잡더라도 최대한 조용하고 은밀하게 하던가.

"백성이 소동을 일으키면 안 되니, 명절에는 하지 말자."

그들의 선택은 전자였다. 그런데 이 선택을 바꾸도록 하는 사건이 발생한다. 가롯 유다가 찾아온 것이다.

지금부터 그나마 마가복음이 제시하는 유다의 배신 동기가 된, 일명 향유사건을 살펴보자. 그 사건이 벌어진 곳은 베다니에 사는 나병환자 시몬[1]의 집이었다. 정체불명의 한 여인이 웬만한 노동자 1년 연봉에 해당하는 300데나리온 어치의 향유를 예수의 머리에 쏟았다. 그리고 그걸 본 '몇몇 사람'이 가난한 사람을 돕지 않고 향유를 낭비한다면서 불평하자, 예수는 그들을 엄하게 나무란다.

---

1   적지 않은 신학자가 '시몬'이라는 이름에 주목한다. 예수의 최측근이 아닌 아웃사이더 중에서 유일하게 이름이 거명된 인물이기 때문이다. 왜일까? 나병환자 시몬이 누가복음에 가서는 바리새인 시몬으로 바뀐다. 생각해보자. 예수에게 호감을 표현하지 않은 바리새인 중에서 이름이 호명된 사람이 있나? 그래서 여기에는 어떤 이유가 숨어 있다고 보는 학자가 있고, 시몬이 사실은 시몬 베드로라는 추측도 있다. 그럼 왜 숨겼을까? 베드로라고 하기에는 예수를 향한 그의 태도가 너무 적대적이기 때문이다. *Robert M. Price, Deconstructing Jesus*(Prometheus, 2000), p.194.

예수께서 베다니에서 나병환자였던 시몬의 집에 머무실 때에, 음식을 잡수시고 계시는데, 한 여자가 매우 값진 순수한 나드 향유 한 옥합을 가지고 와서, 그 옥합을 깨뜨리고, 향유를 예수의 머리에 부었다. 그런데 몇몇 사람이 화를 내면서 자기들끼리 말하였다. "어찌하여 향유를 이렇게 허비하는가? 이 향유는 삼백 데나리온 이상에 팔아서, 그 돈을 가난한 사람들에게 줄 수 있었겠다!" 그리고는 그 여자를 나무랐다. 그러나 예수께서 말씀하셨다. "가만두어라. 왜 그를 괴롭히느냐? 그는 내게 아름다운 일을 했다. 가난한 사람들은 늘 너희와 함께 있으니, 언제든지 너희가 하려고만 하면, 그들을 도울 수 있다. 그러나 나는 언제나 너희와 함께 있는 것이 아니다. 곧 내 몸에 향유를 부어서, 내 장례를 위하여 할 일을 미리 한 셈이다."

(마가복음 14:3-8)

이른바 '믿음의 눈'으로 보면 하나도 이상할 것 없는 이야기라고 하지만, 한 발만 떨어져 객관적으로 관찰하면 실로 기이하기 이를 데 없는 내용이다. 예수의 말이라면 무조건 다 옳다는 전제와 선입관에서 벗어날 수만 있다면, 가난한 사람을 생각하는 사람들을 향한 예수의 꾸중은 이해하기 힘들다. 마치 이런 상황과 비슷하다. 교회재정 대부분을 자신의 월급과 활동비로 쓰며 호의호식하는 목사와 교인 사이에 이런 대화가 오간다고 가정해보자.

"목사님, 교회재정을 조금 더 이웃을 위해서 쓰면 어떨까요?"

"박 장로, 가난한 사람이야 항상 있지만, 나는 이제 나이도 많이 먹었고, 조만간 주님 곁으로 갑니다. 나를 섬기는 게 하나님을 섬기는 사역이라는 생각을 왜 못합니까?"

머리에서부터 쏟아지는 수천만 원어치 향유 세례를 받는 예수를 상상해보자. 예수가 사람들을 꾸짖는 내용을 보면 그가 허영에 빠져 있음을 알 수 있다.

"내 몸에 향유를 부어서, 내 장례를 위하여 할 일을 미리 한 셈이다."

말도 안 되는 변명이다. 장례와 향유의 연결점은 딱 하나, 부패할 때 냄새를 막기 위해서 시신에 바르는 것이다. 그러니까 이런 질문이 나오지 않는다면, 그게 더 이상하다.

"아니, 예수님, 시신에 발라야 할 향유를 왜 멀쩡하게 살아 있는 몸에 쏟아붓는다는 겁니까?"

예수도 그 점을 잘 알기에 '미리'라는 단서를 달았다. 문제는 왜 그걸 미리 하냐는 것이다. 무대에 올라가기 전, 보디빌더가 바르는 게 있다. 근육의 선명도를 높이기 위한 갈색 오일이다. 그런데 대회가 열리기 며칠 전에 오일을 바르는 선수에게 왜 오일을 낭비하냐고 묻자 돌아온 대답이 이거라면?

"미리 바르는 거야."

말이 안 되는 대답이다. 장례 준비 때문이라는 예수의 설명이 더 납득할 수 없는 궤변인 이유는 그가 곧 부활하기 때문이다. 시체가 썩을 틈도 없이 다시 살아날 몸에 향유를 왜 바른단 말인가? 한마디로 예수의 죽음이야말로 향유가 전혀 필요 없는 특별한 죽음이다. 이런 측면에서 분노한 사람들, 마가가 '몇몇 사람'이라고 표현한 그들의 심정은 십분 이해하고도 남는다. 그럼 그들이 누굴까? 여러 정황을 볼 때, 예수의 제자들이 분명한데, 그들이 화를 낸 이유로 두 가지를 추측할 수 있다.

첫 번째로 십자가 죽음의 본질, 그러니까 향유야말로 스승의 죽음에 전혀 필요하지 않다는 점을 정확하게 알았던 경우다. 그런데도 예수는 죽음 운운하며 향유 세례를 즐기고 있다. 그 모습에서 무슨 생각이 들었을까?

"아니, 완전히 죽는 것도 아니잖아? 고작해야 3일간, 피부가 부패하기도 전에 다시 부활할 건데, 왜 이렇게 요란이야?"

그들이 아는 예수라면 애초에 향유를 부으려는 여인을 말리며 이렇게 말했어야 한다.

"여인아, 나의 죽음은 향유가 필요 없다. 이걸 팔아서 가난한 사람에게 나눠주도록 하자. 설혹 내 몸이 썩는다고 해도 대수겠느냐? 가난한 사람을 도와야지. 내가 썩어질 몸 하나 아끼겠다고, 세상에 온 것도 아니지 않느냐?"

그러나 정작 예수 입에서 나온 건, 상상도 못 한 소리였다.

"가난한 사람들은 늘 너희와 함께 있으니, 언제든지 너희가 하려고만 하면, 그들을 도울 수 있다."

은은한 향유의 향기에 취한 예수, 가만히 눈을 감고 미소를 지으며 하는 말에는 "언제든지 너희가 하려고만 하면"이라는, 제자들의 가슴을 후

벼 파는 가시가 하나 담겨 있었다.

"뭐라고? '너희가 하려고만 하면……'이라고? 그러니까 가난한 사람들 돕고 싶다면 우리 주머니 털어서 하라는 거지? 자기 몸에 쏟아지는 향유는 쓰고 싶지 않다는 거지?"

"언제든지 너희가 하려고만 하면"이라는 예수의 말이 왜 가시인지, 제자들의 불만을 이해하기 위해서, 시간을 조금 되돌려 그전에 있었던 사건을 살펴봐야 한다. 유명한 오병이어 사건, 감동적인 기적으로만 알려진 그 일이 있기 직전에 예수와 제자들 간에 날카로운 신경전이 있었다.

> 예수께서 그들에게 말씀하셨다. "너희가 그들에게 먹을 것을 주어라." 제자들이 그에게 말하였다. "그러면 우리가 가서 빵 이백 데나리온 어치를 사다가 그들에게 먹이라는 말씀입니까?"
>
> (마가복음 6:37)

예수의 말에 황당해하는 제자들의 모습을 상상하는 건 어렵지 않다.

"아니, 뭐라고요? 우리 사비로, 그것도 200데나리온이나 들여서 저들을 먹이라는 소립니까? 예수님, 지금 무슨 말을 하시는 겁니까?"

스승의 몸을 따라 땅으로 스며드는 향유를 보며, '내 죽음을 준비하는 거'라는 예수의 말에 제자들, 오병이어 사건을 생각하지 않았을까? 이런 볼멘 생각이 들지 않았을까?

"우리 돈으로 사람들 먹이라고 할 때는 언제고…… 자기 몸에는 아무리 비싼 향유를 들이부어도 아깝지 않나 보네."

오병이어 기적에 모인 사람은 적게 잡아도 만 명이 넘었다. 그들을 다 먹이는 데 드는 돈이 200데나리온이었다면, 도대체 이날 예수의 몸에 부어진 300데나리온이라는 돈은 얼마나 큰가? 당시 사람들의 숫자만 보고 단번에 식삿값 200데나리온을 계산한 걸 보면, 제자들은 돈에 민감했다. 그러니 쏟아지는 향유를 보고 단번에 공중으로 사라진 돈의 가치를 계산하는 건 당연했다.

"300데나리온, 만 명이 아니라 만 오천 명을 먹이고도 남을 돈."

다행히 오병이어 사건은 제자들 주머니를 축내지 않고 잘 끝났다. 마가는 그날 예수가 기적을 베풀었다고 기록했다. 하지만 그게 아닐 수도 있다. 애초에 기적을 베풀 생각이었다면, 예수가 뭐 하러 제자들에게 빵을 사라는 말을 했을까? 어쩌면 그날 음식값이 제자들의 주머니에서 나왔을 수도 있다. 오병이어 당일 제자들이 느낀 당혹감은 복음서가 건조하게 그린 것보다 훨씬 더 깊었을지도 모른다. 설혹 예수가 기적을 행해 상황을 수습했다고 해도, 자기네 주머니를 털라던 예수가 정작 자신은 향유에 취한 모습에 제자들은 깊은 배신감을 느꼈을 것이다. 천지를 진동하는 향기가 되어 하늘로 사라지는 300데나리온 어치의 향유 앞에서 치를 떨었을 것이다. 그러나 차마 진심을 드러내지는 못하고 이렇게 중얼거렸다.

"어찌하여 향유를 이렇게 허비하는가? 이 향유는 삼백 데나리온 이상에 팔아서, 그 돈을 가난한 사람들에게 줄 수 있었겠다!"

(마가복음 14:4-5)

분풀이의 대상을 예수가 아닌 여자로 삼았지만, 그들의 진심은 무엇이었을까?

"예수님, 양심이 있으면 이 향유를 팔아서 우리 주머니를 채워주세요. 어차피 예수님은 죽어도 곧 다시 살아날 것 아닙니까? 게다가 당신의 육체는 썩지도 않을 텐데 향유가 왜 필요합니까?"

향유사건을 통해서 어쩌면 그들은 처음으로 '허영으로 가득한, 자기중심적인 예수의 진면목'[2]을 본 게 아닐까? 오병이어 사건 날 반신반의했던 의심이 향유사건을 통해서 확신으로 굳어진 게 아닐까?

제자들이 화를 낸 두 번째 이유는 평소 예수의 가르침과 전혀 일치하지 않는 모순 때문이다. 얼마 전에 있었던 예수와 한 청년과의 만남을 제자들이 잊었을 리 없다.

"네가 가진 것을 다 팔아서, 가난한 사람들에게 주어라. 그리하면, 네가 하늘에서 보화를 차지하게 될 것이다."

(마가복음 10:21)

남한테는 가진 것을 다 팔아서 가난한 사람을 도우라면서, 정작 자기는 수많은 사람의 허기를 채우고도 남을 돈을 조금도 아까운 마음 없이 몸에 들이붓는 모습에 실망하지 않으면, 그게 더 이상한 일이다. 사실 제자들은 예수의 가르침을 실천하려고 한 것이다.

---

2   피터 스탠퍼드, 『예정된 악인, 유다』, 317쪽.

"어찌하여 향유를 이렇게 허비하는가? 이 향유는 300데나리온 이상에 팔아서, 그 돈을 가난한 사람들에게 줄 수 있는데!"

그러나 아무리 가난한 사람이 중요해도 우선순위에서 예수에게는 언제나 자기가 먼저다. 그날 예수의 다른 얼굴 앞에서 제자들은 경악했고, 마가는 그런 제자들의 심정을 대표하는 한 사람으로 유다를 선택했다. 마가는 예수의 말이 끝나자마자 다음 구절을 넣었다.

> 열두 제자 가운데 하나인 가룟 유다가, 대제사장들에게 예수를 넘겨줄 마음을 품고, 그들을 찾아갔다.
>
> (마가복음 14:10)

보기에 따라서 마가는 대제사장을 찾은 유다의 동기를 오리무중 속에 남겨놓았다.[3] 그냥 독자가 알아서 판단하라고 한다. 그러나 바로 앞에 베다니 향유사건을 서술함으로써, 그것이 유다의 결심과 모종의 관련이 있을 수 있다는 암시를 준다. 오병이어에 이은 향유 에피소드는 예수의 속살을 가감 없이 드러낸 충격적인 사건이다. 유다는 적지 않은 충격을 받았을 것이다. 이 사건을 계기로 그의 마음이 완전히 돌아섰다고 해도 욕할 수 없다. 그날은 그에게 터닝포인트였던 셈이다. 결국 유다가 배신

---

3   "마르코의 복음서에서 유다가 처음으로 나타났을 때 …… 그는 개성이 없고 동기도 없이 갑자기 예수를 배신하는데, 그 이유는 아무도 모른다. 그의 돌변은 빌라도 앞에서의 유대인 군중의 돌변 못지않게 수수께끼이고 의심스럽다"(카트린 슐라르 책임편집, 박아르마 옮김, 『유다』, 이룸, 2003, 207쪽). 현대에 들어서는 그의 배신 이유를 '우울증'에 두는 의견도 있다(피터 스탠퍼드, 『예정된 악인, 유다』, 312쪽).

한 동기는 믿었던 스승에게 느낀 실망감과 배신감이라고 결론 내릴 수 있다. 그럼 왜 그냥 조용히 떠나지 않았을까? "스승님, 안녕히 계십시오. 그동안 고마웠습니다" 하고 사라지는 것으로도 충분하지 않나? 그런데도 그는 굳이 대제사장들을 찾아갔다. 왜일까? 두 가지를 생각할 수 있다.

첫 번째로 예수에게 어떤 피해를 주지 않고는 견디지 못할 정도로 깊은 한이 서린 경우다. 예수에게 바친 세월은 3주일, 3개월도 아닌 3년이라는 긴 시간이었다. 당시 하층민의 기대수명은 현대인의 반도 안 되었다. 따라서 요즘으로 치면, 10년 가까운 세월을 예수 곁에서 보낸 셈이다. 인생의 황금기가 고스란히 향유처럼 날아가버렸다. 충분히 이해할 수 있는 시나리오다.

두 번째는 1부에서 살펴본 대로 유다가 예수의 목적과 십자가의 의미를 이미 다 아는 경우다. 그럴 경우 그는 제자로서 의무를 다한 셈이다. 향유에 취한 예수에게서 유다는 불안을 느꼈다. 예수의 말은 납득할 수 없었다.

"내 몸에 향유를 부어서, 내 장례를 위하여 할 일을 미리 한 셈이다."

"장례라고? 장례?"

말은 장례 운운하지만 숭배자의 찬양에 취한 예수가 도무지 자진해서 십자가를 질 것 같지 않았다.

"아, 이대로 보고만 있을 수는 없어. 향유가 필요 없는 죽음이라는 걸 모를 리 없는 양반이 저런 말도 안 되는 소리를 하면서 자신을 합리화하다니, 십자가 질 마음이 없는 거야. 결단을 내리자. 주님이 십자가를 버리도록 할 수는 없어. 그래, 대제사장들에게 찾아가자. 내 생명을 바쳐서 십자가의 길을 닦자."[4]

유다를 향해 저주를 쏟아낸 예수를 볼 때, 유다의 생각은 틀리지 않은 게 분명하다.

"인자를 넘겨주는 그 사람에게는 화가 있다. 그 사람은 차라리 태어나지 않았더라면 자기에게 좋았을 것이다."

물론 자진해서 지려는 십자가에 유다가 끼어드는 게 마음에 들지 않아서일 수도 있다. 그러나 그것보다 가능성이 큰 건, 예수의 마음이 바뀐 것이다. 어쩌면 예수는 십자가가 아닌 다른 길로 구원을 모색했을 수도 있다. 그리고 그걸 제자들은 아직 모르는 상태이고. 그렇다면 차근차근 설명할 수도 있었다. 그러나 예수는 다짜고짜 저주부터 퍼부었다. 자신의 의도를 파악한 유다에게서 놀라움과 함께 배신감을 느꼈다. 스승에게 순종하지 않는다는 점에서, 유다의 행동은 예수에게 얼마든지 '배신'이 될 수 있다.

"야, 유다야, 네가 나를 꿰뚫어 본 거냐? 나의 진심을 파악한 거냐? 내가 생각을 바꿨는데도 수단과 방법을 가리지 않고 나를 죽여야만 하겠다

---

4   독자는 여기서 한 가지 기억할 점이 있다. 마태복음 속 유다의 모습, 후회하면서 자살한 유다를 기억하는 독자는 이런 식의 시나리오를 말도 안 된다고 웃을 것이다. 그러나 지금 나는 오로지 한 권의 책, 그러니까 가룟 유다에 관해서는 마가복음만 있다고 생각하고 풀어내는 중이다.

는 거냐? 너 같은 놈은 차라리 태어나지 않았더라면, 최소한 나한테는 아주 좋았겠구나."

과연 열두 제자 중에서 예수의 의도를 가장 정확하게 파악하고, 평소에도 예수의 말에 가장 경청한 제자가 유다였던 걸까? 예수의 한마디 한마디에 숨은 행간의 의미까지 읽어가면서 예수의 구원 사역을 도우려고 한 참된 제자가 유다였던 걸까?

그러나 이건 결코 마가의 의도가 아니다!

그는 애초에 유다를 긍정적으로 그릴 의도가 전혀 없었다. 그럼 마가의 진짜 의도는 뭘까? 알 수 없다. 말 그대로 오리무중이다. 단지 유다가 행여나 떨어질 수도 있는 떡고물을 예상했다는 암시를 줄 뿐이다. 애초에 돈이 유다의 배신에 어떤 역할을 했다고 말하고 싶었던 건 분명하다. 그래서 향유사건에 굳이 300데나리온이라는 액수까지 특정했다. 자신들의 주머니를 채울 수 있는 돈이 연기처럼 사라지는 데 제자들이 분노했고, 그중에서도 유다가 느낀 감정의 골이 가장 깊었다는 말을 하고 싶었을까? 그렇다면 돈과 유다를 연결한 건 자연스러운 전개였다. 조용히 그리고 유월절이 끝나고 예수를 잡을 궁리를 하던 대제사장들이 느닷없는 유다의 등장에 기뻐하며 은돈을 약속했단다.

> 대제사장들은 유다의 말을 듣고서 기뻐하여, 그에게 은돈을 주기로 약속하였다. 그래서 유다는 예수를 넘겨줄 적당한 기회를 노리고 있었다.
>
> (마가복음 14:11)

유다가 돈을 받기로 했다는 말은 없지만, 문장의 흐름상 그건 자명하다. 예상했던 대로 떡고물이 떨어졌다! 행여나 유다를 사회변혁가로 보고 싶은 사람들의 뺨에 귀싸대기를 던지는 마가의 한 수다. 은돈을 받기로 합의하는 순간, 유다에게는 얼치기 진보주의자라는 이름도 과분하다. 그에게는 최악의 그림이다.

한 가지 더 기억할 점이 있다. 유다로 인해 대제사장들은 예수의 체포 일정까지 바꿨다. 애초에 그들은 유월절이 지나고, 예루살렘을 채우던 순례자가 다 떠난 이후에 잡을 계획이었다. 그런데 모든 게 바뀌었다. 유다 때문에 예수는 유월절 전에 체포되었다. 이 점은 복음서 저자, 특히 예수를 유월절의 양으로 만들기 위해서 사형 날짜까지 하루 앞당긴 요한복음 저자에게는 매우 중요하다. 유다가 아니었다면, 아무리 십자가에서 죽었다고 해도 예수는 결코 유월절의 양이 될 수 없었을 테니까.

이제 마가의 의도 속으로 한 걸음만 더 들어가보자. 애초에 그가 향유 사건과 유다의 배신을 연결한 데는 분명한 의도가 있었는데, 예수는 제자들과는 전혀 다른 목표가 있다는 사실을 강조하고 싶었던 것이다. 제자들이 바라보는 게 세상이라면, 예수는 오로지 하늘을 보고 있었다는 것, 특히 로마 압제에 찌든 유대민족의 현실은 예수의 관심사가 전혀 아니라는 것을 생생하게 그리고 싶었다. 그리고 그런 예수에게 실망한 누군가가 그를 배신하는 건 자연스러운 그림이라고 생각했다. 그게 마가의 의도였다면, 그는 얼마든지 글자 몇 개 정도는 바꿀 수도 있었다. 유다에게 조금은 선심을 쓸 수 있었다.

대제사장들은 유다의 말을 듣고서 기뻐하여, 그에게 은돈을 주기로 약속하였다. 그러나 유다는 돈 받기를 거절하고는 예수를 넘겨줄 적당한 기회를 노리고 있었다.

영적인 길을 가는 예수와 달리 세속적인 유다라고 해도 굳이 돈을 받을 필요는 없었다. 얼마든지 돈에 초월한 사회개혁가 정도로는 만들 수도 있었다. 그랬다면 세상이 달라졌을 것이다. 셀 수 없을 정도로 많은 무고한 생명이 죽지 않았을 것이다. 하지만 마가는 굳이 돈 이야기를 넣었다. 이유가 뭘까? 아마 별생각 없었을 거다.

"뭐, 돈 몇 푼 정도는 받지 않았을까?"

사소한 몇 번의 붓질은 유다를 돈벌레로 만들었다. 아니, 어쩌면 그는 원하는 만큼 제대로 유다를 돈벌레로 만들지 못한 건지도 모른다. 유다가 먼저 돈을 요구했다는 구절은 없으니까.[5] 마가는 유다가 받은 금액을 독자의 상상력에 맡겼다. 왜 그랬을까? 엄청난 액수라는 말을 하고 싶어서다. 바로 전, 베다니 향유사건과 연결해서 추측할 여지를 제공했다.

"유다라고 했지? 얼마면 될까?"

"조금 전에 무슨 일이 있었는지 압니까? 예수가 무려 300데나리온의 향유를 제 몸에 쏟아부었습니다."

"그래서 뭐가?"

---

5   그랬다면 이렇게 썼을 것이다. "대제사장들은 유다의 말을 듣고서 기뻐하여, 그가 요구한 은돈을 주기로 약속하였다."

"그 정도로 지금 당신이 잡으려는 예수가 거물이라는 겁니다."

"아니, 도대체 얼마를 원하는 거야?"

"예수가 자기 몸에 부은 300데나리온의 두 배만 내시요. 그럼 내가 예수를 당신네 앞에 갖다가 바치겠소."

차마 예상하지 못했겠지만, 유다와 돈을 연결하고 더불어서 액수를 '공란'으로 남겨둔 마가의 결정은 나중에 마태복음이라는 책이 등장함으로, 인류 역사에 씻지 못할 치명적인 결과로 돌아온다. 물론 모든 건 마가에서 시작했다. 애초에 그는 유다라는 배신자를 만들지 말았어야 했다.

뭉텅뭉텅 마구 생략된 마가복음 속 유다의 배신도 마음을 크게 먹고 이해하려고 작정한다면 못할 것도 없다. 행간에 숨은 유다의 마음, 동기를 추측하는 게 불가능하지는 않다. 이제 남은 건 다음 질문이다. 도대체 유다는 어떤 배신을 한 걸까? 바로 배신의 '내용'이다.[6]

배신의 내용

세 번째로 유다가 등장하는 장면은 예수가 주재하는 유월절 만찬 자리다. 놀랍게도 예수가 공개적으로 배신자가 있다고 발표한다.

---

6 수도 없이 많은 추측이 있는데, 이슬람 학자까지 동참했다. 한 중세 이슬람 신학자에 따르면 유다의 키스가 필요했던 이유는 다름 아니라 그날 겟세마네 동산에 있는 사람이 다 예수의 형체를 하고 있었던 유령이었다는 것이다. 따라서 유다가 아니었으면 도무지 '진짜 예수'를 찾을 수 없었다는 것이다(Robert M. Price, *Deconstructing Jesus*, Prometheus, 2000, p.199).

예수와 제자들이 자리를 잡고 앉아서 먹고 있을 때에, 예수께서 말씀하셨다. "내가 진정으로 너희에게 말한다. 너희 가운데 한 사람, 곧 나와 함께 먹고 있는 사람이 나를 넘겨줄 것이다." 그들은 근심에 싸여 "나는 아니지요?" 하고 예수께 말하기 시작하였다. 예수께서 그들에게 말씀하셨다. "그는 열둘 가운데 하나로서, 나와 함께 같은 대접에 빵을 적시고 있는 사람이다. 인자는 자기에 관하여 성경에 기록되어 있는 대로 떠나가지만, 인자를 넘겨주는 그 사람에게는 화가 있다. 그 사람은 차라리 태어나지 않았더라면 자기에게 좋았을 것이다." 그들이 먹고 있을 때에, 예수께서 빵을 들어서 축복하신 다음에, 떼어서 그들에게 주시고 말씀하셨다. "받아라. 이것은 내 몸이다." 또 잔을 들어서 감사를 드리신 다음에, 그들에게 주시니, 그들은 모두 그 잔을 마셨다.

(마가복음 14:18-23)

여기서 가장 이해하기 어려운 건, "너희 중 한 사람이 나를 넘겨줄 것이다"라는 예수의 말에 반응하는 제자들의 모습이다. 청천벽력과 같은 스승의 말이 떨어졌다. 어떤 반응이 자연스러울까?

"도대체 누구야? 우리 중에 주님을 넘겨줄 놈이 있다고? 누구야? 당장 나와?"

"아니, 주님…… 넘겨주다니요? 주님이 무슨 물건도 아니고, 도대체 무슨 말씀입니까? 이해할 수 없습니다."

만약에 십자가라는 목적을 놓고 예수와 제자들 사이에 공감대가 형성된 경우라면, 호기심과 기대감에 찬 이런 반응도 가능하다.

"주님, 마침내 때가 된 건가요? 우리 중에서 주님을 넘기는 영광스러운 임무를 맡은 자가 도대체 누구입니까?"

그런데 제자들의 반응은 가히 상상을 초월한다.

그들은 근심에 싸여 "나는 아니지요?" 하고 예수께 말하기 시작하였다.

그러니까 십자가를 놓고 예수와 제자들 사이에 공감대가 없다는 건 확실하다. 예수를 넘기는 게 영광스러운 임무라고 생각하지는 않는다. 아무튼 근심에 쌓였단다. 도대체 무슨 근심일까? 예수가 잡힐까 봐, 아니면, '행여 내가 배신자가 아닐까' 하는 걸까? 아마도 그거 같다. 그래서인지, 한다는 소리가 가관이다.

"나는 아니지요?"

그런데 이게, 말이 되나? 무슨 '자아 상실증'이라도 걸렸나? 자기가 배신자인지 아닌지를 몰라서 묻는다고? 내가 사람들한테, "내가 옥성호지요?"라고 묻는 것과 뭐가 다른가? 마가는 도대체 무슨 생각을 한 걸까? 유치원 아이들도 이런 유치한 질문은 하지 않는다. 그냥 다들 충격을 받아서 말문을 잃으면 잃었지, 그런데 뭐라고? "나는 아니지요?" 하지만 일단 그랬다고 치자. 그럼 유다는 어땠을까? 유다도 물었을까? 행여 양심의 가책을 느끼고 혼자 침묵을 지키며 바닥만 뚫어지게 쳐다보았을까? 그랬다면 예수가 말하는 게 누구인지 모두 다 알았을 것이다. 그런데 그게 아니었던지, 굳이 예수가 누구인지를 콕 짚어서 지목한다. 그러니까 유다가지도 "나는 아니지요?" 이 행렬에 동참했다는 거다. 그렇기에 예수는 배신자 정체에 관한 이야기를 이어간다.

"그는 열둘 가운데 하나로서……"

조금 전에 "너희 가운데 한 사람"이라고 이미 말했는데, 군이 한 번 더 "열둘 가운데 하나로서"를 언급하는 건 사족이다. 그 정도로 마가는 배신자가 예수의 열두 제자 중 하나라는 사실을 강조하고 싶었다. 아무튼 예수는 이 말을 하고 잠시 기다렸을 것이다. 몇 초가 되었는지는 몰라도 분명히 시차(pause)가 있었을 거다. 제자들을 노려보며 예수는 기다렸다. 누구보다 초조했을 유다가 대접에 빵을 적시는 그 순간을 말이다. 그리고 바로 그 찰나를 놓치지 않고 예수는 동시에 빵을 집어서 대접에 적시면서 말한다.

"나와 함께 같은 대접에 빵을 적시고 있는 사람이다."

자, 문제는 다음 상황이다. 어떤 일이 벌어졌을까? 예수와 동시에 빵을 적시던 유다가 놀라서 주위를 둘러보지 않았을까? 어쩌면 놀라서 들고 있던 빵을 떨어뜨렸을 수도 있다. 자, 예수를 포함해서 고작 13명이 모인 자리다. 이제 무슨 일이 벌어져야 할까? 나머지 11명이 벌 떼처럼 일어나야 한다.

"유다, 너였어? 주님을 넘기는 놈이 너였어?"

유다를 잡아 두들겨 패고 바로 감금하는 게 상식이 아닌가? 바보가 아닌 이상, 예수가 잡히면 그 피해가 예수 하나로 끝난다고 생각하지는 않았을 것이다. 예수와 제자들은 공동운명체다. 잠시 후 보게 되겠지만, 예수가 잡혔을 때, 모든 제자가 다 도망갔다. 왜 그랬을까? 생명의 위험을 느꼈으니까…… 자기네도 잡히면 죽는 걸 알았으니까.[7] 그럼 배신당해서 예수가 넘겨진다는 건 자기들에게도 똑같은 위험이 다가왔다는 말이다. 그런데 아무런 조치를 하지 않았다고? 그냥 멍하니 예수와 같이 빵을 적시는 유다를 보고는 다시 예수에게로 시선을 돌렸다고? 그랬던 거 같다. 예수가 자연스럽게 말을 이어가니까.

"인자는 자기에 관하여 성경에 기록되어 있는 대로 떠나가지만, 인자를 넘겨주는 그 사람에게는 화가 있다. 그 사람은 차라리 태어나지 않았더라면 자기에게 좋았을 것이다."

복음서를 통틀어 가장 어이없는 구절이다. 한마디로 이 말에는 어폐가 있다. 예수가 정말로 예언대로 가는 것이라면, 넘겨주는 자도 다 예언이라는 큰 틀 안에서 움직이는 것이다. 그런데 그 사람에게만 화가 있다니, 불공평하다. 게다가 차라리 태어나지 않았다면 좋았으리라는 말은 어떻게 이해해야 할까? 예수는 지금 무슨 말을 하는 건가? 배신자가 태어

7　우리가 상상하지 못하는 예수에 대한 반감이 있어서, 애초에 예수를 살리려고 싸울 마음이 없었을 수도 있다. 비겁해서 도망간 게 아니라는 것이다. 하지만 이유 여하를 막론하고, 예수와 함께 체포되는 순간 함께 죽음을 맞으리라는 것은 분명히 모두가 다 알았을 것이다.

나지 않았다면 예언대로 인자가 떠나는 일도 없는데? 차라리 예언대로 되지 않기를 바랐다는 건가? 아니면, 어떻게 되어도 상관없다는 이판사판이라는 식의 자포자기에서 나온 말일까?

게다가 예수가 말하는 예언이 있기는 한 걸까? 예수가 말하는 "성경에 기록되어 있는 대로"가 도대체 구약 어디에 있을까? 알 수 없다. 이런 식의 표현은 복음서 저자의 고질병이라고 해도 과언이 아닐 정도로 심각하지만, 요한복음이 말하는 대로[8] 예수가 지금, 친구의 배신을 언급하는 다윗의 시편 41편 9절을 생각했다고 치자.

> 내가 믿는 나의 소꿉동무, 나와 한 상에서 밥을 먹던 친구조차도, 내게 발길질을 하려고 뒤꿈치를 들었습니다.
>
> (시편 41:9)

그럼 말씀대로 되기 위해서, 유다가 다윗의 등에 칼을 꽂는 친구의 역할을 맡았을 뿐인데, 왜 저주를 할까? 예수는 이렇게 말해야 한다.

"다윗의 예언이 이뤄지고 있다. 그 예언이 이뤄지려면 누군가 불가피하게 나를 배신하는 역할을 맡아야만 한다. 참으로 안 되었다. 마음이 많이 아프다."

마가가 예수의 입에 이런 말만 담았어도, 향후 2,000년에 걸친 유대민족의 비극은 생기지 않았다. 그러나 예수에게는 유대민족을 보호할 마

---

8   요한복음 부분에서 자세하게 살펴보자.

음이 애초에 없다. 태어나지 않았으면 차라리 좋았을 것이라고 한다. 배신자가 태어나지 않았다면, 예언대로 예수가 죽을 수도 없는 건데, 그럼 무슨 백업 플랜이라도 있었을까? 유다 같은 불행한 사람을 만들지 않고도 예언대로 이뤄지는 또 다른 계획이 있었다면, 왜 애초에 그 길을 가지 않았을까?[9]

이어지는 장면이 이른바 성찬식이다. 정체가 발각된 순간 유다는 자리를 박차고 도망갔다고 보는 게 합리적인데, 놀랍게도 그가 자리를 떠났다는 언급이 없다. 그럼 유다도 성찬식에 참석해서 예수의 몸과 피를 받았다는 건데…… 납득하기 어렵다. 자기도 모르게 예수와 동시에 빵을 적시는 순간, 살의에 찬 동료의 눈길을 받은 유다, 어쩌면 다른 제자 몇 명이 그를 잡으려고 덤볐을지도 모른다. 그러나 예수가 그들을 제지했고, 유다는 아슬아슬하게 만찬 자리를 빠져나왔을 것이다. 그러니까 성찬식에는 나머지 11명만 있었고, 이어서 그들은 밖으로 나왔을 것이다. 마가는 왜 이리도 불친절한가? 왜 이렇게까지 행간을 읽도록 강요할까? 그냥 간단하게 중간에 한 문장 넣는 게 그렇게도 어려웠을까?

---

9   복음서 저자는 거의 강박증 수준으로 "구약에 예언되었다"를 반복한다. 그것만 봐도 예수가 구약이 말하는 메시아라는 것을 알리려고 복음서 저자가 얼마나 발버둥 쳤는지를 알 수 있다. 그런데 여기에는 중요한 진실이 담겨 있다. 그런 발버둥이야말로 예수가 메시아가 아니라는 사실을 반증한다. 진짜 아들은 "우리 아빠 누구예요"라고 떠들고 다니지 않는다. 누구나 다 아니까. 무엇보다 예수가 정말로 진짜 메시아였다면, 맥락에 맞지 않는 구절까지 예언이라고 억지로 끼워 맞추는 처절한 발버둥은 필요하지 않다. "내가 메시아야…… 봐, 내가 이렇게 움직여서 예언을 이뤘잖아……" 하면서 떠들고 다닐 이유가 전혀 없다. 복음서 저자는 이뤄진 예언을 서술하는 게 아니라, 있지도 않은 예언에 예수의 행적을 꿰맞춘다.

예수께서 그들에게 말씀하셨다. "그는 열둘 가운데 하나로서, 나와 함께 같은 대접에 빵을 적시고 있는 사람이다." 순간 놀란 유다가 자리를 박차고 밖으로 나갔다. 예수가 말을 이었다. "인자는 자기에 관하여 성경에 기록되어 있는 대로 떠나가지만……."

마가는 성찬식 다음 이야기를 이어간다.

그들은 찬송을 부르고서, 올리브 산으로 갔다.

(마가복음 14:26)

그러니까 예수와 함께 찬송을 부르면서 걸어가는 자리에 유다가 있다는 건 말이 안 된다. 그리고 이어지는 장면은 겟세마네의 갈등이다. 올리브 산 아래에 있는 겟세마네 동산에 도착한 예수가 베드로와 야고보 그리고 요한, 단 3명만을 데리고 동산 더 안쪽으로 들어갔다. 그리고 예수는 혼자 더 동산 깊이 들어가서 기도를 시작한다.[10] 마가복음 14장 36절은 예수의 기도 내용이다.

---

10 "예수가 혼자서 한 기도 내용을 마가가 어떻게 알았지?" 기독교인 중에 이런 의문을 갖는 사람은 거의 없다. 모범답안인 "성령께서 알려주셨다"가 있으니까. 물론 이와 비슷한 의문을 품게 하는 구절은 한두 개가 아니다. 앞에서 살펴본 내용, 가룟 유다가 대제사장들을 만나서 나눈 대화, 나중에 살펴볼 예수와 빌라도 사이에 있었던 은밀한 대화, 그리고 예수 혼자만 아는 겟세마네의 기도 내용도 다 마찬가지다. 그걸 도대체 어떻게 알았을까? 그럼 가장 합리적인 대답은 뭘까? 저자가 그때그때 전지적 작가 시점에서 지어냈다!

예수께서는 이렇게 말씀하셨다. "아빠, 아버지, 아버지께서는 모든 일을 하실 수 있으시니, 내게서 이 잔을 거두어 주십시오.[11] 그러나 내 뜻대로 하지 마시고, 아버지의 뜻대로 하여 주십시오."[12]

(마가복음 14:36)

잔을 거두워달라는 내용만 보고 예수가 십자가를 거부한다고 오해하면 안 된다. 예수는 단지 주저했을 뿐이다. 십자가를 거부했다면, 애초에 장소를 바꿨을 것이다.[13] 유다가 전혀 모르는 새로운 장소를 향해서 움직였을 것이다. 정체가 드러난 유다가 자리를 떴다. 그가 왜 사라졌는지 예수가 모를 리 없었다. 그가 훤히 아는 겟세마네 동산으로 가는 것은 말 그대로 사자 굴속에 들어가는 것이었다. 그런데도 예수는 예정대로, 유다가

---

11 고대에 잔을 받는 것은 영예로운 일이었다. 따라서 그 잔을 거절하는 건 겸손의 의미다. "왕이시요, 이 잔은 나 말고 더 자격 있는 사람에게 내려주십니다." 예수의 말을 이렇게 이해한다면, 그는 결국 자신보다 더 자격 있는 누군가에게 인류의 구원을 맡기라는 의미로 기도한 셈이다.

12 1부에서 살펴보았듯이, 겟세마네 기도는 십자가의 자발성이라는 측면에서 기독교에 매우 곤혹스러운 장면이다. 억지로 십자가를 졌다는 인상을 주고도 남는다. 앞서 소개한 존 스토트의 말이 무색하다. "예수님이 인간의 죄악 때문에 죽음을 당하시긴 했지만, 그분이 순교자로 죽으신 것은 아니다. 도리어 그분은 자발적으로, 심지어 의도적으로 십자가를 향해 나아가셨다. 예수님은 공적인 사역의 시초부터 이 목표를 위하여 자신을 바쳤다."

13 중이 자기 머리 못 깎는다는 말이 있다. 예수가 차마 장소 변경 이야기를 먼저 꺼내지 못한 건 이해할 수 있다. 하지만 왜 제자 중에서도 단 한 명도 거기까지 생각이 미친 사람이 없었을까? 유다는 분명 자신의 정체가 드러난 순간 성찬식 자리를 박차고 나갔을 것이다. 그렇다면 제자 중에 최소한 한 사람 정도는 이런 말을 해야 하는 게 아닐까? "예수님, 오늘 모임 장소를 바꾸지요. 겟세마네 동산 대신에 다른 곳으로 모시겠습니다. 유다가 우리가 어디 갈지 다 알고 있는데, 그쪽으로 가는 건 위험합니다." 이건 초등학생이라도 생각할 수준이 아닌가? 다시 말하지만, 예수와 제자들은 공동운명체다. 예수가 죽으면 자신들의 생명도 위태롭다. 그런데 이렇게 느긋하고 안일하다고? 당장 이런 의문이 든다. 세상에 둘째가라면 서러운 모지리만 모인 집단에게 굳이 무슨 배신자까지 필요했다는 걸까? 이런 어수룩한 집단의 우두머리를 잡지 못해 대제사장들이 그토록 골머리를 앓았다는 게 차마 상상이 가지 않는다.

아는 동선대로 움직였다. 그는 결심이 선 것이다. 그래서 찬양까지 하면서 운명을 향해 걸어갔다.[14] 그럼에도 불구하고 주저한다. 그래서 기도한다. "아빠, 아버지, 아버지께서는 모든 일을 하실 수 있으시니"라며 전능한 하나님의 능력을 강조한다. 하나님에게는 십자가 외에도 얼마든지 다른 방법이 있지 않느냐는 말로도 들린다. 혹시 이런 걸까?

"아버지, 왔습니다. 정하신 이곳까지 왔습니다. 이제 유다가 올 것입니다. 그러나 행여 그가 오지 않는다면, 유다가 맘을 고쳐먹는다면…… 그래서 내가 무사히 이 밤을 지날 수 있다면, 십자가가 아닌 다른 길을 찾아봐도 괜찮다는 허락으로 받아들여도 되겠습니까? 당신은 전능하지 않습니까?"

예수는 왜 이런 기도를 하는 걸까? 혹시라도 앞선 향유사건이 결정적 계기가 되었던 걸까? 말로는 향유가 죽음의 준비라고 불평하는 제자들을 달랬지만, 실상은 그때 마음이 바뀐 걸까? 몸을 타고 흐르는 향유가 십자가를 향한 그의 마음을 흔들고 삶을 향한 애욕을 불태웠던 걸까?

"아버지, 내 몸에 향유가 쏟아지는 이 세상이 좋습니다. 십자가를 지고 싶지 않습니다."

가능성이 상당히 높다. 무엇보다 잠든 제자를 반복해서 깨우는 예수의 모습에서 그의 의도를 확인할 수 있다. 아니, 예수가 언제부터 제자들을 이토록 간절하게 의지했을까? 이 장면을 이해하는 가장 합리적인 길은 예

---

14 "예수는 도망갈 수 있었음에도 곧바로 덫으로 걸어 들어간다. …… 이것은 다윗의 아들 압살롬이 다윗의 왕좌를 강탈한 후 다윗의 도망간 이야기에서 영감을 받았는지도 모른다."(사무엘하 15:24-31, 16:1-14) 로버트 프라이스, 이해청 옮김, 『복음서의 탄생』(예린출판, 2021), 513쪽.

수가 그들을 경계병으로 세웠고, 유다나 로마군이 오는지 안 오는지 지켜보도록 했다고 보는 것이다. 그러니까 잔을 마시지 않겠다는 기도가 행여라도 응답되면 바로 그 장소를 빠져나가기 위해서 말이다. 적이 오는지 감시하라고 세웠는데 계속 잔다면, 예수 입장에서 집중해서 기도하는 게 쉽지 않았을 것이다. 그러나 제자들은 계속 잠에 빠졌고, 어쩌면 그건 예수의 귀에 침묵하는 하나님의 잔인한 대답으로 들렸을 것이다.

"십자가를 져라!"

예수는 알았다. 이제 더 이상 자는 제자들을 깨울 필요가 없다. 어느새 멀리서 다가오는 유다의 발소리가 들렸다. "그러나 내 뜻대로 하지 마시고, 아버지의 뜻대로 하여 주십시오"는 잠시나마 잔을 피하고 싶었던 자신을 향한 채찍이자 회환, 하나님을 향한 다짐이었다.

"알겠습니다. 십자가를 지겠습니다. 그러나 아버지, 약속한 대로 뒷일을 책임져주세요."[15]

마침내 예수는 0.001%의 여지도 두지 않고 완전히 마음을 먹었다.[16] 기도를 마친 예수가 말한다.

15　그래야 우리는 십자가에 달린 예수의 절망에 찬 한마디를 이해할 수 있다. "나의 하나님, 나의 하나님, 어찌하여 나를 버립니까?"

16　겟세마네 기도와 관련해서 가장 중요한 질문이 있다. "마가는 왜 이런 내용을 넣었을까?" 여러 가능성이 있겠지만, 딱 한 가지만 언급하자면, 예수가 십자가를 원해서 진 게 아니라는 말을 하고 싶었던 게 아닐까? 그래서 예수의 기도 내용뿐 아니라 탈출을 염두에 둔 예수를 표현하기 위해서 계속 잠에 빠지는 제자들이 필요했던 건 아닐까? 엉터리 경비병 제자들을 초조하게 깨우고 또 깨우는 예수의 모습으로 에둘러 표현하기 위해서. 그게 아니라면 한 명도 아니라 세 명이 다 단체로 수면제라도 먹은 사람처럼 절체절명의 순간에 계속 잠에 빠지는 제자들의 모습은 너무도 작위적이다.

"때가 왔다. 보아라, 인자는 죄인들[17]의 손에 넘어간다. 일어나서 가자. 보아라, 나를 넘겨줄 자가 가까이 왔다."

(마가복음 14:41-42)

"아, 유다가 온다. 그가 오고 있다. 이 운명을 피하는 것은 아버지의 뜻이 아니다."

유다가 마침내 다시 등장한다. 그리고 그는 더 이상 혼자가 아니었다.

"보아라, 나를 넘겨줄 자가 가까이 왔다." 그런데 예수께서 아직 말씀하고 계실 때에, 열두 제자 가운데 하나인 유다가 곧 왔다. 대제사장들과 율법학자들과 장로들이 보낸 무리가 칼과 몽둥이를 들고 그와 함께 왔다. 그런데, 예수를 넘겨줄 자가 그들에게 신호를 짜주기를, "내가 입을 맞추는 사람이 바로 그 사람이니, 그를 잡아서 단단히 끌고 가시오" 하고 말해놓았다. 유다가 와서, 예수께로 곧 다가가서 "랍비님!" 하고 말하고서, 입을 맞추었다.

(마가복음 14:41-45)

마가는 예수를 체포하러 온 무리가 로마 군인이 아니라는 점을 강조한다. 대제사장, 율법학자 그리고 장로가 보낸 자들이라고 분명하게 말한

---

17 요한복음과 달리 공관복음에서 예수를 잡으러 온 것은 산헤드린의 지시를 받는 도시 근위병 (civil guards)과 대제사장의 사병이었다. 대부분 이방인 내지 노예로 구성되었다. 유대인이 아니었기에 예수는 그들을 '죄인들'이라고 표현했다. Hugh J. Schonfield, *The Passover Plot*(disinformation company, 2005), p.156.

다. 그리고 예수가 누구인지 알려주는 게 배신의 내용이라는 점을 명확하게 한다.

> "내가 입을 맞추는 사람이 바로 그 사람이니, 그를 잡아서 단단히 끌고 가시오."

커크 더글라스가 주연한 1960년 영화 〈스파르타쿠스〉의 마지막 장면은 유명하다. 반란 노예군을 잡은 로마 장군이 누가 스파르타쿠스냐고 묻자 모두가 다 일어나서 "내가 스파르타쿠스다"라고 외친다. 스파르타쿠스의 얼굴이 전혀 알려지지 않았기 때문이다. 이와 비슷한 걸까? 그래서 대제사장에게 유다가 필요했던 걸까? 하지만 예수의 얼굴을 몰라서 유다가 필요했다는 말은 전혀 앞뒤가 맞지 않는다. 체포당하는 순간 예수가 이렇게 외친다.

> "너희는 강도에게 하듯이, 칼과 몽둥이를 들고 나를 잡으러 나왔느냐? 내가 날마다 성전에 너희와 함께 있으면서 가르치고 있었건만 너희는 잡지 않았다. 그러나 이것은 성경 말씀을 이루려는 것이다."
>
> (마가복음 14:48-49)

매일 성전에서 가르친 예수의 얼굴을 몰라서 유다가 필요했다는 건 말이 안 된다.[18] 더더욱 체포된 예수를 따라간 베드로까지 얼굴이 꽤 알려

---

18   마커스 보그와 존 도미니크 크로산은 이렇게 설명한다. "유다는 입맞춤으로 예수가 누구인지 알려

123

2부 컨스피러시: 형성, 왜곡 그리고 함정

진 상태였다. 베드로는 무엇보다 예수를 세 번이나 부인한 파렴치한 제자로 유명하다. 왜 그래야만 했을까? 사람들이 그의 얼굴을 알아봤기 때문이다. 그렇지만 않았다면, 예수를 부인할 일은 애초에 생기지도 않았다.

> 베드로가 안뜰 아래쪽에 있는데, 대제사장의 하녀 가운데 하나가 와서, 베드로가 불을 쬐고 있는 것을 보고, 그를 빤히 노려보고서 말하였다. "당신도 저 나사렛 사람 예수와 함께 다닌 사람이지요?"
>
> (마가복음 14:66-67)

심지어 하녀까지 베드로의 얼굴을 아는데, 대제사장을 비롯한 권력층이 예수의 얼굴을 몰랐다고? 이건 마치 사람들이 BTS 얼굴은 모르지만 매니저 얼굴은 안다는 주장처럼 어이없는 설정이다. 따라서 입맞춤으로 예수가 누구인지 알려주겠다는 유다의 말을 이해하는 길은 하나뿐이다. 겟세마네 동산에 예수와 제자들만 있었던 게 아니다. 비록 늦은 시간이었지만 적지 않은 사람들이 있었고, 예수가 마음만 먹으면 얼마든지 군중 속에 숨을 수 있는 상황이었다. 그래서 유다가 키스를 통해서 예수를 찾아내는 과정이 필요했다.

준다. 복음서를 읽는 독자는 때로는 굳이 그렇게 할 필요가 있었는지 의아해했다. 분명 그 관원들은 예수가 누구인지 알고 있지 않았는가? 그러나 예수를 잡기 위해서 파견된 사람들은 그 주간의 초반에 예수에게 질문한 사람들이 아니라 그들이 파견한 성전 수비대였다. 당연히 그들은 예수가 누구인지 몰랐을 것이다." 마커스 보그 · 존 도미니크 크로산, 『마지막 일주일』(다산초당, 2012), 196쪽. 말도 안 되는 변명이다. 대제사장 종까지 베드로의 얼굴을 아는데 성전 수비대가 예수의 얼굴을 몰랐다고? 전혀 설득력이 없는 주장이다.

물론 대제사장들에게 유다가 필요했던 더 큰 이유가 있다. 예수의 은신처를 몰랐기 때문이다. 매일 밤 예루살렘을 떠나는 예수가 어디로 가는지 알려지지 않았다. 학자에 따라서는 겟세마네가 외진 곳도 아니고 많은 사람의 발길이 닿는, 일종의 공공장소였기에 은신처가 될 수 없다고 주장하기도 하지만, 적이 모른다면 어떤 곳도 은신처가 될 수 있다. 물론 이런 의문이 든다.

"아니, 차라리 유월절 만찬을 했던 다락방을 급습하는 게 더 쉽지 않았을까요? 겟세마네에 사람들이 많았다면, 그게 또 예수의 지지자라면 대제사장들이 우려했던 유혈 충돌도 가능했을 거 아니에요."

맞다. 하지만 유월절 만찬 장소는 예수가 극비리에 준비한 게 분명하다.[19] 익명의 두 제자에게만 특별 지령을 내려서 마련했다. 따라서 유다조차도 만찬 장소는 몰랐다고 보는 게 타당하다.[20] 이제 예수 체포 장면을 살펴보자.

그들은 예수께 손을 대어 잡았다. 그런데 곁에 서 있던 이들 가운데서 어느

---

19 무교절 첫째 날에, 곧 유월절 양을 잡는 날에, 제자들이 예수께 말하였다. "우리가 가서, 선생님께서 유월절 음식을 드시게 준비하려 하는데, 어디에다 하기를 바라십니까?" 예수께서 제자 두 사람을 보내시며 말씀하셨다. "성안으로 들어가거라. 그러면 물동이를 메고 오는 사람을 만날 것이니, 그를 따라가거라. 그리고 그가 들어가는 집으로 가서, 그 집 주인에게 말하기를 '선생님께서 하시는 말씀이, 내가 내 제자들과 함께 유월절 음식을 먹을 내 사랑방이 어디에 있느냐고 하십니다' 하여라. 그러면 그는 자리를 깔아서 준비한 큰 다락방을 너희에게 보여줄 것이니, 거기에 우리를 위하여 준비를 하여라."(마가복음 14:12-15)

20 "마태는 마가복음을 편집하는 과정에서 두 제자에 대한 언급을 빠뜨리고 예수가 제자들(아마도 유다까지 포함해)을 보냈다고 기록함으로써 이 점, 유월절 식사 장소를 유다에게 비밀로 했다는 점을 간과하였다." 마커스 보그·존 도미니크 크로산, 『마지막 일주일』, 196쪽.

2부 컨스피러시: 형성, 왜곡 그리고 함정

한 사람이, 칼을 빼어 대제사장의 종을 내리쳐서, 그 귀를 잘라버렸다. 예수께서 그들에게 말씀하셨다. "너희는 강도에게 하듯이, 칼과 몽둥이를 들고 나를 잡으러 나왔느냐? 내가 날마다 성전에 너희와 함께 있으면서 가르치고 있었건만 너희는 잡지 않았다. 그러나 이것은 성경 말씀을 이루려는 것이다."

(마가복음 14:46-49)

칼부림이 일어났다. 이것만 봐도, 예수 주변에 제자들 외에 다른 사람도 적지 않았다는 추론이 가능하다. '누군가'가 칼을 빼서 대제사장 종의 귀를 잘랐다. 그런데 왜 귀였을까? 차라리 목을 베면 베지, 그 작은 귀를 잘라낸다? 일부러? 그러니까 엄청난 검술의 달인으로 봐야 하는 걸까, 아니면 그냥 마구 휘둘렀는데 어쩌다가 귀가 잘린 건가?[21] 무엇보다 마가가 왜 제자 중 하나라고 하지 않고, 막연하게 어느 한 사람이라고 했을까? 제자들 주변에 적지 않은 군중이 있었기 때문이 아닐까?[22] 유다와 함께 온 자들이 수십 명인지 수백 명인지는 모르지만, 한 가지는 확실하다. 지금 상황에서 칼을 휘두른다는 건 보통 용기가 아니다. 말 그대로 생명을 내어놓고 예수를 지키려는 마음이다. 문제는 다음 장면이다. 만약에 그 사람이 제자 중 하나라면, 요한복음의 주장대로 베드로라면, 바로 줄행랑을 치는 모습은 어떻게 해석해야 할까?

---

21 '귀 절단'과 관련해서는 별의별 해석이 다 있다. 그중에서도 압권은 말씀에 귀를 기울이게 하려고 귀를 잘랐다는 해석이다.

22 이후에 쓰인 복음서는 전혀 다른 이야기를 한다. 요한복음 저자는 칼을 휘두른 자를 예수의 제자 베드로라고 특정한다. 누가복음 저자는 아예 제자들이 칼을 챙기고 갔다는 구절을 덧붙였다.

제자들은 모두 예수를 버리고 달아났다.

(마가복음 14:50)

칼을 휘두른 사람이 제자가 아니라 예수를 따르던 다른 무리 중 한 사람이라고 보는 게 더 설득력이 있다. 또 하나 생각할 점은, '왜 누군가가 갑자기 칼을 휘둘렀을까?' 마가가 명확하게 말하지 않지만, 바로 앞 구절에 힌트가 숨어 있다.

그들은 예수께 손을 대어 잡았다.

예수가 순순히 잡혔다면 측근이 칼까지 휘두르며 저항하는 일이 발생하지 않았을 것이다. 예수의 저항이 만만찮았다는 것을 암시한다. 체포 과정에서 거친 폭력이 오갔고, 예수가 평소답지 않은 항의까지 쏟아냈다.

"너희는 강도에게 하듯이, 칼과 몽둥이를 들고 나를 잡으러 나왔느냐?"

칼과 몽둥이를 가만히 들고만 있는데 이런 말을 할 리 없다. 잔인한 폭력을 행사하며 예수를 잡았을 것이다. 예수가 이해할 수 없다는 듯 말한다.

"내가 날마다 성전에 너희와 함께 있으면서 가르치고 있었건만 너희는 잡지 않았다."

왜 안 잡았을까? 대제사장들이 군중의 소요를 걱정했기 때문이다. 최대한 은밀하게 예수를 체포할 필요가 있었다.[23] 이어서 예수가 말한다.

"그러나 이것은 성경 말씀을 이루려는 것이다."

도대체 무슨 말씀, 무슨 예언을 이룬다는 것인지 도통 알 길이 없다. 막연히 이사야서 53장이 아닐지 추측할 뿐이다. 이렇게 예수는 체포되고 제자들은 다 도망갔다. 그냥 거기서 끝내면 될 거 같은데, 마가가 아주 기이한 장면 하나를 소개한다.

한 청년이 벗은 몸에 베 홑이불을 두르고 예수를 따라가다가 무리에게 잡히매, 베 홑이불을 버리고 벗은 몸으로 도망하니라.

(마가복음 14:51-52)

이 청년은 누구일까? 제자 중 한 명일까? 아니면, 예수를 맹목적으로 따르던 군중의 하나일까? 체포군은 굳이 도망가는 제자들을 잡으려고 하지 않았다. 애초 목적이 예수 한 사람이었던 게 분명하다. 귀를 다친 한 사람 빼고 그들은 목적을 달성하고 예수를 압송하는 중이다. 제자들은 이미 다 도망간 상태이고, 그런데 한 청년이 벗은 몸에 베 홑이불만 두르

---

23 복음서가 한결같이 그리는 예수를 향한 유대민족의 적대감을 고려할 때, 이런 우려는 전혀 말이 안 된다. 그런데도 마가는 왜 전혀 앞뒤가 맞지 않는 이런 구절을 넣었을까?

고 압송되는 예수를 따라갔다고 한다. 복음서 속 내용이 거의 다 뻔하지만, 사실 이 구절은 적지 않은 궁금증을 불러일으킨다. 도대체 이 청년은 누구일까? 무엇보다 마가는 이 구절을 왜 넣었을까? 무엇보다 "벗은 몸에 베 홑이불을 두르고"라고 자세하게 묘사한 이유가 뭘까? 단지 나중에 도망가는 장면을 생생하게 그리기 위한 장치였을까?

> 예수를 따라가다가 무리에게 잡히매, 베 홑이불을 버리고 벗은 몸으로 도망하니라.

제자들은 이미 다 도망갔으니까, 이 청년은 제자가 아니다. 그러니까 앞에서 말한 대로 겟세마네 동산에는 예수와 제자들만 있었던 게 아니다. 정체불명의 이 청년은 왜 벌거벗고 홑이불 하나만을 걸치고 있었던 걸까? 이 사람을 마가라고 주장하는 신학자가 적지 않다.[24] 그게 사실이라면, 여러 가지가 해결된다. 예수를 본 적도 없는 사람이 마가복음을 썼다는 비판도 잠재우고, 또 알게 모르게 예수의 많은 비밀을 목격한 자격 있는 저자가 쓴 게 마가복음이라는 홍보도 된다. 이와 비슷한 궁금증을 일으키는 인물이 하나 더 있다. 요한복음 속 "예수께서 사랑하신 제자"다. 아니나 다를까, 적지 않은 신학자는 그를 요한복음의 저자 요한이라고 주장한다. 말 그대로, 아니면 말고 식의 막무가내 추측이다.

---

24 휴 숀필드는 *The Passover Plot*에서 이 사람이 요한복음에 나오는 정체불명의 사나이, '예수께서 사랑하신 제자'와 동일인물이라고 추정한다. 그가 내놓는 근거는 꽤 설득력 있다.

이것저것 다 떠나서, 도대체 이 구절의 정체는 뭘까? 여러 해석이 있지만, 가장 설득력 있는 건 마가가 배신 이야기를 만들면서 아모스 2장을 참고했다는 것이다.[25] 아모스 2장에는 예루살렘 멸망에 관한 예언이 나온다. 그리고 마지막 구절이 다음과 같다.

"용사 가운데서 가장 용감한 자도, 그날에는 벌거벗고 도망갈 것이다." 주님께서 하신 말씀이다.

(아모스 2:16)

서기 70년, 예루살렘의 멸망을 목격한 마가는 아마도 아모스 2장을 통해서 이렇게 말하고 싶었던 것 같다.

"유대인, 왜 예루살렘이 멸망한지 알아? 너희들이 예수님을 죽여서 그런 거야. 그런데 그날 기억나? 다들 벌거벗고 도망쳤잖아. 얼마나 비참했는지 아직도 생생하지? 그런데 우리 주님이 잡히던 그날 밤에 이미 그 때의 비참함이 예언되었어. 한 명이 진즉에 벌거벗고 도망쳤거든."

마가는 자기 글에도 예언을 심고 싶은 충동을 느꼈던 거 같다.[26] 사람들이 이렇게 말하는 게 보고 싶었던 걸까?

"와, 마가복음 속 벌거벗고 도망간 청년의 이야기가 나중에 예루살렘 멸망할 때 현실에서 다 실현되었어. 이거, 마가복음도 완전히 구약 수준

---

25 R. G. Price, *Deciphering the Gospels* (lulu, 2018), p.31.

26 아모스 2장을 인용한 게 메시아 예언의 성취를 강조하기 위해서라는 의견도 있다. G. A. Wells, *The Jesus of the early christians* (Pemberton Books, 1971), p.93.

의 예언서잖아?"

그러나 정작 이 이야기는 마가복음을 무려 90% 이상 베낀 마태복음 저자에게도 무시당했다. 쓸데없는 사족이라고 생각한 것이다. 내 생각도 그렇다.

이제 유다의 배신에서 가장 많이 언급되는 '키스'를 살펴보자. 키스야말로 유다와 관련해서 나름 마가의 문학적(?) 독창성이 드러나는 유일한 부분이다.

유다가 와서, 예수께로 곧 다가가서 "랍비님!" 하고 말하고서, 입을 맞추었다.

"입을 맞추었다." 수많은 상상력을 불러일으킨 문제의 구절이다. 입을 맞추다니, 당연히 이런 궁금증이 따라온다. 당시에는 스승과 제자가 다들 이렇게 입을 맞추었나? 그러니까 예수는 모든 제자와 입을 맞추는 관계였을까? 그게 아니라면, 특정 인물하고만 입을 맞추었을까? 무엇보다 왜 마가는 이 구절을 넣었을까? 여러 추측이 가능하다.

먼저 기독교는 이 키스를 어떻게 이해할까? 대부분 뻔뻔함의 극치로 해석한다. 예수가 누구인지 알리는 것은 손가락으로도 충분한데, 왜 군이 키스를 하냐는 것이다. 과연 뻔뻔해서일까? 그런데 뻔뻔함을 조금만 돌려서 보면 '당당함'이다. 아니, 배신자가 어떻게 당당할 수 있을까?[27] 중요

---

27 얼마든지 가능하다. 키스와 관련해서 유다를 긍정적으로 보는 시각은 적지 않다. 앞서 살펴본 대로 유다는 이렇게 말하는 건지도 모른다. "주님, 정신 차리세요. 왜 마음이 흔들렸습니까? 향유가 그렇게 좋았나요? 당신이 누구인지를 잊으면 어떡합니까? 흔들리는 당신의 마음을 다시 잡기 위해서 정

한 건 저자의 의도다. 왜 마가는 키스신을 넣었을까? 몇 가지 이유를 추측할 수 있다.

먼저 "그 정도로 가까웠다고, 그 정도로 예수와 유다 간 관계가 특별했다"는 말을 하고 싶은 것이다. 그래야 배신에 끔찍함이 가중되니까. 더 비극적이고 비열해지니까. 수많은 작가가 상상했듯이, 거기서 한 걸음 더 나아가면 얼마든지 두 사람을 동성애 관계인 연인으로 볼 수도 있겠지만, 설마 마가가 인류의 구원자를 그리면서 그렇게까지 의도했을까 싶다. 아무튼 마가는 외치고 싶었다. 가장 믿고 가장 사랑하는 사람이 등에 꽂는 비수보다 아픈 게 없다는 것을. 그 정도로 예수와 유다의 관계는 특별했다는 것을. 그게 사실이라면, 도통 이해가 안 되던 앞선 장면 중 하나를 납득할 수 있다. 다시 유월절 만찬 자리로 돌아가자. 서로 앞다투어 고개를 내밀면서 "나는 아니지요?"를 연발하는 제자들에게 예수가 결정타를 날린다.

"나와 함께 같은 대접에 빵을 적시고 있는 사람이다."

그 순간 모든 제자가 예수와 동시에 빵을 적시는 유다를 주시했을 것이다. 이런 상황에서 아무런 일이 일어나지 않는 건 말이 안 된다고, 이미 앞에서 지적했다. 그런데 가능할 수도 있다. 언제?

차마 유다가 배신자라고는 도무지 상상이 안 되는 경우다!

아무리 예수가 그렇다고 해도 차마 믿을 수 없는 그런 상황…….

"에이! 주님, 말도 안 돼요. 농담이죠? 다른 사람도 아니고 유다라고요?"

작 내가 십자가를 진 것입니다. 그만큼 내가 당신을 사랑합니다. 내 키스를 받으세요." 또 다른 해석도 있다. 발터 옌스는 키스를 "주님, 이제 당신의 시간이 되었습니다. 로마를 박살 내시지요. 자, 주님, 진짜 능력을 보여주세요"라는 신호라고 해석했다(발터 옌스, 『유다의 재판』, 76쪽).

유다 컨스피러시

제자들이 이러면서 서로 바라보고 피식거릴 정도로, 예수와 유다가 특별한 관계라면 말이다. 그렇다면 유다는 조용히 빠져나가도 제자들은 별 의심 없이 예정대로 올리브 산으로 향했을 것이다.

두 번째는 복음서 저자들의 공통된 고질병, 맥락과 관계없이 구약을 인용하는 습관 때문이다. 구약에는 배신과 키스를 연결하는 구절이 딱 두 군데 나온다. 먼저 잠언 27장 6절이다.

친구의 책망은 아파도 진심에서 나오지만, 원수의 입맞춤은 거짓에서 나온다.

(잠언 27:6)

다음은 다윗이 반역한 아들 압살롬의 잔당을 처리하는 장면이다. 다윗의 충신 요압이 그 임무를 맡았다. 사무엘하 20장 9-10절이다.

요압은 아마사에게 "형님, 평안하시오?" 하고 말하면서, 오른손으로 아마사의 턱수염을 붙잡고 입을 맞추었다. 요압이 다른 손으로 칼을 빼어 잡았는데, 아마사는 그것을 눈치채지 못하였다. 요압이 그 칼로 아마사의 배를 찔러서, 그의 창자가 땅바닥에 쏟아지게 하니, 다시 찌를 필요도 없이 아마사가 죽었다.

(사무엘하 20:9-10)

과연 마가가 요압과 아마사를 생각하고 키스 장면을 만들었을까? 그 경우 예수가 입맞춤을 '당하고' 칼에 찔려죽은 아마사가 되는데? 알 수 없다. 하지만 배신과 키스를 연결하는 장면이 구약에 있다는 사실만으로도, 그는 강한 충동을 느꼈을 것이다. 맥락과 결론은 중요하지 않다.

"그래, 이 파렴치한 놈이 우리 주님의 입술에 입을 맞추도록 하자."

마가복음이 그리는 가룟 유다의 배신을 보면 당연한 질문 하나가 떠오른다.

"예수는 왜 유다를 말리지 않았을까? 왜 다 알면서 유다가 배신하도록 방조했을까?"

첫 번째 가능성은 하고 싶어도 할 수 없었기 때문이다. 이미 예정되었기에 예수로서도 바꿀 수 없는 것이다. 오죽하면 예수가 이런 말을 했겠는가?

"그 사람은 차라리 태어나지 않았더라면 자기에게 좋았을 것이다."

이 말을 지금까지 줄곧 저주로 해석했지만, 얼마든지 연민과 안타까움으로 받아들일 수도 있다.

"나도 할 수만 있다면 돕고 싶다. 바꾸고 싶다고…… 하지만 내 능력으로도 방법이 없다. 차라리 태어나지 않았으면 좋았을 텐데 말이다."

하지만 기독교 교리에서 전능한 하나님인 예수가 이처럼 무력한 말을 했을 리 없고, '저주' 외에는 달리 해석할 수 없다. 예수의 이 말은 역사 속에서 수많은 오해를 불러일으켰다. 차라리 없는 게 나은 생명도 있다는 생각을 정당화했다. 낙태 찬성자가 이 구절을 근거로 낙태를 지지하는 건 이상하지 않다.[28] 하지만 진짜 비극은 예수의 저주가 유다 한 사

---

28   피터 스탠퍼드, 『예정된 악인』, 78쪽.

람으로 끝나지 않았다는 것이다. 예수의 말은 유대민족 전체를 향한다고 받아들여졌다.

"우리 주님이 분명하게 말씀하셨어. 너희 민족은 차라리 세상에 나오지 말았어야 한다고."

안 나왔으면 좋았겠다고 했지만, 이미 나온 걸 어떡하랴? 이제 남은 건, 하나님의 뜻에 따라서 이 민족을 멸절하는 것이다. 왜? 오로지 한 가지 이유다. 그 민족이 도무지 예수를 받아들이지 않으니까, 여전히 로마에서 해방시킬 메시아를 기다리니까. 1부에서 자세하게 살펴보았듯이, 기독교인이 유다와 관련해서 자주 하는 말이 있다.

"예수님이 자기를 콕 짚어서 지적하셨을 때, 바로 회개하고 돌이켰어야지. 계속 악한 마음을 품고 간 거잖아, 그러니까 더 나쁜 놈이지."

과연 그런가? 예수의 태도와 말에서 유다를 돌이키려는 티끌만큼의 시도라도 보이나? 예수의 태도는 좋게 봐야 자포자기, 내가 할 수 있는 게 없다. 그래서 안타깝지만 어쩔 수 없다는 것이고, 나쁘게 보면 그게 네 운명이니까 어쩔 수 없다는 식의 차가움이다. 잔인한 저주다. 유다 입장에서 보면 억울할 수밖에 없다. 아무리 나쁜 놈이라도 강력한 은혜로 새사람을 만드는 게 성령의 능력이 아닌가? 왜 그런 은혜가 유다에게는 적용되지 않은 걸까? 아무리 새사람이 되고 싶어도 배신하게 운명 지어진 사람은 성령도 손을 쓸 수 없는 걸까? 그래서 예수는 자조적으로 "그 사람은 차라리 태어나지 않았더라면 자기에게 좋았을 것이다"라고 말한 건가? 그런데 사탄도 결국은 다 하나님의 주권 아래 있다고 가르치는 게 기독교 아닌가? 하지만 유다는 언제나 예외다. 그는 성령의 능력에서도 제외되었다.

아니, 더 정확하게 말하면 하나님에 의해서 저주받은 존재로 결정되었다. 그런 유다가 할 수 있는 게 무엇이 있을까? 자석이 쇠를 끌어당기고 싶어서 당길까? 자석이기에 어쩔 수 없는 거다. 유다도 그런 거 아닌가? 불나방이 죽고 싶어서 불 속으로 뛰어들까? 불나방이니까 어쩔 수 없는 거다. 결국 우리는 유다와 관련해서 가장 중요한 질문 앞에 이르렀다.

"십자가 구원을 유다라는 배신자 없이는 이룰 수 없었던 걸까? 저주받는 누군가를 만들지 않고는 십자가 구원이 불가능했던 걸까?"

우리는 이미 이 질문에 대한 답을 알고 있다. 십자가를 중화하기 위해서, 비정치적 사랑의 상징으로 만들기 위해서는 로마를 대신할 희생양이 필요했다. 유다가 없이는 불가능한 목표였다. 애초에 로마에 아부하고 유대인을 죽이기 위해서 펜을 든 마가의 의도는 치밀하면서 노골적이다. 마가복음은 '하나님의 아들'이라는 구절로 시작한다.

하나님의 아들 예수 그리스도의 복음의 시작은 이러하다.

(마가복음 1:1)

그런데 유대민족 중에서 예수가 '하나님의 아들'이라는 '진리'를 알아챈 사람은 단 한 명도 없다. 끝까지 아무도 모른다. 그나마 예수가 '그리스도'라며 정답 비슷한 소리를 했던 베드로도 바로 이어서 '헛소리'를 지껄인 무지렁이로 묘사된다. 그 결과 그는 예수로부터 '사탄'이라는 욕까지 먹는다.(마가복음 8:29-33) 마가복음을 통틀어 예수의 정체를 제대로 본 이는 단 한 사람, 로마 백부장뿐이다. 치밀하게 마가는 하이라이트 장면을 준비한다. 예수가 죽는 순간 그를 향해 하나님의 아들이라고 고백하는 백부장의 모습이다.

> 예수를 마주 보고 서 있는 백부장이, 예수께서 이와 같이 숨을 거두시는 것을 보고서 말하였다. "참으로 이분은 하나님의 아들이셨다."
>
> (마가복음 15:39)

기독교인에게 가룟 유다로 대표되는 유대민족은 십자가 구원에 필요한 마중물이고 불쏘시개에 불과하다. 그렇다. 예수는 다 알고 있다. 유대민족, 가룟 유다가 없었다면 십자가가 불가능했다는 것을, 그리고 앞으로도 유대민족은 유용한 희생양으로 쓰일 가치가 있다는 것을. 그래서 그는 이렇게 말했다.

"그 사람은 차라리 태어나지 않았더라면 자기에게 좋았을 것이다."

그렇다. 저주받는 누군가를 만들지 않고는 십자가 구원이 불가능했다. 그런데 애초에 태어나지 않았더라면 진짜로 '더' 좋았을 존재는 과연 누구일까?

곧 살펴볼 다른 복음서에 비해서 마가복음은 그나마 유다를 애매모호하게 그렸다. 따라서 무리수가 따르지만, 그를 긍정적으로 이해하려면 아예 불가능한 건 아니다. 그에게 줄 수 있는 최상의 표현은 무엇일까? 스승을 오해한 제자, 열심이 넘쳤던 제자, 너무도 스승을 믿었기에 그만큼 실망이 컸던 제자, 그리고 누구보다 예수를 과대평가했던 제자였던 가룟 유다를 좌절한 이상주의자로 부르는 건, 어느 정도 가능하다.

2
유다, 돈벌레(마태)

마태복음 저자를 예수의 제자 마태라고 하는 건 문제가 많다. 다 떠나서 예수를 만난 적도 없는 마가가 쓴 복음서를 무려 90%나 베꼈으니, 진짜 예수의 제자가 썼다면 체면이 말이 아니다. 그럼에도 이른바 정통 기독교의 주장은 한결같은데, 쉽게 풀어쓰면 이렇다.

"마가가 베드로의 제자 또는 통역관이었고, 베드로의 구술을 들어서 마가복음을 적었다. 베드로가 누군가? 예수의 수제자다. 그러니까 마태가 아무리 예수의 제자였다고 해도 모르는 이야기가 많다는 것이다. 그래서 마태는 겸손한 마음으로 마가복음을 참고했다."[29]

변명이라는 단어를 붙이기에도 민망한 주장이다. 그럼 마가복음이 예수의 수제자인 베드로가 아니면 도무지 알 수 없는, 비밀스러운 이야기로 넘칠까? 아니, 베드로도 알 수 없는 이야기뿐이다. 마가복음이 드러

---

[29] "베드로는 예수의 측근이어서 다른 제자들이 보거나 듣지 못한 은밀한 일들도 알고 있었어요. 그러므로 마태 역시 목격자였지만 마가를 통해 전달된 사건에 대한 베드로의 해석에 의존하는 것이 이치에 맞지요." 리 스트로벨, 윤관희·박중렬 옮김, 『예수는 역사다』(두란노서원, 2021), e-book. 46/610.

내는 사실은 단 하나, 누구인지 모르는 저자가 전지적 시점에서 글을 썼다! 그리고 마가복음과 마태복음의 관계는 단순하다. 마태복음 저자는 가장 먼저 나온 마가복음을 앞에 놓고 중간중간 살을 붙이면서 베꼈다는 게 정설이다. 마가복음 저자와 마찬가지로 마태복음 저자도 누구인지는 미궁이지만, 하나 확실한 건 헬라어는 말할 것도 없고 아람어도 쓰고 읽을 줄 몰랐던 예수의 제자가 썼을 리 없다는 사실이다. 복음서를 예수의 제자가 썼다는 주장은 학교라고는 근처에도 가본 적 없는, 한글도 모르는 내 고조할머니가 영어로 논문을 써서《네이처》에 기고했다는 것과 같은 주장이다.

복음서를 객관적이고 냉철하게 바라볼수록, 가장 처음 쓰인 마가복음의 중요성을 주목하게 된다. 마가복음 강해 설교를 듣는 건 흔치 않지만, 마가복음이 없었다면 기독교인이 신약성경이라고 부르는 4복음서는 아예 존재하지 않았다. 이 책의 주인공 가룟 유다도 마가복음 덕분에 세상에 나왔다. 마가복음을 앞에 놓고 예수의 생애를 상상하며 써 내려간[30] 마태는 가룟 유다를 보면서 무슨 생각을 했을까? 그걸 추측하는 건 그리 어렵지 않다. 마태는 크게 세 가지 문제점을 발견했다.

1. 배신의 동기가 너무 애매하다.
2. 유월절 만찬 장면에서 유다의 뻔뻔함이 제대로 부각되지 않았다.

---

[30] 그건 누가복음 익명의 저자도 마찬가지다. 요한복음 저자가 마가복음을 참고했는가에 관해서는 이론의 여지가 있지만, 그랬을 가능성이 매우 크다.

3. 예수 체포와 함께 갑자기 유다가 사라졌다.

전반적으로 마가가 만든 유다라는 큰 틀 안에서 이 세 가지 문제점을 보완함으로써, 좀 더 유다의 배신을 '입체화'하거나 '구체화'하는 게 그의 목표였다.

배신의 동기

마가는 배신의 동기를 애매하게 처리했다. 돈 얘기가 나오기는 하지만, 꼭 돈 때문에 배신했다는 뉘앙스는 없다. 돈은 동기라기보다는 예상치 못한 결과물에 더 가까웠다. 더불어서 유다가 받았을 돈의 액수도 독자의 상상력에 맡겼다.

대제사장들은 유다의 말을 듣고서 기뻐하여, 그에게 은돈을 주기로 약속하였다. 그래서 유다는 예수를 넘겨줄 적당한 기회를 노리고 있었다.

마태는 달랐다. 가장 먼저 그 부분을 채우려고 결심했다. 마가가 그린 애매한 나쁜 놈을 진짜 나쁜 놈으로 만들었다. 그런 면에서 유다를 극악한 배신자로 그려야만 하는 기독교에게 마태는 선구자다. 만약에 마가가 다음과 같이 썼더라면 어떻게 되었을까?

대제사장들은 유다의 말을 듣고서 기뻐하여, 그에게 은돈을 주기로 약속하였다. 그러나 유다는 돈 받기를 거절하고는 예수를 넘겨줄 적당한 기회를 노리고 있었다.

마태의 고민이 깊었다면 역사가 달라졌을 것이다. 그러나 마가가 뿌린 비극의 씨앗에 마태는 듬뿍 거름을 주었다. 마태복음에서도 유다 배신의 발단은 마가복음과 마찬가지로 베다니 시몬의 집에서 있었던 향유 사건이다. 마가복음을 다시 살펴보자.

몇몇 사람이 화를 내면서 자기들끼리 말하였다. "어찌하여 향유를 이렇게 허비하는가? 이 향유는 삼백 데나리온 이상에 팔아서, 그 돈을 가난한 사람들에게 줄 수 있었겠다!" 그리고는 그 여자를 나무랐다.

(마가복음 14:4-5)

그런데 마태복음에 오면 내용에 몇 가지 차이가 있다.

그런데 제자들이 이것을 보고 분개하여 말하였다. "왜 이렇게 낭비하는 거요? 이 향유를 비싼 값에 팔아서, 가난한 사람들에게 줄 수 있었을 텐데요!"

(마태복음 26:8-9)

쏟아지는 향유에 화를 낸 '몇몇 사람'이 제자들로 바뀌었다. 이유는 뻔하다. 제자들이라는 단어에서, 독자가 돈에 민감한 유다를 떠올리기를 마태는 원했다. 또 300데나리온이라는 액수를 생략했다. 왜 그랬을까? 마태는 마가복음 속 오병이어 사건에서 있었던 예수와 제자들 사이의 긴장 관계도 감지했다. 마가복음을 다시 보자.

> 예수께서 그들에게 말씀하셨다. "너희가 그들에게 먹을 것을 주어라." 제자들이 그에게 말하였다. "그러면 우리가 가서 빵 이백 데나리온 어치를 사다가 그들에게 먹이라는 말씀입니까?" 예수께서 그들에게 말씀하셨다. "너희에게 빵이 얼마나 있느냐? 가서, 알아보아라." 그들이 알아보고 말하였다. "빵 다섯 개와 물고기 두 마리가 있습니다."
>
> (마가복음 6:37-38)

마태는 이 사건도 평화롭게 바꿨다. 마태복음 속 예수는 원수까지도 사랑하라고 명령하는, 말 그대로 사랑의 화신이다. 그런 그가 제자들과 돈 문제로 갈등을 겪다니, 차마 상상도 할 수 없지 않은가?

> 예수께서 그들에게 말씀하셨다. "그들이 물러갈 필요 없다. 너희가 그들에게 먹을 것을 주어라." 제자들이 예수께 말하였다. "우리에게 있는 것이라고는, 빵 다섯 개와 물고기 두 마리밖에 없습니다."
>
> (마태복음 14:16-17)

마가복음에 따르면 예수가 베푼 오병이어 기적은 궁여지책이었다. 처음에는 제자들의 돈주머니를 의지했지만, 거센 반항에 어쩔 수 없이 기적을 베풀었다. 그러나 마태는 갈등 과정을 깨끗하게 생략했다. 그러니 당연히 200데나리온이라는 민감한 돈 액수가 들어설 자리도 없다.

마가가 향유에 굳이 300데나리온이라는 가격표를 매긴 건 오병이어 사건 속 200데나리온과 비교하고 싶어서라는 건 분명해 보인다. 베다니에서 향기가 되어 날아가버린 게 얼마나 엄청난 액수였는지, 그리고 그게 제자들에게 어떤 자극을 주었는지 말하고 싶었다. 그러나 마태는 그럴 필요가 없었다. 마가가 알게 모르게 손상한 예수의 이미지를 회복하는 건 마태의 중요한 목표 중 하나였다. 그런 측면에서 300데나리온이라는 구체적 액수는 예수 이미지에 하등 도움이 될 게 없다. 마태의 생각은 충분히 추측할 수 있다.

"굳이 향유를 바를 필요가 없는 우리 주님이 그렇게까지 큰돈을 쓴다는 건 좀 심하잖아?"

나름 치밀하게 머리를 돌렸다. "가난한 사람들은 늘 너희와 함께 있지만, 나는 늘 너희와 함께 있는 것이 아니다"라는 말속에 담긴 이기심과 잔인함을 조금이라도 상쇄하려면, 차라리 액수를 빼는 게 낫다고 생각했다.

향유사건 직후에 유다가 대제사장을 찾아갔다. 그러나 그는 더 이상 마가복음 속 유다[31]가 아니다. 당당하고 뻔뻔하게 변해버린 유다다. 먼저 돈부터 요구한다.

---

31 "열두 제자 가운데 하나인 가룟 유다가, 대제사장들에게 예수를 넘겨줄 마음을 품고, 그들을 찾아갔다. 대제사장들은 유다의 말을 듣고서 기뻐하여, 그에게 은돈을 주기로 약속하였다. 그래서 유다는 예수를 넘겨줄 적당한 기회를 노리고 있었다."(마가복음 14:10-11)

그때에 열두 제자 가운데 하나인 가룟 사람 유다라는 자가, 대제사장들에게 가서, 이렇게 말하였다. "내가 예수를 여러분에게 넘겨주면, 여러분은 내게 무엇을 주실 작정입니까?" 그들은 유다에게 은돈 서른 닢을 셈하여 주었다.

(마태복음 26:14-16)

단지 돈을 먼저 요구했다는 점만 다른 게 아니다. 마가복음에 따르면 유다는 아직 돈을 받지 않았다. 예수 배신이라는 미션이 성사되어야 받는 것이다. 본문은 그 점을 분명하게 한다.

은돈을 주기로 약속하였다. 그래서 유다는⋯⋯.

그러나 마태복음 속 유다는 이미 돈을 받았다.

그들은 유다에게 은돈 서른 닢을 셈하여 주었다.

대제사장들은 그 정도로 유다를 믿었다는 것이다. 유다는 아무런 협상도 없이 대제사장이 건네는 돈을 이견 없이 받는다. 어린 시절에 나는 은돈 30닢이 꽤 큰 돈인 줄 알았다. 다른 사람도 아닌, 예수를 배신하고 받는 돈인데, 당연한 가정이었다. 게다가 대제사장들에게 예수가 그토록 성가신 존재였다면 돈이 대수였겠는가? 생각지도 못한 구세주(유다)를 만나서 앓던 이가 빠지는데, 돈이 아깝겠는가 말이다. 그러나 은돈 30닢(세겔)은 아주 큰 돈은 아니었다. 어른 한 사람이 4, 5개월치 식량을 사는 수준, 지금 가치로 몇백만 원 정도다.[32] 대제사장이 유다의 말만 믿고, 일이 성사되기도 전에 선뜻 돈을 건넨 건, 그를 믿어서라기보다는 푼돈에 불과했기 때문이다. 설혹 날린다고 해도 문제 될 금액이 아니었다.

"세상에…… 예수를 고작 몇백만 원 받고 배신한다고?"

그 돈의 가치를 알고 어이없어했던 기억이 어제처럼 생생하다. 고작 은돈 30닢을 챙기고는 좋다며 히죽거리고 나오는 뻔뻔하고 찌질한 돈벌레, 마태가 독자의 머릿속에 심고 싶었던 유다의 이미지다. 여기서 마태가 향유 가격 300데나리온을 생략한 또 하나의 이유가 드러난다. 독자의 머릿속에 오로지 은돈 30닢이라는 특정 숫자만 남기고 싶어서다.

마태는 유다의 배신 동기가 돈이라는 점을 분명히 한다. 그것도 한 사람의 팔자를 바꿀 정도로 큰돈도 아닌, 말 그대로 푼돈이다. 유다가 꼭 돈 때문에 배신한 건 아닐 수도 있다는 마가복음이 남긴 여지는 이제 깨끗하게 사라졌다. 그럼 이제 애매한 배신의 동기를 명확하게 하겠다는 마태의 첫 번째 목표는 달성된 건가? 누가 봐도 유다는 쪼잔하고 비겁한 돈벌레 배신자가 되었으니까?

마태복음의 양면성은 흥미롭다. 한편으로는 예수를 높이겠다는 저자의 의도가 고스란히 드러나지만, 다른 각도에서 보면 고도의 안티기독교인 내지 안티예수가 쓴 게 아닌지 의심이 들 정도로 어이없는 내용이 적지 않다. 마태가 나름대로 해결이라고 처리한 건 반드시 더 큰 문제로 나

---

32 "1세겔은 4데나리온과 같으며, 은화 30개(또는 은화 30세겔)는 120데나리온에 상당한다. 당시 농촌 일꾼 4개월치 월급은 120데나리온으로 평가된다. …… 300데나리온의 향유와 비교한다면 상대적으로 보잘것없는 액수다." 카트린 슐라르 책임편집, 『유다』, 32쪽.

타난다. 한두 개가 아니다.[33] 당장 은돈 30닢만 봐도 그렇다.

"은돈 30닢으로 유다를 쪼잔하게 만든 건 분명하지만, 그럼 예수는? 예수의 가치는?"

애초에 대제사장들에게 예수의 가치가 고작 은돈 30닢이었다는 반증이 아닌가? 유다에게도 그건 마찬가지였다. 고작 은돈 30닢에 팔린 예수라고? 백번 양보해서 예수를 잘 모르는 대제사장들에게는 예수가 그 정도였다고 치자. 유다에게까지 그랬다는 건 어떻게 설명해야 할까? 조금 전 예수의 몸을 타고 내려간 향유를 생각해보자. 몸에 아직 스며들지 않은 향유만 긁어내 팔아도 30닢보다는 많을 것이다. 조금만 진지하게 생각하면, 30닢은 충격이다. 3년 동안 동고동락하면서 곁에서 지켜본 제자의 눈에 예수라는 인간의 가치가 고작 그 정도였다고? 유다를 구겨버리겠다는 증오에 눈이 멀어 십자가 구원을 은돈 30닢, 똥값으로 전락시켰다는 데는 전혀 생각이 미치지 못한 걸까?[34]

안중근 의사가 이토 히로부미에게 방아쇠를 당긴 이유가 지금 돈으로 300만 원 때문이었다면? 안중근이 사실은 의사가 아니라, 돈 받고 고용된 용병에 불과했다면? 설혹 그 거사 때문에 조선이 독립되었다고 해도, 그 가치는 순식간에 훼손되는 것 아닌가? 아니, 하나님이 성육신까지 하고 이룬 게 십자가 구원 사건인데, 그게 고작 은돈 30닢 가치라고?

---

33 유튜브 '옥성호의 진리해부'의 '예수의 부활' 편을 참고하라.
34 마태는 둘 중 하나다. 멍청하기 이를 데 없거나 고도의 안티예수거나. 후자라면 그는 완전 실패자다. 기독교 역사를 통틀어 그가 심은 '안티요소'를 눈치챈 기독교인이 거의 없으니까. 오죽하면 마태복음 강해 설교는 목사의 단골 메뉴 중 하나다.

마태가 유다의 배신에 은돈 30닢이라는 구체적 액수를 적는 순간, 상황은 돌이킬 수 없는 지경에 이르렀다. 굳이 책임을 묻자면, 애초 유다의 배신에 애매하게 돈을 섞은 마가에게 원죄가 있지만, 마태로 인해 이제 유다는 사회개혁이니 변혁이니, 해방이니 하는 차원 높은 수준의 배신과는 영원한 결별을 고했다. 처음부터 끝까지 돈 문제가 되었다. 비록 누가복음과 요한복음이 나름 이 문제를 해결하려고 애를 썼지만, 결과적으로, "예수의 십자가는 돈 때문에 발생한 사건"이 되고 말았다.

은돈 30닢과 관련해서 다뤄야 할 문제가 몇 가지 있는데, 일단 유다가 고작 그 돈을 받고 예수를 팔았다는 게 얼마나 말이 안 되는지, 복음서 네 권이 상호 보완해서 하나의 완전한 그림을 만든다는 기독교 주장을 바탕으로 살펴보자.

요한복음에도 베다니 향유사건이 나오는데, 공관복음서와는 전혀 배경이 다르다. 나병환자 시몬의 집이 예수에 버금가게 유명한, 부활한 나사로의 집으로 바뀌었다. 그리고 나사로는 졸지에 누가복음에 자매로만 등장했던 마르다와 마리아의 오빠가 되어 있다. 그리고 예수의 몸에 향유를 붓는 여인은 더 이상 익명이 아니다. 예수의 말씀을 귀 기울여 들은 것으로 유명한 마리아다.[35] 하지만 진짜 중요한 건 이게 아니다. 처음에는 '몇몇 사람'이었던 불평하던 이가 '제자들'로 바뀌더니, 이제는 아예 유다, 한 사람으로 특정되었다.

---

35 기독교 주석가의 해석은 단순명쾌하다. "향유사건이 두 번 있었다."

예수의 제자 가운데 하나이며 장차 예수를 넘겨줄 가룟 유다가 말하였다. "이 향유를 삼백 데나리온에 팔아서 가난한 사람들에게 주지 않고, 왜 이렇게 낭비하는가?" 그가 이렇게 말한 것은, 가난한 사람을 생각해서가 아니다. 그는 도둑이어서 돈자루를 맡아 가지고 있으면서, 거기에 든 것을 훔쳐내곤 하였기 때문이다.

(요한복음 12:4-6)

요한은 복음서를 통틀어 유일하게 유다에 관한 신상정보를 공개한다. 예수의 회계 담당이고 수시로 공금을 횡령하는 도둑이라는 것. 그는 단지 돈벌레가 아니라 상습 범죄자다. 바로 이 지점에서 우리는 은돈 30닢과 관련해서 심각한 의문을 던질 수밖에 없다. 이런 궁금함이 생기지 않는다면, 그게 더 이상하다.[36]

"아니, 유다가 왜 예수를 고작 은돈 30닢에 팔지?"

자, 한번 상상해보자. 예수에게 들어오는 헌금에서 유다가 수시로 빼먹었다는 돈이 과연 얼마나 되었을까? 은돈 30닢보다는 훨씬 짭짤했을 거다. 마가복음 속 오병이어 사건을 한 번 더 소환하자. 무려 200데나리온이라는 목돈이 들어가는 큰 지출인데도, 예수는 제자들에게 너희들 주머닛돈으로 먹이라고 '당연하게' 지시했다. 이 장면에서 우리는 예수 무리의 재정상태를 엿볼 수 있다. 그 정도는 충분히 처리할 수 있으리라고

---

36 가장 이상한 사람을 이 구절을 쓴 요한복음 저자라고 생각할 수도 있다. 그러나 그렇지 않다. 애초에 '틀린' 공관복음서를 '바로잡으려고' 쓴 게 요한복음이다. 따라서 공관복음과 충돌해서 발생하는 '모순'은 저자에게 문제될 게 없었다. 그건 모순이 아니라 해결이니까.

예수가 생각했을 정도로 '헌금'이 적지 않았다. 따라서 유다가 정말로 돈자루를 맡은 책임자였다면, 그가 3년간 빼돌린 금액은 만만찮았을 것이다. 그런 유다에게 무엇이 가장 중요했을까? 끊임없이 들어오는 캐시 플로다. 은퇴 없는 예수의 줄기찬 사역이다. 예수의 '퇴장'이야말로 유다에게 닥칠 수 있는 최악의 뉴스다. 그런데 그가 고작 푼돈 은돈 30닢에 예수를 팔아버리고 수입의 원천을 아예 차단한다고? 평생 황금알을 낳아줄 암탉의 배를 무자비하게 갈라버린다고? 행여 누군가가 예수를 배신하려고 했다 해도, 몸을 던져 막을 사람이 유다다. 예수의 사역을 번창하게 해야 할 가장 큰 동기를 가진 제자, 결코 배신하지 않을 딱 한 사람을 꼽으라면, 바로 유다다. 사랑해서도, 충성해서도 아니다. 물론 이런 반론이 나올 수도 있다.

"여봐요. 3년이나 모았어요. 얼마나 많이 챙겼겠어요? 그러니까 그런 거지요."

또 이렇게 말할 수도 있다.

"아마 들켰을 거예요. 그래서 더는 돈자루를 맡을 수 없게 된 거지요. 그러니까 마지막으로 한탕 하고 도망가려고 한 거 아닐까요?"

둘 다 말도 안 되는 궤변이다. 돈이 어느 정도 모였다고 더는 돈이 중요하지 않다는 사람이 있나? 마지막 한탕이라고? 그런데 고작 은돈 30닢? 이것저것 다 떠나서, 그토록 돈에 미친 유다가 그럼 자살은 왜 했을까?(물론 유다를 자살시킨 건 요한이 아니라 마태다. 그러나 우리는 지금 복음서 전체라는 맥락에서 검토 중이다). 핵심은 이것이다. 복음서 네 권이 모여서 온전한 하나를 만든다는 기독교 주석가의 주장과는 달리, 복음서 속 여기저기에 흩어진 유다를 하나로 모으는 순간, 그야말로 그는 온몸에 덕지덕지 꿰맨 흉터로 가득한 프랑켄슈타인이 된다. 물론 '역사적 유다'가 일으키는 혼란은 '역사적 예수'에 비하면 새 발의 피다. 은돈 30닢과 관련해서 남는 또 하나 중요한 문제는 잠시 후에 살펴보자.

배신의 내용

유다가 다시 등장하는 건 유월절 만찬 자리다. 마태는 유다의 뻔뻔함이 제대로 부각되지 않은 마가복음의 문제를 해결하려고 시도했다.

저녁 때가 되어서, 예수께서는 열두 제자와 함께 식탁에 앉아 계셨다. 그들이 먹고 있을 때에, 예수께서 말씀하셨다. "내가 진정으로 너희에게 말한다. 너희 가운데 한 사람이 나를 넘겨줄 것이다." 그들은 몹시 걱정이 되어, 저마다 "주님, 나는 아니지요?" 하고 말하기 시작하였다. 예수께서 대답하셨다. "나와 함께 이 대접에 손을 담근 사람이, 나를 넘겨줄 것이다. 인자는 자기에 관하여 성경에 기록되어 있는 대로 떠나가지만, 인자를 넘겨주는 그 사람은 화가 있다. 그 사람은 차라리 태어나지 않았더라면, 자기에게 좋았을 것이다." 예수를 넘겨줄 사람인 유다가 말하기를 "선생님, 나는 아니지요?" 하니, 예수께서 그에게 "네가 말하였다" 하고 대답하셨다.

(마태복음 26:20-25)

먹이를 물고 온 어미 새를 향해 앞다투어 머리를 치켜드는 새끼 새들처럼, "주님, 나는 아니지요?"라고 묻는 마가복음 속 제자들의 모습을 마태는 그대로 옮겼다. 문제는 그가 수정한 부분이다. 하나씩 살펴보자. 가장 먼저, 마태는 마가복음이 묘사하는 '대접에 빵을 담그는' 장면 자체를 제대로 이해하지 못했다. 마가가 왜 그 구절을 썼을까? 자연스럽게 배신자가 드러나게 하려는 거다. 그런데 마태는 모든 구도를 말 그대로 '엉망진창'으로 만들었다. 빵을 수프에 적셔서 먹는 장면부터 이상하게 만들었다. 빵 대신 '손'을 담갔다고 썼다. 하지만 '빵을 든 손'으로 이해하면 못할 것도 없다. 먼저 예수가 말한다.

"나와 함께 이 대접에 손을 담근 사람이, 나를 넘겨줄 것이다."[37]

예수가 이 말과 함께 대접에 손을 넣었을 때, 유다도 똑같이 행동했다. 그럼 상황은 종료된 거다. 더는 말이 필요하지 않다. 그래서 마가는 '누가 배신자인가'에 관한 언급을 거기서 끝냈다. 그리고 예수는 바로 유다를 향해 저주를 내뱉는다. 그런데 마태는 다르다. 예수와 동시에 대접에 손을 담그는 순간, 이미 누가 배신자라는 게 다 드러난 상태인데도, 굳이 유다가 질문하는 장면을 추가했다.

---

37 마가는 "그는 열둘 가운데 하나로서, 나와 함께 같은 대접에 빵을 적시고 있는 사람이다"라고 썼다. 마태는 "그는 열둘 가운데 하나로서……"는 사족으로 보고 생략했다.

예수를 넘겨줄 사람인 유다가 말하기를 "선생님, 나는 아니지요?"

마태의 머릿속에는 오로지 한 가지 생각밖에 없었다.

"유다가 얼마나 철면피인데……."

목적이 분명한 마태에게는 논리도 순서도 중요하지 않다.[38] 차라리 이 장면을 앞에만 넣었어도, 제자들이 하나같이 머리를 내밀고는, "나는 아니지요?" 할 때 유다를 포함했다면, 그리고 이어서 예수가 "나와 함께 이 대접에 손을 담근 사람이, 나를 넘겨줄 것이다"라고 했다면, 전개도 자연스럽고 그나마 수긍할 수 있다. 그러나 지금 욕심에 눈이 먼 그에게는 보이는 게 없다. 하긴 뭐가 되었든지, 한번 시작하면 끝을 보는 게 마태의 특징이기는 하다.[39] 그런데 한 가지 가능성이 더 있다. 일부러 그랬을 경우다. 대접에 동시에 손을 담금으로 정체가 다 드러난 상황인데도 나 몰라라 하면서, "나는 아니지요?"라며 묻는 유다는 더 뻔뻔하니까.

예수를 넘겨줄 사람인 유다가 말하기를 "선생님, 나는 아니지요?" 예수께서 그에게 "네가 말하였다" 하고 대답하셨다.

"네가 말하였다"는 이런저런 번역이 많지만, 그냥 "그래, 네가 바로 배신자다, 이놈아……." 이 정도로 이해하면 된다. 그런데 마태가 새롭게

---

38 마태가 고도의 안티예수였을 가능성을 상기하자.

39 졸저, 『신의 변명』을 참고하라.

추가한 예수의 직접적인 대답 앞에서 또 하나의 질문이 생긴다.

"어차피 '그래, 이놈아, 네가 바로 배신자다'라고, 노골적으로 다 까놓을 건데, 예수는 애초에 뭐 하러, '나와 함께 이 대접에 손을 담근 사람이, 나를 넘겨줄 것이다' 식의 말장난을 하지? 그런 소리를 할 필요가 없잖아? 차라리 그건 빼고 갔으면 더 좋았을 텐데."

마태는 지금 자기가 예수를 얼마나 이상한 사람으로 만들었는지 몰랐을까? 그럴 가능성이 크다. 아니, 알았다고 해도 별로 중요한 문제가 아니었을 것이다. 자, 내용을 한번 다시 구성해보자. 이렇게만 했어도, 유다를 뻔뻔하게 만들겠다는 목적은 충분히 달성할 수 있었고, 게다가 예수를 이상한 사람으로 만들지도 않았을 것이다.

그들은 몹시 걱정이 되어, 저마다 "주님, 나는 아니지요?" 하고 말하기 시작하였다. 예수를 넘겨줄 사람인 유다가 말하기를 "선생님, 나는 아니지요?" 하니, 예수께서 대답하셨다. "나와 함께 이 대접에 손을 담근 사람이, 나를 넘겨줄 것이다. 인자는 자기에 관하여 성경에 기록되어 있는 대로 떠나가지만, 인자를 넘겨주는 그 사람은 화가 있다. 그 사람은 차라리 태어나지 않았더라면, 자기에게 좋았을 것이다."

진짜 문제는 다음이다. 이제 누가 봐도 유다의 배신이 백일하에 드러났다. 예수가 아예 대놓고 공개했다. 그런데도 아무 일도 없었다는 것처럼 성찬식이 이어진다. 마가복음과 별반 다르지 않다. 진짜 이상하다. 마태는 왜 이걸 고치지 않았을까? 이게 얼마나 이상한지 눈치채지 못한 걸까?

그들이 먹고 있을 때에, 예수께서 빵을 들어서 축복하신 다음에, 떼어서 제자들에게 주시고 말씀하셨다. "받아서 먹어라. 이것은 내 몸이다."

(마태복음 26:26)

"그들이 먹고 있을 때에?" 아니, 배신자가 드러났는데 그냥 아무 일 없이 앉아서 먹고 있었다고? 그들 중에 유다도 있다는 건가? 아니면, 치열한 몸싸움 끝에 유다가 도망갔다는 내용이 행간에 숨어 있다고 봐야 할까? 그것도 아니라면, 예수의 허락을 받고 유다가 떠난 걸까? 나는 이미 앞에서 갖은 상상력을 동원해서 다음과 같이 이해했다.

다시 유월절 만찬 자리로 돌아가자. 무슨 콩나물시루처럼 앞다투어 고개를 내밀면서 "나는 아니지요?"를 연발하는 제자들에게 예수가 결정타를 날린다.
"나와 함께 같은 대접에 빵을 적시고 있는 사람이다."
그 순간 모든 제자가 예수와 동시에 빵을 적시는 유다를 주시했을 거다. 이런 상황에서 아무런 일이 일어나지 않는 건 말이 안 된다고, 이미 앞에서 지적했다. 그런데 가능할 수도 있다. 언제?
차마 유다가 배신자라고는 도무지 상상이 안 되는 경우다!
아무리 예수가 그렇다고 해도 차마 믿을 수 없는 그런 상황…….
"에이! 주님, 말도 안 돼요. 농담이죠?"
제자들이 이러면서 서로 바라보고 피식거릴 정도로 예수와 유다가 특별한 관계라면 말이다. 그렇다면 유다는 조용히 빠져나가도 제자들은 별 의심 없이 예정대로 올리브 산으로 향했을 것이다.

그런데 이 해석을 마태복음에 그대로 적용하는 건 무리가 있다. 예수가 유다를 똑바로 보면서 "네가 배신자다"라고 선언했기 때문이다. 이처럼 마태는 마가의 문제를 해결하려고 이리저리 붓을 휘둘렀지만, 원작 훼손은 말할 것도 없고 예수까지 아주 이상하게 만들었다.

자, 이제 예수의 체포 장면으로 가자.

예수가 제자들에게 말씀하셨다. "이제 남은 시간은 자고 쉬어라. 보아라, 때가 이르렀다. 인자가 죄인들의 손에 넘어간다. 일어나서 가자. 보아라, 나를 넘겨줄 자가 가까이 왔다." 예수께서 아직 말씀하고 계실 때에, 열두 제자 가운데 하나인 유다가 왔다. 대제사장들과 백성의 장로들이 보낸 무리가 칼과 몽둥이를 들고 그와 함께하였다. 그런데 예수를 넘겨줄 자가 그들에게 암호를 정하여 주기를 "내가 입을 맞추는 사람이 바로 그 사람이니, 그를 잡으시오" 하고 말해놓았다. 유다가 곧바로 예수께 다가가서 "안녕하십니까? 선생님!" 하고 말하고, 그에게 입을 맞추었다. 예수께서 그에게 "친구여, 무엇 하러 여기에 왔느냐?" 하고 말씀하시니, 그들이 다가와서, 예수께 손을 대어 붙잡았다. 그때에 예수와 함께 있던 사람들 가운데 한 사람이 손을 뻗쳐 자기 칼을 빼어, 대제사장의 종을 내리쳐서, 그 귀를 잘랐다. 그때에 예수께서 그에게 말씀하셨다. "네 칼을 칼집에 도로 꽂아라. 칼을 쓰는 사람은 모두 칼로 망한다. 너희는, 내가 나의 아버지께, 당장에 열두 군단 이상의 천사들을 내 곁에 세워주시기를 청할 수 있다고 생각하지 않느냐? 그러나 그렇게 되면, 이런 일이 반드시 일어나야 한다고 한 성경 말씀이 어떻게 이루어지겠느냐?" 그때에 예수께서 무리에게 말씀하셨다. "너희는 강도에게 하듯이, 칼과 몽둥이를 들고 나를 잡으러 왔느냐? 내가 날마다 성전에 앉아서 가르치고 있었건만, 너희는 내게 손을 대지 않았다. 그러나 이 모든 일을 이렇게 되게 하신 것은, 예언자들의 글을 이루려고 하신 것이다." 그때에 제자들은 모두, 예수를 버리고 달아났다.

(마태복음 26:45-56)

사실상 마가복음과 같은 내용인데, 말이 많아진 예수 때문에 훨씬 길어졌다. 당장 눈길을 사로잡는 말이 있다. 성찬식 장면에서 굳이 유다를 향해 "네가 배신자다"라고 똑 부러지게 말했던 예수가 여기서는 아주 이상한 소리를 한다. 아니, 뜬금없다고 해도 과언이 아니다.

"친구여, 무엇 하러 여기에 왔느냐?"

유다가 왜 왔는지 예수가 모를 리 없고, "너는 차라리 태어나지 않았더라면 좋았을 것이다"라는 막말까지 했던 그가 왜 이런 하나마나한 소리를 할까? 그런데 마태는 왜 이런 구절을 만들었을까? 유다의 자살을 염두에 두고 깔아놓은 복선 같다. 유다를 베드로와 좀 더 극적으로 비교하고 싶었던 것이다. 일종의 문학적인 멋을 부린 거다. 베드로와 관련해서 유명한 구절이 있다.

베드로는 "닭이 울기 전에, 네가 나를 세 번 부인할 것이다" 하신 예수의 말씀이 생각나서, 바깥으로 나가서 몹시 울었다.

(마태복음 26:75)

베드로가 통곡한 이유는 예수의 말이 생각나서였다. 마가가 이미 써 놓은 베드로의 '회개'를 보면서 마태가 이런 생각을 한 게 아닐까?

"베드로처럼 유다도 죽는 순간에 우리 주님의 말씀이 하나 떠오르면 좋겠는데. 베드로와 더 확실하게 대비도 되고. 한 사람은 회개했지만 한 사람은 돌이키지 못했다. 이런 식으로."

그래서 생각한 것이 "친구여, 무엇 하러 여기에 왔느냐?"라는 다소 뜬 금없지만, 듣기에 따라서 애잔한 여운까지 남기는 한마디가 아니었을까? 그게 아니라면, 유다가 예수로부터 들은 마지막 말은 저주가 된다.

"그래, 네가 배신자다, 이놈아. 넌 차라리 이 세상에 태어나지 않은 게 좋을 뻔했다."

사랑의 예수님인데, 유다의 가슴에 마지막으로 남긴 말이 저주라는 게 마태는 영 마뜩잖았다. 결국 다음 장에 유다의 자살이 나온다.

유다는 스스로 목을 매달아 죽었다.

(마태복음 27:4)

이건 잠시 후에 다시 살펴보겠지만, 마태는 이렇게 쓰고 싶었던 건지도 모른다.

"친구여, 무엇 하러 여기에 왔느냐?" 하신 예수의 말씀이 생각나서, 유다는 스스로 목을 매달아 죽었다.

다시 체포 장면으로 돌아가자. 대제사장이 보낸 종의 귀를 누군가가 자른 직후, 연설에 가까운 예수의 긴 교훈이 나온다.

"네 칼을 칼집에 도로 꽂아라. 칼을 쓰는 사람은 모두 칼로 망한다. 너희는, 내가 나의 아버지께, 당장에 열두 군단 이상의 천사들을 내 곁에 세워주시기를 청할 수 있다고 생각하지 않느냐? 그러나 그렇게 되면, 이런 일이 반드시 일어나야 한다고 한 성경 말씀이 어떻게 이루어지겠느냐?"

이 구절과 관련해서 생각할 점은 두 가지다. 첫 번째 왜 마가복음에는 없는 내용이 들어갔을까? 굳이 설명이 필요 없다. 귀가 잘리고 피가 솟구치는 잔인한 폭력의 장면 앞에서 사랑을 가르치던 예수가 아무 말도 하지 않는 건 있을 수 없는 일이니까. 마태복음 속 예수가 누구인가? '산상수훈'을 설파한 인물이다. 원수를 사랑하고, 한쪽 뺨을 맞으면 다른 한쪽 뺨을 갖다 대라고 가르쳤다. 그런데 그런 예수가 귀가 날아가는 잔인한 폭력 앞에서 침묵을 지켰다고? 말도 안 된다. 그래서 "칼을 쓰는 사람은 모두 칼로 망한다"라는 유명한 경구를 넣었다. 그런데 이 구절은 다른 복음서와 비교할 때 문제가 있다. 마태와 마찬가지로 마가복음을 앞에 놓고 누가복음을 쓴 저자는 성만찬을 마치고 올리브 산으로 나가기 전에 예수가 제자들에게 칼을 챙기라고 명령하는 장면을 넣었다.[40] 결사항쟁이라도 준비한 걸까? 마태가 누가복음을 읽었다면 놀라서 뒤로 나자빠졌을 것이다. 조금 있다가 살펴보자.

구약의 예언과 관련해서 또 다른 가능성을 시사하는 두 번째가 진짜

---

40 "이제는 돈주머니가 있는 사람은 그것을 챙겨라, 또 자루도 그렇게 하여라. 그리고 칼이 없는 사람은, 옷을 팔아서 칼을 사라." …… 제자들이 예수께 말하였다. "주님, 보십시오. 여기에 칼 두 자루가 있습니다." 예수께서 그들에게 말씀하시기를 "넉넉하다" 하셨다.(누가복음 22:36, 38)

중요하다.

> "그러나 천사들이 다 내려오면, 이런 일이 반드시 일어나야 한다고 한 성경 말씀이 어떻게 이루어지겠느냐?"

천사를 언급하지만, 사실상 예수는 이렇게 말하고 있다.

"너희들이 칼로 싸우면 성경에 예정된 일이 안 이뤄질 수도 있지 않겠느냐? 그러면 안 되지 않겠느냐?"

이게 사실일까? 그러니까 성경에 아무리 예언되었어도 인간의 행동에 따라 결과가 얼마든지 달라질 수 있다고? 운명이 정해진 게 아니라고? 이게 사실이라면 매우 고무적이다. 동시에 따라오는 의문이 있다. 얼마든지 다른 길로도 갈 수 있는데, 굳이 성경의 예언이라는 '굴레' 때문에 정해진 '그 길'을 억지로(?) 쫓아가는 게, 무슨 예언의 성취냐는 것이다. 예언이 성취되었다고 하려면, 한 가지 전제가 필요하다. 예언 자체를 몰라야 한다. 그래서 나중에 뒤를 돌아보면서 이렇게 고백하는 거다.

"어? 신기하다. 다 예언대로 되었네!"

그런데 예수가 말하는 예언성취는 마치 손에 예언집을 들고 다니면서 이렇게 고민하는 것과 다르지 않다.

"잠깐, 확인 한 번만 더 하자. 내가 지금 예언대로 잘하는 거야? 이거 한끝 삐딱하면 천 길 낭떠러지야. 나, 제대로 가는 거지? 예언성취하는 거 맞지?"

이건 성취가 아니라, 억지로 꿰어맞추기다. 인생을 예언에 맞춰서 꼭

두각시로 사는 거다. 그게 예수가 말하는 예언성취다. 겟세마네 기도도 예언되었다면 모를까, 그게 아니라면 예수가 십자가를 지고 싶어 하지 않았던 것은 분명하다. 앞서 42절에서 예수는 "아버지, 만일 아버지의 뜻이면, 내게서 이 잔을 거두어 주십시오"라고 기도했다. 그러나 십자가가 예언되었다면, 그 무슨 허망하고 가여운 몸짓인가?

칼부림과 관련해서, 요한복음의 말처럼 칼을 휘두른 사람이 진짜 베드로라면, 그는 막판에 십자가 구원의 예언을 망칠 뻔했다. 예수의 말을 다시 들어보자.

"너희들이 칼로 싸우면 성경에 예정된 일이 안 이뤄질 수도 있지 않겠느냐? 그러면 안 되지 않느냐?"

유다의 배신까지는 그나마 예상하고 계산했던 예수에게 수제자의 칼부림은 한마디로 돌발 변수였던 셈이다. 이게 사실이라면, 베드로는 무려 두 번에 걸쳐서 십자가의 길을 막으려고 했던 방해자다. 이전에는 십자가 지지 말라는 충언을 했다가, "사탄"이라는 상소리까지 들었다. 용감하게 칼까지 휘두른 베드로가 나중에는 무서워서 예수를 세 번이나 부인했다는, 앞뒤가 도통 맞지 않는 부분은 생략하자. 칼 휘두른 사람이 베드로라고 한 건 마태가 아니니까.

자, 예수는 체포되었고 제자들은 하나같이 사방팔방 걸음아 날 살려라면서 도망갔다. 마가복음이 그린 것과 다르지 않다. 그런데 여기서 한가지 짚고 넘어갈 부분이 있다. 살을 붙이면 붙이지 가뜩이나 내용이 얼마 되지 않는 마가복음에서 여간해서는 삭제하지 않는 마태가 드물게 아예 두 구절을 몽땅 빼버렸다.

그런데 어떤 젊은이가 맨몸에 홑이불을 두르고, 예수를 따라갔다. 그들이 그를 잡으려고 하니, 그는 홑이불을 버리고, 맨몸으로 달아났다.

가능성은 두 가지다. 아모스 2장을 몰랐기에 황당해서 뺀 경우다. 두 번째는 알고도 삭제한 건데, 행여 벌거벗고 이불만 두른 남자가 떠올리는 성적 이미지를 차단하고 싶었을 것이다. 예수는 독신남이 아닌가? 유다의 키스도 사실 마태에게는 그다지 마뜩잖았을 것이다.

유다의 죽음

이제 남은 부분은 복음서 중 유일하게 마태복음에만 등장하는 '유다의 최후'다.

새벽이 되어서, 대제사장들과 백성의 장로들이 모두 예수를 죽이기로 결의하였다. 그들은 예수를 결박하여 끌고 가서, 총독 빌라도에게 넘겨주었다. 그때에, 예수를 넘겨준 유다는, 그가 유죄 판결을 받으신 것을 보고 뉘우쳐, 그 은돈 서른 닢을 대제사장들과 장로들에게 돌려주고, 말하였다. "내가 죄 없는 피를 팔아넘김으로 죄를 지었소." 그러나 그들은 "그것이 우리와 무슨 상관이요? 그대의 문제요" 하고 말하였다. 유다는 그 은돈을 성전에 내던지고 물러가서, 스스로 목을 매달아 죽었다. 대제사장들은 그 은돈을 거두고 말하였다. "이것은 피 값이니, 성전 금고에 넣으면 안 되오." 그들은 의논한 끝에, 그 돈으로 토기장이의 밭을 사서, 나그네들의 묘지로 사용하기로 하였다. 그 밭은 오늘날까지 피밭이라고 한다. 그래서 예언자 예레미야를 시켜서 하신 말씀이 이루어졌다. "그들이 은돈 서른 닢, 곧 이스라엘 자손이 값을 매긴 사람의 몸값을 받아서, 그것을 주고 토기장이의 밭을 샀으니, 주님께서 내게 지시하신 그대로다."

(마태복음 27:1-10)

유다가 뉘우쳤단다. 왜? 대제사장이 예수를 빌라도에게 넘겼고, 거기서 유죄판결을 받았기 때문이란다.

그들은 예수를 결박하여 끌고 가서, 총독 빌라도에게 넘겨주었다. 그때에, 예수를 넘겨준 유다는, 그가 유죄 판결을 받으신 것을 보고 뉘우쳐.

빌라도에게 유죄를 받았다는 건 십자가 죽음을 의미한다. 그럼 애초에 유다는 예수의 죽음까지는 바라지 않았던 걸까? 산헤드린에서 매나 좀 맞고 풀려나리라고 예상했나? 그런데 갑자기 상황이 정치적 문제로 심각하게 돌아가자 양심의 가책이라도 받았나? 사실 예수는 제자들에게 수도 없이 십자가의 죽음을 이야기했다. 따라서 유다가 예수의 죽음과 로마를 연결하지 못했다는 건 억지에 가깝다. 왜 뉘우쳤는지 이유를 알 길이 없는 것이다. 느닷없이 대제사장에게 달려와 예수를 팔겠다는 배신 동기를 돈으로 특정한 마태는 '도통 이해할 길이 없는 뉘우침의 동기'라는 숙제까지 남겼다.

마가는 그나마 현명했다. 그가 유다의 이야기를 열린 결말 또는 공백으로 남긴 데는 이유가 있었다. 죽었다고 하기에도, 잘살았다고 하기에도, 또 회개하고 돌아왔다고 하기에도, 어떻게 그려도 다 애매한 것이다. 그래서 그는 더 이상 언급하지 않는, 가장 안전한 길을 택했다. 애초에 자신 없는 부분은 건드리지 않았다. 하지만 마태는 달랐다. 이런 식의 애매한 처리가 그의 눈에는 무책임하게 보였나?

"아니, 죄를 저지른 유다가 어디 가서 잘 먹고 잘살았다고 오해하면 안 되잖아? 마가는 왜 이렇게 무책임하고 성의가 없어?"

마태는 고민했을 것이다. 어쩌면 아주 잠깐, 동생 아벨을 죽이고 온 세계를 떠돌아다녔다는 가인의 전철을 밟게 할지 생각했을 수도 있다. 그러나 결국에는 가장 간단한 방식을 선택했다. '자살'이다.[41] 하지만 뜬금없이 자살할 리는 없고, 형식적으로나마 후회하는 모양새를 갖춘 거 아닐까? 베드로와 비교해서, 예수의 마지막 말 "친구여, 왜 왔는가?"가 생각나서 자살했다고, 독자가 추측하길 바랐던 걸까?

지금까지는 지극히 상식선에서 추론한 내용이다. 하지만 은돈 30닢을 기억하는 순간 유다의 자살은 전혀 다른 의미를 가진다. 어쩌면 마태에게 유다의 죽음은 별로 중요한 문제가 아니었을 가능성이 있다. 자살은 단지 그의 머리를 꽉 채운 하나의 주제, '은돈 30닢'을 펼치는 와중에

---

41   고대에 자살은 나름 '숭고한 죽음'으로서의 가치를 인정받았다. 그러나 유다에게는 적용되지 않는다. 본문에서도 말했지만, 유다는 모든 면에서 아웃라이어이다. 따라서 기독교인은 유다를 더 나쁜 놈으로 만들기 위해서 자살까지 활용하려고 머리를 굴렸다. "후에 중세의 작가들은 …… 예수가 죽음으로 전 인류를 구원하기 바로 전에 유다가 예수 전에 죽은 사람은 다 구원받는 그 대열에 끼려고 먼저 자살했다고 주장했다. 그래서 더 괘씸하고 사악하다는 것이다." 피터 스탠퍼드, 『예정된 악인』, 118쪽.

따라온 부산물에 지나지 않을 수도 있다. 이게 무슨 말일까?

유다와 관련해 마가가 만든 불멸의 상징이 '키스'라면, 마태가 남긴 유산은 '은돈 30닢'이다. 마태가 이 점을 모를 리 없었다. 앞에서도 다뤘지만, 굳이 푼돈에 불과한 은돈 30닢을 쓴 데는 이유가 있었다. 그전에 마태에 관해서 조금 더 알아야 한다.

지금 우리가 마태라고 부르는 정체불명의 이 사람은 강박적으로 구약의 예언을 찾는다. 해당 구절의 전후맥락은 조금도 중요하지 않다. 그냥 단어 하나만 있으면 바로 메시아에 관한 예언으로 받아들이는 인물이 마태다. 그런 그가 유다의 배신과 관련해서 고민하지 않았을 리 없다. 분명히 머리를 싸맸을 것이다.

"돈벌레, 이놈, 배신 관련해서 구약에서 가져올 만한 거 없을까? 아, 맞다. 예레미야에 30냥 받아서 땅 샀다는 얘기가 있지? 그걸로 가자. 잠깐, 그런데 주님을 판 놈이 멀쩡하게 살아서 땅까지 사게 할 수는 없잖아? 이런 놈은 죽는 게 맞는데, 그럼 누가 땅을 사는 걸로 하지? 그래, 돈을 다시 돌려주고, 대제사장들이 그 돈으로 땅을 사는 걸로 하자."

그래서 예레미야 선지자의 말이라면서 당당하게 인용했다.

그래서 예언자 예레미야를 시켜서 하신 말씀이 이루어졌다. "대제사장들이 은돈 서른 닢, 곧 이스라엘 자손이 값을 매긴 사람의 몸값을 받아서, 그것을 주고 토기장이의 밭을 샀으니, 주님께서 내게 지시하신 그대로다."

자, 그럼 정말로 예레미야서에 30냥으로 토기장이의 밭을 사는 이야기가 나올까? 32장 6-9절에 밭을 사는 이야기는 있다.[42] 그런데 거기에 들어간 돈은 은 30냥이 아니고 (개역개정에 따르면) 70냥, 정확하게 말하면, 은 70세겔이다. 그러니까 토기장이의 밭이 왜 나왔는지는 몰라도, 70냥으로 했으면 그나마 사정이 조금은 나았을 것이다. 그러나 문제는 여전하다. 예레미야서 맥락은 대제사장이 밭을 사는 내용과 아무런 관련이 없다. 한 기독교 신학자는 정직하게 이렇게 말했다.

"예레미야서 내용이 왜 여기 들어 있는 거지요?"

"솔직히…… 마태가 도대체 무슨 말을 하려는 건지, 나는 도무지 모르겠습니다."[43]

마태의 구약 인용 강박증이 일으킨 문제가 훨씬 쉽게 풀리는 길이 있다. "마태가 예레미야 속 70냥을 30냥으로 착각한 겁니다"라고 인정하면 된다. 그러나 기독교는 그럴 수 없다. 유다를 상징하는 은 30닢 때문이다. 은 30닢은 지난 2,000년을 지나면서 바꿀 수 없는 유다의 상징이되었다. 조금 과장하면 예수의 십자가를 건드릴 수 없는 것만큼이나 팩트가 되어버렸다. 그러다 보니 기독교 신학자는 눈에 불을 켜고 30닢을

---

42 주님께서 나에게 말씀하셨다. "너의 숙부 살룸의 아들 하나멜이 너에게 와서, 아나돗에 있는 그의 밭을 너더러 사라고 하면서, 그 밭을 유산으로 살 우선권이 너에게 있기 때문에, 네가 그것을 사야 한다고 말할 것이다." 과연 주님의 말씀대로, 숙부의 아들 하나멜이 근위대 뜰 안으로 나를 찾아와서, 내게 부탁하였다. 베냐민 지방의 아나돗에 있는 그의 밭을 너더러 사라고 하였다. 그 밭을 소유할 권리도 나에게 있고, 그 밭을 유산으로 사들일 권리도 나에게 있으니, 그 밭을 사서 내 밭으로 삼으라고 하였다. 그때에 나는 이것이 바로 주님의 명령임을 깨달았다. 나는 숙부의 아들 하나멜에게서 아나돗에 있는 그 밭을 사고, 그 값으로 그에게 은 열일곱 세겔을 달아주었다."(새번역) 개역개정은 열일곱 세겔을 '칠십 세겔'이었다고 한다. 히브리성경인 샤바드에 따르면, 기독교 성경이 기술한 17 또는 70세겔은 '칠 세겔과 은 열 조각(seven shekels and ten pieces of silver)'이다.

43 https://www.wellsbranchchurch.com/blog/post/the-potter-s-field-jeremiah-zechariah-and-a-very-confusing-prophecy.

찾아 구약을 뒤졌다. 마태가 틀리면 안 되니까. 그리고 마침내 스가랴서에서 찾아냈다.[44]

마태가 잘못 인용한 구절을 처리하기 위한 기독교 신학자의 노력은

---

44 "그 언약은 바로 그날로 취소되었다. 양 떼 가운데서 괴로움을 당하던 양들은 나의 행동을 보고서, 주님께서 말씀하고 계시다는 것을 깨달았다. 내가 그들에게 말하였다. '너희가 좋다고 생각하면, 내가 받을 품삯을 내게 주고, 줄 생각이 없으면, 그만두어라.' 그랬더니 그들은 내 품삯으로은 30개를 주었다. 주님께서 내게 말씀하셨다. '그것을 토기장이에게 던져 버려라.' 그것은 그들이 내게 알맞은 삯이라고 생각해서 쳐준 것이다. 나는 은 30개를 집어, 주의 성전에 있는 토기장이에게 던져주었다."(스가랴서 11:11-13) 그럼 왜 마태는 스가랴서를 인용했다고 하지 않았을까? 대표적으로 두 가지 대답이 있다. 첫 번째는 그나마 마태가 두 개의 본문을 섞어서 착각했다는 것을 인정하는 입장이다. 두 번째는 예레미야가 예언서의 대표이기 때문에 마태가 스가랴에 관해서 알면서도 일부러 예레미야만 언급했다는 주장이다. 두 번째로, 그나마 양심이 있는 사람은 마태가 스가랴를 인용하지 않고 예레미야만 언급한 건 착각했기 때문이라고 인정한다. 그러나 하나님의 말씀은 엄밀히 말해서 마태가 쓴 게 아니라 성령의 작품인데, 착각이란 있을 수 없다. 하지만 스가랴서만 인용했다고 하기에도 문제가 있는 건, 거기에는 땅 사는 이야기가 없기 때문이다. 땅 이야기를 뺀다고 해도, 유다의 30냥과 스가랴 속 30냥은 전혀 관계가 없다. 이 두 가지 30냥을 연결할 수 있는 고리는 아예 존재하지 않는다. 단지 숫자만 30냥일 뿐이다. 그럼에도 스가랴를 포기할 수 없는 건, 구약에 30냥이 나오는 건 스가랴밖에 없기 때문이다. 더불어서 유다와 관련해서 이제 역사적으로도 상징적 의미를 갖게 된 30냥이 아닌가. 결코 마태가 틀렸을 리 없다고 생각하는 기독교인은 여전히 스가랴서를 고집한다. 더불어서 스가랴가 중요한 또 하나의 이유는 스가랴서에 '토기장이'라는 말이 나오기 때문이다. "여호와께서 내게 이르시되 그들이 나를 헤아린바 그 삯을 토기장이에게 던지라 하시기로 내가 곧 그 은 30개를 여호와의 전에서 토기장이에게 던지고."(스가랴서 11:13) 문제는 이 토기장이(potter)가 맞는가의 여부다. 그런데 공동번역을 보면 마태가 인용했다는 스가랴서가 전혀 다르다. "야훼께서 나에게 그 후하게 받은 품삯을 금고에 넣으라고 하시기에 나는 그 은 30세겔을 야훼의 전 금고에 넣었다." 한국의 성경 대부분에 나오는 토기장이가 여기에는 야훼의 성전에 있는 '금고'로 나온다. 마태가 참고했을 70인 역에는 어떻게 나올까? 영어로 'smelter' 그러니까, 용광로 또는 제련소로 나온다. 당연히 궁금해진다. 도대체 이놈의 '토기장이'는 어디서 어떻게 나온 걸까? 마태는 왜 그냥 '밭'을 샀다…… 라고 하지 않고, 굳이 토기장의 밭을 샀다고 했을까? 굳이 시간을 들여서 파고들어갈 가치가 있는 문제가 아니다. 마태의 깊은 뜻을 알 길은 없지만, 그로 인한 결과는 자명하다. 마태 덕분에 기독교 성경 편찬자는 오리지널 히브리성경의 단어를 '또' 바꿔야만 했다. 성전의 '금고'를 뜬금없는 '토기장이'로 말이다. 그건 마치 마태가 처녀 탄생을 이사야서 7장 14절의 젊은 여자에 해당하는 '알마'를 처녀로 바꾸는 바람에 모든 기독교 성경 속에서 알마, '젊은 여자'가 '처녀'로 바뀐 것과 비슷하다. 마태복음 저자의 위력은 실로 엄청나다. 그는 야훼의 말씀을 바꾸는 사람이다. 그런데 웃긴 건, 정작 그런 그가 예수의 입을 빌어서 이렇게 말했다는 것이다. "천지가 없어지기 전에는 율법은 일점일획도 없어지지 않고, 다 이루어질 것이다."(마태복음 5:18) 뻔뻔하기 이를 데 없는 친구다.

167
2부 컨스피러시: 형성, 왜곡 그리고 함정

처절하다.[45] 한마디로 마태는 사고만 치고 돌아다니는 혈기 넘치는 자식과 다르지 않다. 문제는 그런 자식을 둔 부모, 기독교 신학자다. 해킹하다가 잡힌 자식을 병원이 아니라 해킹의 천국으로, 컴퓨터 장비에 돈까지 두둑이 쥐어주면서 내보내는 격이라고나 할까? 그들이 선택한 길은 마태가 틀렸다는 고백이 아니라, 오리지널 히브리성경의 왜곡이다. 살인현장으로 치자면, 범인이 누구인지 아는 형사가 죄 없는 사람의 지문을 현장에 남기는 것과 다르지 않다.

더불어서 마태가 기록한 구약의 예언성취를 찾아내려고 발버둥 친수많은 신학자라는 사람을 생각하면, 영화 〈기생충〉 속 어린아이가 생각난다. 아이가 끄적거린 낙서 비슷한 그림에서 깊은 의미를 찾아내려고애쓰던 엄마와 별반 다르지 않다. 지난 2,000년 가까운 세월 수많은 사람이 인생을 바쳐가며 마태의 글을 이해하려고 발버둥 쳤다. 30닢과 관련한 박사논문이 여전히 나오는 오늘날도 다르지 않다.

그럼 이 미스테리한 구절에 숨은 진실은 무엇일까?[46] 하나씩 생각하자. 애초에 마태가 생각한 건 예레미야서 하나다. 예레미야에는 땅을 산

---

45 마태복음이 틀려서는 안 되는 기독교의 성경 편찬자는 오리지널 히브리성경을 훼손하는 방향으로 갔다. 그들이 얼마나 심각하게 오리지널 성경을 훼손했는지는 얼마 전까지만 해도 알려지지 않았다. 히브리어를 모르는 사람에게, 설령 안다고 해도 히브리성경을 제대로 읽은 적 없는 사람은 알래야 알 수가 없는 일이었다. 말 그대로 수백 년간 완전범죄로 감춰져 있었다. 그러나 세상이 바뀌었다. 이제는 히브리어를 몰라도, 누구나 얼마든지 원어를 찾아서 확인할 수 있다.

46 이 책에서 다루지 않지만, 사실상 가장 가능성이 높은 건 저자가 고대 이야기(신화)에서 힌트를 얻어서 30닢 이야기를 차용한 것이다. 가장 대표적인 사례가 소크라테스의 죽음과 관련한 이야기다. "소크라테스의 추종자들 가운데 일부는 '은 30므나'를 대신 내겠다고 제안했다. 그것은 참되게 자기 원칙을 따르고자 한 소크라테스의 소망을 배신하는 것이었다." 티모시 프리크·피터 갠디, 승영조 옮김, 『예수는 신화다』(미지북스, 2009), 77쪽.

이야기도 나오지만 그 땅을 산 액수도 나온다. 30닢이 아닌 70세겔이다. 그러니까 마태는 그냥 70냥을 30냥으로 착각한 것이다. 그럼 그냥 왜 단순하게 "땅을 샀다"라고 하지 않았을까? 왜 굳이 '토기장이의 밭'이라는 구절을 넣었을까? 토기장이라는 단어가 나오는 스가랴서를 생각한 걸까? 아닐 거다. 마태가 읽었을 70인역에는 토기장이가 아니라 '제련소 또는 용광로'로 나오니까, 그걸 인용했다고 보기에는 무리가 있다. 따라서 마태의 머리에 스가랴서는 애초에 들어 있지도 않았다고 보는 게 자연스럽다. 그럼 도대체 '토기장이의 밭'은 어디에서 나온 걸까? 한 가지 가능성이 있다. 당시에 '토기장이의 밭'으로 알려진 유명한 땅이 있었던 게 아닐까? 그러니까 사람들이 듣고 다 "아, 그 땅? 거기 말이지? 그게 그런 땅이었어?"라고 생각하도록 하기 위해서 마태가 넣은 구절이 아닐까? 마태는 자신의 글이 현재와도 관련 있다는, 그러니까 매우 신빙성이 높다는 점을 강조하고 싶었다. 예수의 빈 무덤과 관련한 '황당한 이야기'[47]에도 그는 굳이 다음 구절을 넣었다.

로마 군인들은 대제사장의 돈을 받고서, 시키는 대로, '예수의 제자들이 밤중에 와서, 우리가 잠든 사이에 예수의 시체를 훔쳐 갔다'라고 하였다. 그리고 이 말이 오늘날까지 유대인들 사이에 널리 퍼져 있다.

(마태복음 28:12-14)

---

[47] 왜 황당하다고 하는지, 유튜브 '옥성호의 진리해부'의 '예수의 부활' 편을 참고하라.

유다의 자살과 관련해서 마지막으로 한 가지만 짚고 가자. 가장 큰 문제가 뭘까? 애매한 동기일까? 아니, 가장 큰 문제는 사도행전에 나오는 유다의 죽음과 180도로 다르다는 것이다. 사도행전에 따르면 유다는 자살하지 않았다. 천벌을 받아 비참하게 죽었다. 사탄과 다름없는 유다에게 자살이라는 죽음은 용납할 수 없는 자비였다.[48] 마태도 또 사도행전을 쓴 누가도 자신이 그리고 싶은 대로 유다를 그렸다. 그 결과는 한 사람이 전혀 다른 방식으로 두 번 죽었다. 그러니까 둘 중 하나만 사실이거나 아니면 둘 다 거짓말이다.

누가복음으로 넘어가기 전에 스가랴서와 관련해서 덧붙이자. 스가랴서는 유대교 랍비들 사이에서도 특히 어려운 예언서로 꼽힌다. 그만큼 해석이 쉽지 않다. 우연의 일치인지 몰라도, 신약 저자들이 메시아 예언으로 가장 많이 인용한 게 스가랴서다. 은유적인 것까지 포함해서 무려 35번에 달한다. 그중 하나가 스가랴서 9장 9절[49]을 착각해서 예수가 당나귀 두 마리를 동시에 타고 들어오게 만든, 마태복음 21장 7절이다.

48　그나마 고대에는 'noble death'라고 해서, 수치를 제거하려는 노력으로 자살을 어느 정도 인정하는 분위기가 있었다. 그러나 기독교가 권력을 잡으면서 그런 분위기는 사라졌다. 자살은 교회를 무시하는 가장 큰 죄악이 되었다. 거기에 결정적인 영향을 준 인물이 교부 어거스틴이다. 자살과 관련해서 피터 스탠퍼드의 이야기를 다시 들어보자. "성 아우구스티누스는 『신국론』에서 유다가 은화 30냥을 되돌려줌으로써 진정한 회개를 했다는 주장을 반박했다. '유다가 스스로 목을 매달아 죽은 것은 악랄한 배신행위에 대한 속죄가 아니라 오히려 더 큰 죄를 범한 것이다. 왜냐하면 신이 용서하지 않을 거라는 절망에 빠져 자포자기해 회개하지 않았고, 그 영혼이 진정으로 애도 받을 기회조차 박탈해버렸기 때문이다.' 이처럼 유다의 긴 죄목에 또다시 자살이라는 죄가 추가되었다. …… 그는 또 다른 구절에서 유다가 '살인하지 말라'는 계명을 어겼다고 지적한다. 이 대목 때문에 체념도 유다의 죄목에 추가되었다. 그리고 중세시대에 체념은 유다의 죄목 중에서도 가장 추악한 죄로 간주되었다. 왜냐하면 당신을 보호해줄 교회가 있는데도 불구하고, 체념한다는 것은 결코 용서받지 못할 죄였기 때문이다." 피터 스탠퍼드, 『예정된 악인』, 168쪽.

49　"그는 온순하셔서, 나귀 곧 나귀 새끼인 어린 나귀를 타고 오신다."(스가랴서 9:9)

어미 나귀와 새끼 나귀를 끌어다가, 그 위에 겉옷을 얹으니, 예수께서 올라타셨다.

(마태복음 21:7)

예언성취 강박증에 걸린 마태는 맥락과 관련 없는 인용을 넘어서 아예 있지도 않는 구절을 창작하기도 한다. 마태복음 2장 23절이다.

나사렛이라는 동네로 가서 살았다. 이리하여 예언자들을 시켜서 말씀하신 바, "그는 나사렛 사람이라고 불릴 것이다" 하신 말씀이 이루어졌다.

(마태복음 2:23)

수많은 신학자가 "그는 나사렛 사람이라고 불릴 것이다." 이 구절을 찾기 위해서 눈에 불을 켰지만, 성공하지 못했다. 비스무리한 구절도 찾아낼 수 없었다. 그러니까 마태는 아예 스스로 히브리성경(구약) 구절까지 만들어내고, 그 구절이 이뤄졌다고 주장한다. 왜 이렇게까지 발버둥칠까? 나는 살면서 단 한 번도 내가 아버지의 친아들이라는 걸 증명하려고 노력한 적이 없다. 진실은 그냥 가만히 있어도 드러난다. 그런데 복음서 저자는 왜 이토록 예수가 히브리성경이 예언한 메시아라는 것을 증명하지 못해서 안달하며, 무리수를 넘어서 조작까지 하는 걸까? 이유는 자명하다. 예수가 히브리성경이 예언한 메시아가 아니기 때문이다. 복음서 저자들, 그중에서도 마태복음 저자만큼 그 사실을 잘 아는 사람도 없었을 것이다. 히브리성경 어디에도 세상에 와서 죽었다가 부활하는 메시아,

다시 사라졌다가 몇천 년이 될지 모르는 미래에 '다시' 와서 세상을 바로 잡는다는 메시아는 없다. 그런데도 이토록 당당하게 예수가 메시아라고 우기는 배짱은 어디서 나온 걸까? 무슨 말을 떠들어도 괜찮다는 확신이 있기 때문이다. 반박할 본토 유대민족이 사라졌으니까, 로마와 전쟁에서 패한 그들은 더 이상 위협이 되지 않으니까.

바울 서신서를 보면 그때까지만 해도 바울이 전하는 이른바 '복음'에 대한 유대인의 반발이 적지 않았다. 그러나 전쟁은 모든 것을 바꿔놓았고, 마태가 펜을 들던 시기에는 이미 아주 먼 과거의 이야기가 되었다. 이제 마음만 먹으면 누구라도 얼마든지 마태복음 2장 23절처럼 구약에 없는 구절도 만들 수 있다. 누가 그걸 찾아서 확인할까? 말 그대로 '내 세상'이 왔고, 마태는 "말씀이 이뤄졌다"는 후렴을 부르면서 새로운 세상에서 맘껏 기지개를 폈다. 그런 마태였기에 마가복음 속 유다의 배신을 보면서도 곰곰이 생각했을 것이다.

"배신과 관련한 것도 예언으로 퉁 치면 훨씬 더 설득력이 있을 텐데⋯⋯."

그래서 생각한 게 예레미야서의 땅 사는 이야기였다. 비록 70세겔을 착각해서 30세겔이라고 했지만, 그게 뭐가 대수인가? 시간이 흐르면서, 그가 저지른 의도적 왜곡을 알아서 처리해주는 자랑스러운 후대 기독교인이 쏟아져 나왔다. 아예 히브리성경 구절을 바꿔서라도 마태에게 '알리바이'를 만들어주는 증거 조작자가 나오고, 심지어 2장 23절처럼 있지도 않는 구절이 있다고 해도, 별문제가 되지 않는 기독교 세상이 되었다. 아무리 예언성취에 도가 튼 마태라고 해도, 그런 찬란한 미래까지는 미처 예상하지 못했을 것이다.

그나마 마가복음에서 스승을 오해한 제자, 열심이 넘쳤던 제자, 스승을 너무도 믿었기에 그만큼 실망이 컸던 제자, 그리고 누구보다 예수를 과대평가했던 제자로서 여지가 있었던 가롯 유다는 마태복음에 와서 완전한 돈벌레로 전락했다. 이제 그에게 좌절한 이상주의자는 도통 어울리지 않는다. 그럼에도 마가와 마태가 그린 유다는 중요한 공통점이 있다. 유다의 배신과 사탄이 아무런 관계가 없다는 사실이다. 마가와 마태에게 사탄은 '당연히' 예수의 십자가를 막는 존재다. 따라서 유다는 저자의 의도와는 달리 가장 '반사탄적'인 인물이다. 물론 기독교는 이런 유다를 전혀 인정하지 않는다. 어쨌든지 사실상 사탄의 목적을 허물어버린 유다. 나름 근사하다. 그러나 그에게는 이제 180도 다른 운명이 기다리고 있다.

3
유다, 어중간한 사탄(누가)

누가복음도 마태복음처럼 마가복음을 참고했다. 마가복음의 무려 90%를 사용한 마태와 달리, 누가는 50% 정도를 가져다가 썼다. 마태복음이 먼저인지 누가복음이 먼저인지는 여전히 해결되지 않았지만, 일반적으로 마태복음을 먼저라고 보는 시각이 우세하다. 그럼 누가는 마태복음의 존재를 알았을까? 설혹 그랬다고 해도 마태의 기록을 신뢰하지 않은 게 분명하다. "뭘 이따위로 썼어?" 하면서 무시했던 것 같다. 누가복음과 마태복음은 말 그대로 처음부터 끝까지, 예수의 탄생에서 부활까지 완전히 결이 다르다. 아니, 아예 모순된다. 마가복음을 참고하는 동시에 마태복음을 반박하려고 쓴 게 아닌가 하는 생각이 들 정도다. 가룟 유다도 예외가 아니다.

누가복음에서도 가룟 유다는 열두 제자를 소개하는 장면에서 처음 등장한다. 그런데 마가와 마태복음과는 달리 유다가 두 명이다. 가룟 유다와 야고보의 아들 유다다.[50]

---

50 가장 늦게 쓰인 요한복음은 열두 제자 명단을 나열하지는 않지만, 누가가 언급한 두 번째 유다를

야고보의 아들 유다와 배반자가 된 가룟 유다이다.

(누가복음 6:16)

마가와 마태복음에서 야고보의 아들 유다에 해당하는 인물은 다대오다.(마가복음 3:18, 마태복음 10:3) 그럼 다대오가 유다일까? 그렇다면, 누가는 굳이 왜 다대오를 유다라고 했을까? 왜 마가복음을 따르지 않은 걸까? 가장 큰 이유는 복음서가 역사는 아니라는 점이다. 역사라면 시대가 바뀌어도 이순신이 김유신이 될 수는 없다. 그러나 복음서 저자는 신학적 또는 환경적 필요에 따라서 예수 이야기를 자유롭게 창작했다. 그렇다면 혼동의 위험성에도 불구하고, 굳이 누가가 제2의 유다를 추가한 이유가 있을 테고, 다음 두 가지를 추측할 수 있다.

첫 번째, 누가복음이 쓰이던 당시 독자 사이에서 예수의 제자를 주장하는 유다라는 인물에 관한 이야기가 새롭게 부상했을 수 있다. 가능성이 더 큰 두 번째는 예수의 제자 중에 원래 유다라는 '충성스러운' 인물이 있었는데 마가가 뺀 경우다. 이게 사실이라면, 왜 그랬을까? 배신자 이름을 유대민족을 상징하는 유다로 만들어야 하는 상황에 굳이 혼동을 줄 수 있는 요소를 만들고 싶지 않았을 것이다. 충성스러운 유다와 배신자 유다가 함께 있는 것만으로도 메시지를 희석할 위험이 있으니까. 어쩌면 마가도 예수의 제자 유다에 관해서 알았을 것이다. 하지만 어차피 제자들은 엑스트라에 불과하다. 베드로를 제외한 나머지에 관한 구체적인 내

언급한다.(요한복음 14:22) 요한복음 저자가 다른 건 몰라도, 누가복음을 알았던 것은 분명하다.

용은 아예 등장하지도 않는다. 그런 제자 중 이름 하나 바꾸는 것, 별문제가 되지 않았을 것이다. 열두 명 제자 이름을 정확하게 쓰는 것보다 훨씬 더 중요한 건 '배신자 유다', '배신자 유대민족'이라는 선명한 메시지였다. 그리고 거의 맹목적으로 마가복음을 베낀 마태복음은 열두 제자 목록에서 유다와 관련해서 수정을 가하지 않았다.

그러나 누가는 달랐다. 마가의 의도를 파악했음에도 바로잡고 싶었다. 배신자 유다라는 이름의 의미가 희석되는 위험도 감수했다. 왜 그랬을까? 정확하게 조사한 내용만을 적었다는 '자부심'으로 똘똘 뭉친 저자가 누가였다.

> 우리 가운데서 일어난 일들에 대하여 차례대로 이야기를 엮어내려고 손을 댄 사람이 많이 있었습니다. …… 나도 모든 것을 시초부터 정확하게 조사하여 보았으므로, 각하께 그것을 순서대로 써 드리는 것이 좋겠다고 생각하였습니다.
>
> (누가복음 1:1-3)

수많은 사람이 예수에 관해서 썼지만, 나는 그들과 다르다는 긍지에 찬 누가에게 맹목적인 마가 베끼기는 자존심이 허락하지 않았을 것이다. 결과적으로 가룟 유다 때문에 실종되었던 '진짜' 유다가 부활했다. 그럼 그 유다는 과연 누구일까? 신약성서에 포함된 유다서 저자일까? 자신을 야고보의 동생이라고 소개한 사실 때문에, 야고보를 예수의 동생으로 생각하는 사람들에게 그는 예수의 친동생이다. 그러나 예루살렘 교회의 수장이었던 야고보가 예수의 친동생인지 여부는 논란의 여지가 많다. 복음서를 액면 그대로 받아들인다면, 예수는 가족, 그중에서도 동생들과 특히 심각한 불화를 겪었다. 그런데 단지 예수의 동생이라는 이유로 야고보가 예루살렘 교회의 수장이 되는 게 가능했을까? 물론 기독교는 이런 상식적인 의문도 "부활을 목격하고 바뀌었다"는 주장으로 해결한다. 그러나 그건 설명이 아니다. 몇 년간 동고동락한 제자들이 단지 동생이라는 이유로, 또 부활을 보고 바뀌었다는 이유로 야고보에게 복종하는 게 말이 되나? 게다가 예수가 베드로에게 한 다음 말이 사실이라면 가능성은 더 적다.

"나도 너에게 말한다. 너는 베드로다. 나는 이 반석 위에다가 내 교회를 세우겠다. 죽음의 문들이 그것을 이기지 못할 것이다."

(마태복음 16:18)

따라서 야고보가 예루살렘 교회의 수장이었고, 또 요세푸스의 『유대인 고대사』 20권에 나오는 대제사장에게 살해당한 야고보가 예수와 관련 있다고 가정할 때, 가장 가능성이 높은 설명은 이것이다. 애초에 야고보는 예수의 수제자였고 모두가 인정하는 후계자였다는 것. 거기에 더해서 그가 정말로 예수의 친동생이었다면, 그의 권위는 한층 더 굳건했을 것이다. 사도행전 속 야고보의 위상이 충분히 설명된다. 그렇다면 복음서가 그리는 예수의 가족 이야기, 특히 가족 간의 불화는 100% 허구다. 복음서 저자의 입장에서 예수의 가족, 나아가서 유대인 전체가 죽어야만 하는 필연성에서 혈연 승계는 상상도 할 수 없었다. 게다가 예수를 최대한 동족과는 거리가 먼 혹은 비유대인으로 만드는 게 그들의 목표이다. 부활을 목격한 제자들에게 일어난 결과를 가장 간단하게 말한다면 이것이다.

"유대교를 버렸다."

한때 유대인이었던 그들이 로마인 아니, 세계인이 되었다. 이 모든 상황을 고려할 때, 군이 또 한 명의 유다를 다시 이끌어낸 것은 납득하기 힘들다. 다시 말하지만, 누가도 어쩔 수 없는 상황이 있었을 것이다. 그러나 추측은 추측일 뿐이다. 여기서 기억할 점은 이것이다. 고작 4권에 불과한 복음서도 일관성 있게 제자의 명단을 알려주지 않는다. 120명도 아니고 고작 12명인데 말이다. 그 정도로 예수에 관한 역사적 기록은 전무하다. 자, 지금부터 본격적으로 누가복음 속 가룟 유다를 살펴보자. 사실상 그에 관한 전부가 22장 한 장에 고스란히 다 들어 있다.

유월절이라고 하는 무교절이 다가왔다. 그런데 대제사장들과 율법학자들은 예수를 없애버릴 방책을 찾고 있었다. 그들은 백성을 두려워하였다. 열둘 가운데 하나인 가룟이라는 유다에게 사탄이 들어갔다. 유다는 떠나가서 대제사장들과 성전 경비대장들과 더불어 어떻게 예수를 그들에게 넘겨줄지를 의논하였다. 그래서 그들은 기뻐하여, 그에게 돈을 주겠다고 약조하였다. 유다는 동의하고, 무리가 없을 때에 예수를 그들에게 넘겨주려고, 기회를 노리고 있었다.

(누가복음 22:1-6)

누가가 그리는 배신 이야기는 마가복음/마태복음과 완전히 다르다.

그 두 권에는 익명의 여자가 비싼 향유를 예수에게 붓는, 일명 향유사건이 등장한다. 향유사건의 본질은 돈이다. 그런데 무슨 종양을 떼어내듯, 누가는 그 사건을 송두리째 날려버렸다.[51] 유다가 갑자기 대제사장들을 찾아간 건, 사탄이 그에게 들어갔기 때문이다.

---

51 누가복음 속 향유사건은 7장에 나온다. 가룟 유다의 배신이 나오기 한참 전이다. 그러다 보니 누가는 등장인물과 장소까지도 각색했다. 기독교는 '어쩔 수 없이' 향유사건이 두 번 있었다고 주장한다. 누가가 그린 향유사건을 살펴보자. "바리새파 사람 가운데에서 어떤 사람이 예수께 청하여, 자기와 함께 음식을 먹자고 하였다. 그래서 예수께서는 그 바리새파 사람의 집에 들어가서서, 상에 앉으셨다. 그런데 그 동네에 죄인인 한 여자가 있었는데, 예수께서 바리새파 사람의 집에서 음식을 잡숫고 계신 것을 알고서, 향유가 담긴 옥합을 가지고 와서, 예수의 등 뒤에 발 곁에 서더니, 울면서, 눈물로 그 발을 적시고, 자기 머리털로 닦고, 그 발에 입을 맞추고, 향유를 발랐다." 예수를 초대한 바리새파 사람이 이것을 보고, 혼자 중얼거렸다. "이 사람이 예언자라면, 자기를 만지는 저 여자가 누구이며, 어떠한 여자인지 알았을 터인데! 그 여자는 죄인인데!" 예수께서 그에게 말씀하셨다. "시몬아, 네게 할 말이 있다."(누가복음 7:36-40) 마가복음은 예수를 초대한 사람이 나병환자 시몬이라고 한다. 그런데 누가복음은 예수를 초대한 사람을 익명의 '바리새파 사람 중 한 사람'이라고 한다. 그러나 그의 익명성은 오래 가지 않는다. 잠시 후 이름이 나오니까. 예수가 그를 부른다. "시몬아, 네게 할 말이 있다." 자, 나병환자도 시몬인데 바리새인도 시몬이다. 이름이 시몬만 아니었다고 해도, 비슷한 사건이 두 번 있었다고 우기는 게 어느 정도는 말이 된다. 그런데 '또' 시몬이다. 이건 100% 누가가 실수한 것이다. 처음에는 바리새인을 익명으로 처리하려고 했던 게 분명하다. "바리새파사람 가운데에서 어떤 사람이" 그런데 쓰다 보니까, 아니, 마가복음을 베끼다 보니까 자기도 모르게 '시몬'이라는 이름을 넣어버린 것이다. 이런 식의 실수는 복음서에 한두 개가 아니다. 특히 누가는 이름과 관련해서 심각한 어려움을 겪었다. 정확한 기록을 중시한다는 사람으로서는 매우 부끄러운 일이다. 기왕 창작할 거면 이름은 바꾸는 게 예의다. 그런데 누가에게는 그 정도의 성의도 없다. 그는 3장에서 아담에게까지 올라가는 예수의 긴 족보를 창작했다. 이름을 새로 만드는 게 그토록 어려웠던 걸까? 족보 속에는 중복되는 이름이 한두 개가 아니다. 마태복음에서 향유와 관련해서 불평하는 건 예수의 제자들이다. 가난한 사람을 도울 수 있는 아까운 돈이 낭비되었기 때문이다. 그러나 여기서는 욕을 하는 사람도, 또 욕을 하는 이유도 다르다. 욕하는 사람은 예수를 초대한 바리새인이다. 누가는 왜 뜬금없이 앞에서는 문둥이로 나온 시몬을 바리새인으로 바꿨을까? 바리새인이 불평하는 이유를 보면 의도를 명확하게 알 수 있다. "예수를 초대한 바리새파 사람이 이것을 보고, 혼자 중얼거렸다. '이 사람이 예언자라면, 자기를 만지는 저 여자가 누구이며, 어떠한 여자인지 알았을 터인데! 그 여자는 죄인인데!" 바리새인이 화가 난 건 가난한 사람을 도울 수 있는 비싼 향유가 낭비되기 때문이 아니라, 예수가 죄인을 가까이하기 때문이다. 누가가 향유사건의 위치뿐만 아니라 굳이 내용까지 바꾼 건 당연하다. 향유사건이 가룟 유다와 갈라지는 순간, 돈 이야기는 의미가 없다. 그래서 누가는 등장인물을 극적으로 각색했다. 누구나 인정하는 죄인인 창녀와 진짜 가장 사악한 죄인인데도 자신은 세상에서 가장 의로운 줄 착각하는 위선자 바리새인을 극적으로 비교하는 것으로 말이다. 가증스럽게도 바리새인은 창녀를 죄인이라면서, 그런 죄인을 가까이하는 예수를 향해서 불평을 쏟아낸다. 그리고 예수는 그런 시몬을 꾸짖으며 '용서'에 관한 긴 교훈을 데나리온 비유를 통해서 들려준다.

열둘 가운데 하나인 가룟이라는 유다에게 사탄이 들어갔다.

누가는 단지 돈 욕심에 유다가 배신했다는 것에 만족할 수 없었다. 그로서도 설득되지 않은 게 분명하다. 마가복음을 읽으면서 아마도 고개를 갸우뚱하지 않았을까?

"아니, 왜 이렇게 애매하게 그런 거야? 이러면, 우리 주님이 단지 돈 때문에 팔렸다고 볼 수도 있잖아?"

만약에 마태복음도 읽었다면, 그의 분노는 하늘을 찔렀을 것이다.

"도대체 이 마태라는 인간은 생각이라는 걸 하는 거야? 우리 주님이 고작 은 30닢짜리라는 거야? 그게 주님의 가치라고?"

누가가 그리는 유다는 결코 돈 이야기를 먼저 꺼내지 않는다. 단지 대제사장들을 찾아갔을 뿐이고, 그들이 알아서 '고마움의 표시'로 돈을 제시했다.

유다는 떠나가서 대제사장들과 성전 경비대장들과 더불어 어떻게 예수를 그들에게 넘겨줄지를 의논하였다. 그래서 그들은 기뻐하여, 그에게 돈을 주겠다고 약조하였다.

그리고 유다 입장에서도 굳이 주겠다는 돈을 거절할 필요까지는 없었다.

유다는 (돈을 받기로) 동의하고

누가는 마가복음 속 돈 이야기를 수정하지 않았다. 배신의 결과로 생각지도 않게 들어오는 돈을 받는 것은 사탄이 들어간 유다라면 얼마든지 가능하니까. 따지고 보면, 흔히 돈을 세상 악의 근원이라고 하지 않는가? 그 말은 결국 돈이 사탄이라는 소리인데, 사탄이 돈을 거절할 이유가 없으니까.

결과적으로 유다의 배신은 이제 전 우주적 차원의 선과 악의 싸움으로 격상되었다. 복음서 저자 중 처음으로 유다의 배신과 사탄을 연결한 누가의 의도는 이미 앞선 내용에서도 명확하게 드러난다. 누가복음 4장에는 유명한 예수의 광야 시험 장면이 나오는데, 누가는 거기에 의미심장한 구절 하나를 추가했다. 말 그대로 밑밥을 깐 셈이다.

악마는 모든 시험을 끝마치고 물러가서, 어느 때가 되기까지 예수에게서 떠나 있었다.

(누가복음 4:13)

"어느 때가 되기까지", 무슨 말을 하고 싶었던 걸까? 가룟 유다에게 들어갈 때까지 사탄이 기다렸다는 것이다.[52] 마가복음은 대제사장들에게 유다라는 배신자가 필요했던 이유를 이렇게 설명했다.

---

52 물론 이 구절을 읽으면 이런 의문이 생긴다. "아니, 누가는 어떻게 마귀의 마음까지 다 꿰뚫은 걸까?" 마음을 읽은 게 아니라, 결과를 보고 내린 판단이라고 설명할 수도 있겠지만, 여기서 말한 '어느 때'가 반드시 유다에게 들어간 '그때'라는 것은 어떻게 알았을까? 게다가 유다가 대제사장을 찾아간 게 '사탄'이 들어온 결과라는 건 또 어떻게 알았을까? 답은 하나뿐이다. 누가는 사탄의 전략까지 다 꿰뚫고 있었다. 사실상 사탄을 손바닥 안에 놓고 일거수일투족을 다 보고 있었다.

"대제사장들은 '백성이 소동을 일으키면 안 되니, 명절에는 하지 말자' 하고 말하였다."

(마가복음 14:2)

누가는 여기에 이유 하나를 추가했다.

그들은 백성을 두려워하였다.

그 정도로 예수가 백성의 사랑을 받았다는 뜻이다. 그런데 이어지는 장면을 보면, 솔직히 어이가 없다. 예수를 살리려는 빌라도에게 죽이라고 소리친 게 유대민족이다. 행여 예수를 없애면 백성들이 들고일어날까 봐 제사장들이 두려워했다는 구절이 머쓱해진다. 대제사장들, 민심을 몰라도 이렇게 모를 수 있을까? 만약에 백성들 앞에서 예수를 체포했다면 그들의 인기가 도리어 하늘을 찔렀을지 모른다. 하지만 이 경우에 문제가 생긴다. 가룟 유다라는 배신자가 필요 없어지는 것이다. 말이 나온 김에, 이 부분을 조금만 더 살펴보자.

가룟 유다라는 인물, 즉 배신자가 필요한 상황을 만들려면 은밀하게 예수를 체포해야만 했다. 왜 꼭 그래야만 했는가 하는 질문에 대답하고자, 그들은 "대제사장들이 민중의 소요를 두려워했기 때문이지"라는 답을 만들었다. 하지만 정말 말이 안 되는 소리다. 복음서의 핵심 메시지는 로마가 아니라 유대민족이 예수를 죽였다는 것이다.

"그런데 뭐라고? 민중이 예수를 지지했다고? 그래서 대제사장이 예수를 은밀하게 체포해야만 했다고?"

복음서가 지향하는 목적과 진술이 서로 모순된다. 그러나 유다를 배신자로 그리기 위해서는 꼭 필요한 설정이었다. 저자들이 이 모순을 보지 못했을 리 없다. 하지만 그들로도 어쩔 수 없었을 것이다. 예수 속에 담긴, 도무지 지울 수 없는 단 하나의 역사의 '흔적'인 십자가 죽음을 지우지 않는 한, 이 모순은 피할 수 없다. 복음서 네 권이 손을 잡고 외치는 소리를 요약하면 이것이다.

"저기요, 좀 들어보세요. 예수가 십자가에서 죽은 건 맞는데요, 그래도 로마가 아니라 유대민족이 죽인 거예요."

이 말을 하기 위해 복음서 저자에게는 가룟 유다라는 배신자가 필요했다. 배신을 둘러싼 적절한 상황, 결국 유대민족의 소요를 두려워하는 대제사장이라는 설정까지 나왔다. 그럼에도 정작 가장 중요한 장면에 가서는 모든 것을 다 뒤집어야만 했다. 한때 대제사장들로 하여금 공포감까지 유발했던, 예수를 사랑한다고 알려진 유대민족이 한마음이 되어서 예수를 죽이라고 소리치는 실로 '기이한' 장면 말이다.

빌라도는 다시 그들에게 말하였다. "그러면, 당신들은 유대인의 왕이라고 하는 그 사람을 나더러 어떻게 하라는 거요?" 그들이 다시 소리를 질렀다. "십자가에 못 박으시오!"

(마가복음 15:12-13)

그때에 빌라도가 그들에게 말하였다. "그러면 그리스도라고 하는 예수는, 나

더러 어떻게 하라는 거요?" 그들이 모두 말하였다. "그를 십자가에 못 박으시오." …… 온 백성이 대답하였다. "그 사람의 피를 우리와 우리 자손에게 돌리시오."

(마태복음 27:22, 25)

그들이 외쳤다. "그 자를 십자가에 못 박으시오! 십자가에 못 박으시오!" …… 그들은 마구 우기면서, 예수를 십자가에 못 박으라고 큰 소리로 요구하였다. 그래서 그들의 소리가 이겼다.

(누가복음 23:21, 23)

그들이 외쳤다. "없애버리시오! 없애버리시오! 그를 십자가에 못 박으시오!" 빌라도가 그들에게 말하였다. "당신들의 왕을 십자가에 못 박으란 말이오?" 대제사장들이 대답하였다. "우리에게는 황제 폐하밖에는 왕이 없습니다."

(요한복음 19:15)

기독교의 상징이자 예수에게 남은 유일한 역사성, 십자가만큼 복음서의 신뢰성에 심각한 의문을 제기하는 것도 없다. 예수의 역사성이 정작 기독교의 역사성과 존재 가치에 비수를 꽂는 아이러니다.

성찬식 장면으로 가자. 누가복음은 여기서도 앞선 두 복음서와 확연히 다른 전개를 보여준다. 마가와 마태복음 속 예수는 배신자를 먼저 언급하고 성찬식을 한다. 따라서 확실하지는 않지만, 성찬식 전에 유다가 자리를 떴다는 추측이 가능했다. 그런데 누가는 아예 순서를 바꿨다. 성찬식을 먼저 한다! 떡과 포도주를 다 나눈 후에야 예수가 배신자를 언급한다. 그러니까 역사상 첫 성찬식에서 유다는 당당히 예수의 살을 먹고 피를 마셨다.

"이 잔은 너희를 위하여 흘리는 내 피로 세우는 새 언약이다. 보아라, 나를 넘겨줄 사람의 손이 나와 함께 상 위에 있다. 인자는 하나님께서 정하신 대로 가지만, 인자를 넘겨주는 그 사람에게는 화가 있다." 그들은, 자기들 가운데 이런 일을 할 사람이 누구일까 하고, 자기들끼리 서로 물었다.

유다에게는 이미 사탄이 들어가 있는 상태인데, 사탄이 성찬식에 참여한다는 게 말이 되나? 그게 아니면, 성찬식 순간에만 살짝 사탄이 떠났다가 다시 돌아왔다고 설명할 건가?[53] 누가는 이런 점을 눈치 못 챈 건가? 그렇게밖에 볼 수 없다.[54] 성찬식에서 꼭 하나 추가하고 싶은 장면에

---

[53] 유다의 성찬식 참석 문제는 기독교인에게 중요한 문제다. 그렇다 보니 무슨 수를 써서라도 이 문제를 해결하려는 노력이 예사롭지 않다. 가장 흔히 쓰는 방법은 4복음서를 다 섞어서 편의대로 나열하는 것이다. 커다란 코끼리를 놓고 시간과 공간을 무시한 상황에서 수십 명이 이곳저곳을 만지고, 나중에 모여서 코끼리를 완성하는 형태다. 장님이 장님을 인도해도 이것보다는 나을 텐데…… 이런 작업이 학문이라는 이름으로 이뤄진다는 사실도 참 안타깝다. 다음과 같은 식의 궤변이 적지 않다. "유다는 마가 다락방을 나오자 곧 대제사장에게 달려가서 알렸다. 그리고 병사들과 마가 다락방을 덮쳤지만 이미 예수님의 일행이 떠난 뒤였고 겟세마네 동산으로 갔다. 이를 눈치챈 마가가 벗은 몸에 홑이불만 걸친 채 겟세마네 동산으로 달려갔지만 이미 주님은 잡혀가고 있었고, 따라가다가 잡히자 벗은 몸으로 도망가야 했다. 유다는 세족식에는 참석했지만 성찬식에는 참석하지 않았다. 마지막 식사에 일어난 순서는 다음과 같다. 식사 → 세족식 → 배신자 선포 → 유다 퇴장 → 성찬식 → 겟세마네 동산(https://blog.naver.com/PostView.naver?blogId=acoloje&logNo=222358853689&parentCategoryNo=&categoryNo=&viewDate=&isShowPopularPosts=false&from=postView).

[54] 4세기에 북아프리카의 주교인 도나투스(Donatus)는 로마의 핍박을 견디지 못하고 복귀한 지도자가 집례하는 세례와 성만찬은 아무런 능력이 없을 것이라고 목소리를 높였다. 그러나 그는 하나

마음이 온통 쏠린 그에게는 사탄이 들어간 유다가 예수의 살과 피를 먹고 마시는 건 별문제가 되지 않았던 것 같다. 그 부분은 잠시 후에 살펴보자. 먼저 성찬식을 마친 예수의 폭탄선언, "나를 넘겨줄 사람의 손이 나와 함께 상 위에 있다"에 반응하는 제자들을 보자.

　　그들은, 자기들 가운데 이런 일을 할 사람이 누구일까 하고, 자기들끼리 서로 물었다.

　　아니, 배신자의 손이 함께 상 위에 있다고 했는데, 너무 어두워서 유다의 손이 안 보였나? 아니면, 유다가 잽싸게 손을 뺐나? 그래서 제자들이 서로를 보면서 "누구지?" 하며 물었다는 건가? 이건 뭐, 마가와 마태가 그린 "나는 아니지요?"에 버금간다. 하지만 누가는 이런 평가에 동의하지 않을 것이다.

　　"야, 나는 배신자 색출에는 관심이 없어. 나한테 중요한 건 따로 있다고."
　　진짜 그렇다. 스승이 배신자 이야기를 하는데도, 누가가 그리는 제자들은 도통 거기에 관심이 없다. 온통 마음이 콩밭에 가 있다. 바로 그게 누가가 진짜 하고 싶은 이야기다. 그 이야기를 하기 전에 앞선 두 기록과 중요한 차이를 보이는 누가의 관점을 하나 더 살펴보자. 예수가 유다에 관해서 말한 건 딱 이게 다다.

는 알고 둘은 몰랐다. 아니, 사탄이 들어간 유다도 다 참여하는 게 성만찬인데, 핍박에 굴복한 사람이 주재하는 성만찬이 뭐가 문제가 있다는 건가?

"인자는 하나님께서 정하신 대로 가지만, 인자를 넘겨주는 그 사람에게는 화가 있다."

앞선 두 기록과 뭐가 다를까?

"인자를 넘겨주는 그 사람에게는 화가 있다. 그 사람은 차라리 태어나지 않았더라면 자기에게 좋았을 것이다." (마가)

"인자를 넘겨주는 그 사람은 화가 있다. 그 사람은 차라리 태어나지 않았더라면, 자기에게 좋았을 것이다." (마태복음)

누가는 "차라리 태어나지 않았으면 좋았을 거다"라는 문장을 뺐다. 이건 아주 중요하다. 왜 뺐을까? 말이 안 되니까. 유다에게 사탄이 들어갔고, 그 결과 배신이 단지 탐욕의 결과가 아니라 전 우주적인 선과 악의 싸움으로 판이 커지는 순간, 유다를 향해 차라리 안 태어나는 게 나았다는 말은 더 이상 논리에 맞지 않는다.

"아니, 장난쳐? 유다가 태어나지 않았더라면, 아예 주님이 정하신 대로 갈 수도 없었어. 아니, 이 사람들은 생각이라는 것을 하는 거야? 우리 주님이 이런 말도 안 되는 소리를 했을 리 없잖아?"

그리고 누가는 마침내 성찬식을 통해서 진짜 하고 싶은 이야기를 풀어놓는다. 배신자가 누굴까, 잠시 궁금해하던 제자 사이에서 갑자기 싸움이 벌어졌단다. '황당'이라는 단어가 부족할 정도로 괴이한 상황이다.

"인자는 하나님께서 정하신 대로 가지만, 인자를 넘겨주는 그 사람에게는 화가 있다." 그들은, 자기들 가운데 이런 일을 할 사람이 누구일까 하고, 자기들끼리 서로 물었다. 제자들 가운데서 누구를 가장 큰 사람으로 칠 것이냐는 물음을 놓고, 그들 사이에 말다툼이 벌어졌다.

(누가복음 22:22-24)

이걸 도대체 어떻게 이해해야 할까? 스승이 배신당해서 언제 죽을지 모르는 상황인데, 자리다툼 소동이 일어났단다. 스승과 자신들이 공동운명체라는 사실을 모르나? 배신자를 찾겠다고 난리법석을 쳐도 될까 말까 한데, 너 잘났냐, 나 잘났냐 하면서 싸움을 벌였다고? 뜬금없기는 예수의 대답도 뒤지지 않는다.

"너희가 내 나라에 들어와 내 밥상에서 먹고 마시게 하고, 옥좌에 앉아서 이스라엘의 열두 지파를 심판하게 하겠다."

(누가복음 22:30)

아니, 열두 지파라고? 그럼 열두 명이 필요한 건데, 가룟 유다를 포함하고 말하는 건가? 가룟 유다가 지금 같은 자리에서 자리다툼을 했던 걸까? 심지어 성찬식도 참석했는데, 당연히 열두 지파 중 하나를 다스린다는 건가? 이름이 유다니까, 그럼 가장 중요한 유다 지파를 다스릴까? 그게 아니면, 나중에 가룟 유다를 대체한 맛디아를 놓고 말하는 건가? 돌연 예수가 베드로의 배신을 꺼낸다.

예수께서 말씀하셨다. "베드로야, 내가 네게 말한다. 오늘 닭이 울기 전에, 네가 세 번 나를 모른다고 할 것이다."

(마가복음 22:34)

마가복음과 마태복음에서는 감람산에서 벌어진 '불편한' 대화가 돌연 성찬식으로 장소가 바뀌었다. 왜 그랬을까? 누가의 의도가 고스란히 담겨 있다.

"내가 오늘 확실하게 보여줄게. 제자들이 얼마나 쓰레기인지, 얼마나 수준 이하인지를 짧고 굵게 보여줄게…… 잘 보라고. 그리고 기억해, 이런 개차반 난리가 다른 곳도 아니고, 은혜로운 성찬식 직후에 일어났다는 거야. 그러니까 얼마나 황당해? 한마디로 그 인간들은 상상을 초월하는 저질이라고."

유다를 돈벌레로 만들지 못해서 환장한 사람이 마태라면, 누가는 제자들을 인간 이하로 그리지 못해서 안달하는 것 같다. 그런데 사실 그는 큰 그림을 그렸다. 누가는 결코 감정으로 붓을 휘두르는 섣부른 사람이 아니다.

성찬식 장면은 나중에 사도행전을 통해서 강조할 성령 강림의 중요성을 부각하기 위한 떡밥이다. 성령 받기 전 인간은 누구나 구제불능이라는 말을 하고 싶었던 누가는 심지어 예수로부터 직접 떡과 포도주를 건네받은 제자들도 성령 강림 전까지는 희망이 없음을 여실히 보여준다. 하물며 보통사람인 당신은 어떠하겠냐고 말하고 싶은 것이다. 그나마 성찬식 직후에 싸우는 건 너무한다고 싶었던 건지, 유다의 배신 장면을 버퍼링으로 넣었다. 배신에 관한 제자들의 반응이 무성의할수록, 누가의 목적은 더 효과적으로 달성된다. 스승이 죽게 생겼는데도 오로지 자리싸움에만 혈안인 제자들, 그들을 바꿀 수 있는 것은 성육신한 예수도 아닌 오로지 성령 강림뿐이다.

누가복음 성찬식 장면에서 극적으로 드러나듯, 복음서는 예수의 제자들에게 매우 적대적이다. 로마 군인도 깨달은 예수의 정체를 무려 3년간 동고동락하고도 모르는 게 제자들의 수준이다. 이후 사도행전에 의하면, 부활한 예수와 무려 40일을 함께 있었는데도 여전히 뭐가 똥인지 된장인지 구분하지 못한다.[55] 이게 말이 되는 소리인가? 그러나 누가에게는 전혀 이상하지 않다.

"아니, 그게 뭐가 이상해? 성령님이 아직 안 와서…… 성령 충만을 받지 못해서 그런 건데?"

그렇다면 부활한 예수도 성령 앞에서는 무릎을 꿇어야 한다. 누가의 목적은 명확하다. 성령을 받은 제자들의 환골탈태한 모습을 최대한 극적으로 그리는 것, 그러기 위해서 제자들은 구제불능 모지리로 그려졌다. 특히 베드로가 그랬다. 누가에게 논리적인 연결 및 개연성은 별로 중요하지 않았다. 그에게 예수와 함께한 세월, 예수에게서 직접 배운 가르침, 심지어 부활한 예수와 동거도 감히 성령 충만과는 비할 바 아니다. 그럼 참 이상하다. 그렇게 대단한 성령 충만을 받은 기독교인으로 차고넘치는 오늘날은 세상이 왜 이 모양일까?

---

55 갈라디아서에 따르면, 여전히 이방인과 같이 밥 먹는 것을 꺼리는 베드로는 예수를 만난 적도 없는 바울에게 비난받는 수모까지 겪는다.

한마디로 뒤죽박죽 성찬식을 성공적으로 마친 예수와 제자들은 이제 감람산으로 향한다. 그런데 놀라운 장면이 나온다. 예수가 제자들에게 무장을 명령한다.

> 예수께서 그들에게 말씀하셨다. "이제는 돈주머니가 있는 사람은 그것을 챙겨라, 또 자루도 그렇게 하여라. 그리고 칼이 없는 사람은, 옷을 팔아서 칼을 사라." …… 제자들이 예수께 말하였다. "주님, 보십시오. 여기에 칼 두 자루가 있습니다." 예수께서 그들에게 말씀하시기를 "넉넉하다" 하셨다.
>
> (누가복음 22:36-38)

새 번역에는 그냥 '옷'이라고 나오지만, 다른 모든 성경에는 '겉옷'으로 나온다. '겉옷'이 맞는 번역이다. 그 시대에 겉옷은 저당잡히는 것을 법으로 금지할 정도로 중요한 필수품이었다. 단지 옷이 아니라 이불의 역할까지 하는, 일교차가 큰 팔레스타인에서는 체온 유지를 위해서 없어서는 안 되었다. 그런데 그걸 팔아서 칼을 사라는 건 무슨 의미일까? 예수가 칼을 언급했다는 사실만으로도 당황하는 기독교인의 해석은 대동소이하다. 기를 쓰고 칼의 의미를 축소하고 평화의 예수와 연결한다. 그러니까 예수가 진짜로 칼을 사라고 했을 리 없다는 것, 은유라는 주장이다. 목사들이 가장 애용하는 해석을 두 가지만 살펴보자. CBS 성서학당에서 뽑은 다음의 내용이 기독교의 전반적인 결론이라고 봐도 무방하다.[56]

---

56   아주 가끔 "칼을 칼이다……"라고 말하는 보수 목사도 있다(https://www.youtube.com/

1. 예수는 왜 칼을 준비하라고 했을까? 예수가 더는 제자들을 돌봐줄 수 없기 때문이다. 제자들도 각자도생을 준비해야 했고, 목숨을 부지하기 위해서라도 무장이 필요하다고 예수가 조언했다는 것이다. 무엇보다 앞으로 예수가 죽고 나서도 복음을 전하는 제자들 앞에 핍박과 고난이 기다리니까 말이다. 예수의 말은 한마디로 "각오해라!"라는 것이다. 그런데 제자들은 그 말을 제대로 못 알아듣고, "우리 두 자루 가지고 있어요"라고 대답했다. 그에 대한 예수의 대답인, "넉넉하다. 족하다"는 히브리 관용어로, "마, 그만하자, 말이 안 통하는 너희들하고 더 이상 말을 못하겠다"다.[57] 제자들은 끝까지 스승의 말을 이해하지 못했다.

예수가 준비하라고 한 '칼'을 말 그대로 '칼'로 이해했다는 점에서, 이 해석은 나름 의미가 있다. 그러나 문제가 한두 개가 아니다. 먼저 각자도생을 위해서 칼이 필요하다면, 생명과 관련한 겉옷은 없어도 되나? 사실 언제 만날지 모르는 적보다는 매일 밤 체온을 지켜줄 겉옷이 훨씬 더 중요하다. 더 심각한 건 예수의 대답이다. 이제 예수는 제자들과 헤어지려고 한다. 말 그대로 유언 비슷한 말을 한다. 그럼 어떻게 말하는 게 정상일까? 진짜 백번 양보해서, 제자들이 제대로 이해하지 못했다고 치자. 그럼 자세히 설명해야지 왜 짜증을 낼까?

---

watch?v=uuwg-rY81s4&t=1081s)(열매 맺는 나무교회).

57　가물에 콩 나듯 똑똑한 질문이 나오기도 한다. 참석자 한 사람이 질문을 던졌다. "그럼 바울한테 네 은혜가 족하다. 그때도 그런 의미인가요?" 당연히 제대로 된 대답이 나올 리가 없다. 그냥, "그건 아닙니다"로 끝난다. 그럼, "왜 그건 아닌가요? 뭐가 다른데요?"라는 추가 질문이 나오는 게 정상인데, 거기까지 기대하는 건 무리다(https://www.youtube.com/watch?v=r85JknMaB78&t=1057s).

"마, 그만하자, 말이 안 통하는 너희들하고 더는 말을 못하겠다."

예수가 이렇게 말을 한다고? 아니, 그럼 애초에 왜 어렵게 얘기를 한 건데? 제자들 수준, 하나같이 모지리인 거 예수가 제일 잘 알지 않나? 처음부터 왜 쉽게 풀어서 이야기를 못 해주는데? 이런 해석이 사실이라면, 진짜 무능한 건 예수다. 3년 내내 가르치고도 제자들을 바꾸지 못하고 제자리걸음만 하게 했을 뿐 아니라, 더 큰 문제는 여전히 그들의 수준조차 파악하지 못하고 있다. 문제는 그것만이 아니다. 각자도생 때문에 칼을 준비하라는 말 자체가 황당하다. 예수는 3일 후에 부활할 예정이다. 더불어 조만간 성령까지 내려와서 인도할 것이다. 그리고 다들 성령 충만을 경험할 것이다. 성령 충만, 누가에게는 곁에 있는 예수보다도 더 대단한 존재가 아닌가? 그럼 상황이 더 좋아지는데, 무슨 각자도생을 하라는 거지?

2. 교회에서 훨씬 더 사랑받는 해석이다. 검이, "말씀의 검"이고, 나아가서 '고난과 환란'을 의미한다는 주장이다.[58] 그리고 그걸 못 알아듣는 제자들은 여전히 모지리란다. 사실 이런 해석을 놓고 이러쿵저러쿵 분석하는 것 자체가 부끄러운 일이다. 이건 마치 세월호 사건이 터진 당일, 박근혜 대통령의 사라진 7시간을 놓고 청와대가 내놓은 다음 가상의 해명과 비슷하다.

"사실 박 대통령은 그 시간에 몰래 팽목항에 가서 혼자 구조활동을 했습니다. 하지만 굳이 그 사실을 밝히지 않은 것은 스스로를 드러내기

---

58 https://www.youtube.com/watch?v=5ImUbCrNTKY&t=1187s.

싫어하는 겸손한 성품 때문입니다."

그러니까 칼 두 자루가 있다는 제자들의 말에 "넉넉하다"라는 예수의 대답은 당연히 앞선 첫 번째 소개와 마찬가지로, "마, 그만하자, 말이 안 통하는 너희들하고 더는 말을 못하겠다"가 될 수밖에 없다. 예수를 오해하고 멍청하게 진짜 칼을 내어놓은 제자들을 향한 좌절의 표현이란다.

"너희들은 정말 구제불능이구나. 여전히 내 말을 못 알아듣는구나. 내가 칼을 말하니까 진짜 칼을 구하는구나. 은유를 은유로 못 알아듣는 모지리들……."

결국 칼은 칼이 아니고, '넉넉하다'는 '넉넉하다'라는 의미가 아니다. 그러니까 예수의 말은 아침부터 밤까지 모든 게 다 수수께끼이고 은유다.[59] 이런 식의 황당한 주장은 널리고 널렸다.[60] 그 정도로 칼을 준비하라

---

[59] 사람들의 머리가 깨어난 지금, 여전히 기독교를 진리로 신봉하려는 사람들이 만난 가장 큰 문제가 뭘까? 말이 안 되는 소리가 성경에 너무나도 많다는 것이다. 성경에 틀린 게 있을 리 없다고 믿는 게 보수 기독교인이라면, 그 반대가 소위 말하는 진보 기독교인이다. 그럼 그들은 황당한 소리로 가득한 성경을 어떻게 진리로 받아들일 수 있을까? 그들이 가진 무기가 바로 은유 또는 비유다. 그들에게 가장 대표적인 은유가 '지옥'이다. 예수는 자기를 믿지 않으면 지옥에 간다고 분명하게 말했다. 특히 요한복음은 유명한 3장 16절을 포함해서 오로지 믿는 자만이 생명을 얻는다는 구절이 여러 개가 있다. 그러니까 안 믿으면 생명이 없고, 지옥에 간다는 것이다. 요한계시록은 어떤가? 안 믿는 자는 유황불에 던져질 것이라고 했다. 그러나 요즘 수준에서 이런 야만적인 말을 도무지 받아들이기 힘든 진보 기독교인은 모든 것을 다 은유로 치부하면서 '진짜' 의미는 따로 있다는 식으로 말한다. 원어 해석이니 각종 구실을 학문이라는 이름으로 가져다가 늘어놓는 소리를 들으면, 변명도 이런 구차한 변명이 없다. 누가복음 22장에서 예수가 분명히 '칼'이라고 했는데도, 그게 칼이 아니라고 우기는 것과 비슷하다. 그러니까 예수는 지금 이렇게 생각한다는 것이다. "이놈들, 내가 칼이라고 했지만 진짜는 다른 의미인데…… 그걸 알아챌까?" 마찬가지로 지옥과 관련해서 예수는 이렇게 생각한다는 거다. "이놈들, 진짜 불이 활활 타는 지옥이라고 생각하지 않겠지?" 그런데 생각해보자. 평소에 이런 식으로 말하는 사람과 같이 살 수 있을까? 중요한 문제일수록 은유와 비유로 표현하려는 사람이 정상일까? 부동산 계약서를 은유와 비유 표현으로 채우려는 사람이 제정신일까? 진보 기독교인에게 예수가 바로 그런 사람이다.

[60] https://www.youtube.com/watch?v=fsPve5q1Nu0&t=1336s(ESV 성경공부 누가복음).

는 예수의 말은 기독교학자를 곤란하게 한다.[61]

그러면 이 구절을 어떻게 받아들여야 할까? 쉽고 단순할수록 진짜일 가능성이 크다. 가장 먼저 이 대화가 일어난 상황을 고려해야 한다. 예수와 제자들에게 지금이 어떤 때인가? 언제 로마 또는 대제사장이 습격할지 모르는, 위기일발 상황이다. 그런데 지금 팔자 좋게 스무고개 비슷한 말장난을 한다고? 한가하게 예수가 혼자만 알아듣는 암호 비슷한 소리를 중얼거렸다고? 그러면서, "마, 그만하자, 말이 안 통하는 너희들하고는 말을 못하겠다." 이런다고? 지금은 정확하게 말을 해도 모자랄 정도로 목숨이 경각에 달린 위기상황인데?

예수가 칼을 준비하라고 한 건, 칼이 필요해서다. 그럼 언제 필요할까? 영화 〈터미네이터〉를 예로 들어보자. 존 코너를 지키려고 미래에서 온 천하무적 터미네이터가 갑자기 "존, 총을 들어"라고 한다면, 언제일까? 터미네이터가 잠깐 자리를 비운다든지, 아니면 다쳐서 더는 싸울 수 없게 되었을 때다. 존을 향해서 총을 들라는 말의 의미는 무엇일까?

"존, 나는 이제 더 이상 너를 지켜줄 수 없어."

앞뒤 문맥을 감안할 때 지금 예수와 제자들이 처한 상황이 이와 비슷하다.

---

61 개중에는 못내 양심에 걸려서인지, 아니면 두 마리의 토끼를 다 잡고 싶었던 건지, 애매하기 이를 데 없는 설명도 있다. "족하다라는 예수님의 말씀은 무기의 숫자에 대한 말이 아니라 제자들의 오해에 대한 가벼운 과절의 표현으로 이해해야 한다. 하지만 족하다라는 말은 '충분하다, 수나 양이 적절하다'라는 의미다."『무디성경주석』(국제제자훈련원, 2018), 1804쪽.

예수께서 제자들에게 말씀하셨다. "내가 너희를 돈주머니와 자루와 신발이 없이 내보냈을 때에, 너희에게 부족한 것이 있더냐?" 그들이 대답하였다. "없었습니다." 예수께서 그들에게 말씀하셨다. "이제는 돈주머니가 있는 사람은 그것을 챙겨라, 또 자루도 그렇게 하여라. 그리고 칼이 없는 사람은, 옷을 팔아서 칼을 사라."

(누가복음 22:35-36)

예수는 이렇게 말하고 있다.

"내가 전에 언제 너희들한테 이것저것 사라고 한 적 있더냐? 하지만 사정이 달라졌다. 이제는 너희들이 스스로 물건을 챙기고 칼도 구해야 한다."

그런데 이게 말이 되려면, 한 가지 조건이 성립되어야 한다. 예수가 있을 때는 감히 누구도 제자들에게 칼을 들고 덤비지 못했어야 한다. 그랬다가는 예수한테 그 즉시 박살 날 테니까. 터미네이터의 경우도 마찬가지다. 건재한 터미네이터 옆에서는 굳이 존이 총을 들고 나설 필요가 없다. 더 위험할 뿐이다. 그냥 뒤에 가만히 숨어 있는 게 가장 안전하다. 제자들도 예수가 건재할 때는 조용히 뒤에서 가만히 있는 게 가장 나았었나 보다.

자, 평소에는 예수 혼자서도 얼마든지 위기상황을 타개할 수 있었지만, 이제는 제자들에게도 칼을 준비하라고 할 정도의 위급해졌다. 칼을 준비하라는 말을 이해하는 길은 이것뿐이다. 그런데 문제는 다음이다. 더 정확하게 말하면, 누가는 굳이 이 말을 왜 예수의 입에 담았을까? 칼을 언급하는 예수가 애초에 복음서를 저술하려는 목적을 손상할 수 있다는 것을 몰랐을까? 바보가 아닌 이상, 모를 수 없다. 그렇다면 왜 그랬을까? 물론 학자라면, '전승 또는 Q 문서'를 언급할 것이다. 그러나 이것저것 다 떠나서 예수의 부활까지 구체적으로 서술한 누가라면, 아무리 칼에 관한 전승이 있더라도 이렇게 생각하는 게 더 상식에 맞다.

"위기상황 좋아하네. 우리 예수님, 바로 부활하셔. 그리고 성령님이 조만간 오셔서 우리를 지키시는데 무슨 놈의 위기상황이야?"

그러면서 설혹 마가나 마태가 칼을 언급했더라도 뺐을 것이다. 그런데 그는 도리어 다른 복음서에는 등장하지도 않는 칼 이야기를 넣었다. 게다가 생명과 직결된 겉옷을 팔아서라도 사라고 한다. 이건 한마디로 이 소리가 아닌가?

"우리에게 내일은 없다!"

돈주머니와 자루를 챙기라는 것도 최후의 결전에 필요한 것은 다 챙겨라, 아낀다고 남겨놓고 후일을 기약하는 것은 의미가 없다는 것 아닌가?

"얘들아, 제대로 한번 붙자. 오늘 밤 모든 것이 결판난다. 죽기 아니면 까무라치기야. 각오했지?"

그렇다면 당연히 의문이 남는다. 예수는 왜 단 두 자루의 칼을 보고 충분하다고 했을까? 유다를 빼더라도 제자가 열하나인데 최소한 열한 자루는 있어야 하지 않나?

"주님 칼 두 자루가 있습니다."

"장난치냐? 내가 지금 뭐라고 했냐? 겉옷을 팔아서라도 칼을 사라고 하지 않았냐? 내 말이 우습냐? 지금 여기 사람이 몇 명이냐?"

"잘못했습니다. 당장 달려가서 나머지를 구해오겠습니다."

이게 자연스러운 것 아닌가? 도대체 겉옷을 팔아서라도 칼을 사라고 한 의도와 두 자루면 충분하다는 말, 이 두 가지를 어떻게 조화할 수 있을까? 저명한 두 학자의 의견을 들어보자. 먼저 하이암 맥코비다.

식사를 마치고 여느 때처럼 예수와 제자들은 올리브 산으로 향했다. 그러나 이날은 조금 달랐다. 예수는 바로 오늘 밤 하나님이 영광 중에 나타나서 그의 거룩한 성을 점령한 로마를 멸할 것이라고 확신했다. 따라서 그는 제자들에게 검을 챙기라고 말한다. 검 두 자루가 확인되었다. 예수는 "그 정도면 충분하다"라고 말했다. 메시아와 그를 따르는 제자들은 기드온과 용사와 다르지 않았다. 스가랴 선지자가 무어라고 예언했던가? "유다 사람들도 예루살렘을 지키려고, 침략자들과 싸울 것이다."(스가랴서 14:14) 온 유대민족이 그들과 함께 싸울 것이다. 그러니 검은 두 자루면 충분하다. 기드온 때와는 비교도 안 되는 하나님의 기적이 일어날 것이다. 오로지 누가복음에만 검에 관한 이야기가 들어 있다. 그는 굳이 이런 이야기를 만들어서 넣을 이유 내지 동기가 없다. 왜냐하면 이 이야기 자체가 그가 쓴 누가복음 전체 흐름과도 맞지 않고 또한 예수의 이미지와도 완전히 상충된다. 가능한 유일한 설명은 검 이야기가 원래 오리지널 스토리 중 살아남았다는 것이다. 그리고 누가가 주의를 충분히 기울이지 못해서 제대로 제거하지 않았다는 것이다. 복음서 저자는 하나같이 이미 전부터 존재했던 이전 복음서(older Gospels)의 구도에 맞춰서 글을 썼다. 아예 새로운 형태로 구도를 바꾸는 것은 나름의 용기가 필요했다. 종종 그런 용기를 내는 데 실패하기도 했다. 바로 이런 이유 때문에 우리는 복음서 이런저런 곳에서 불쑥불쑥 나오는, 기존 예수와 상충하는 불편한 진실을 만난다. …… 누가복음도 다른 복음서와 마찬가지로 반유대 그리고 친로마 기조를 그대로 유지한다. 그런데 누가는 간간히 집중력에 문제가 있었던 것인지, 자기도 모르게 이전 자료를 삭제하지 않고 그대로 남겨놓았다. 그리고 그 내용은 그가 주창하는 누가복음 전체 기조에 반하는 것이다. 예를 들어서 바리새인이 예수에게 헤롯을 조심하라고 경고하는 모습(13:31), 그리고 예수가 제자들에게 검을 준비하라고 하는 장면(22:38)이다.[62]

간단하게 말해서 하나님의 기적과 로마 멸망을 기대하던 예수에게 두 자루라는 상징적인 무장으로 충분했다는 것이다. 그리고 그 내용이 남은 건 누가의 실수라는 주장이다. 어쩌면 오리지널은 두 자루가 아니라 200자루였을 수도 있다. 그게 전달되는 과정에서 줄고 또 줄어서 두 자루까지 오그라들지 않았다고 누가 장담할 수 있는가? 하지만 진짜 중요한 건 다른 데 있다. 예수가 진짜로 무장을 명령했다면, 그래서 오리지널 스토리에서 지우고 지웠는데도 '두 자루의 칼'이 최후까지 살아남아 누가의 실수를 틈타서 복음서 안에 자리 잡았다면, 기독교가 주장하는 인류의 구원자 예수는 애초에 존재하지 않는다. 단지 혁명가 예수만 남을 뿐이다. 젤롯 예수를 주장하는 S. G. F. 브랜든에게 예수의 무장 명령은 그 자체로 의미심장하다.

---

62   Hyam Maccoby, *Revolution on Jedea*(Taplinger Publishing co., 1981), pp.142~143, 186.

예수가 제자들에게 무장을 명령하는 모습은 의미심장하다. 이 장면을 기록한 누가는 예수가 단지 예언을 성취하기 위해서 한 것이라며 그 의미를 최대한 축소한다. 그렇기에 예언성취라는 면에서 볼 때 예수에게는 두 자루의 검으로 충분했다는 것이다. 그러나 지금과 같은 상황에서 예수가 이사야서 속 애매모호한 구절의 억지 성취를 언급했다고 보기는 어렵다. 그런 식의 전개는 단지 누가복음의 신뢰성을 떨어뜨릴 뿐이다. 제자들이 얼마나 많은 칼을 가지고 있었는지는 제대로 드러나지 않았지만, 그들이 단지 칼을 두 자루만 갖고 있었다고 보기는 어렵다. 겟세마네에 나타난 무장 병력은 예수가 놀랄 정도의 규모였고, 그건 유다가 제자들의 무장 수준을 미리 경고했을 거라는 추정을 가능하게 한다. 로마군은 분명히 격렬한 저항을 예상하고 왔을 것이다.[63]

내가 생각하는 건 다음 세 가지 가능성이다. 첫 번째는 복음서 저자라면 예외 없이 구약을 메시아 예언 모음집으로 이해한다는 사실과 관련이 있다. 그들은 거의 강박증에 걸린 사람처럼 얼토당토않은 구절까지 다 예언이라고 주장한다. 두 자루의 검도 그런 측면에서 추측할 수 있다. 누가의 착각 내지 오리지널 전승에서 살아남은 내용이 아니라, 누가의 치밀한 계산의 결과라는 것이다. 이 경우에 두 가지 시나리오를 생각할 수 있다. 첫 번째는 누가가 우리가 모르는 메시아 예언을 아는 경우다. 누가의 글을 읽는 사람들이 "아, 맞아. 칼 두 자루!" 하면서 고개를 끄덕이게 하는, 지금은 사라진 메시아와 관련한 어떤 글이 당시에 유통되었을 가

---

63   S. G. F. Brandon, *Jesus and the Zealots*, p.341.

능성이다. 두 번째는 누가가 구약에 나오는 어떤 사건 내지 구절을 착각하고 쓴 경우다. 사실 이것이 고작 두 자루의 검에 예수가 "넉넉하다"라고 말하는 '뜬금없음'을 설명하는 가장 확실한 방법이다. 아무리 상황이 말이 안 되어도, "이거, 예언의 성취야"라는 생각이 누가의 머리에 박혀 있었다면, 그에게는 아무런 문제가 되지 않았을 테니까.

다음으로 두 번째 가능성에는 한 가지 전제가 필요하다. 누가가 마태복음을 잘 알지만, 의도적으로 정반대의 길을 가겠다고 작정한 경우다. 공관복음서 중에서 유일하게 마태는 베드로를 매우 긍정적으로 평가한다.[64] 마태복음이 예루살렘 교회와 긴밀한 누군가로에게 쓰인 가능성이 큰 이유다.[65] 상대적으로 누가복음은 사도행전과 더불어서 철저하게 바울 진영에서 나온 책이다. 누가에게 베드로는 전혀 대단한 존재가 아니다. 사실 누가복음에는 같은 사건을 놓고 마태복음과 전혀 다른 주장을 하는 경우가 종종 등장한다. 예수의 탄생부터 누가는 마태복음을 정면으로 부정한다. 누가는 분명 마태가 그린 예수 탄생을 보면서 이렇게 소리

---

64 시몬 베드로가 대답하였다. "선생님은 살아 계신 하나님의 아들 그리스도십니다." 예수께서 그에게 말씀하셨다. "시몬 바요나야, 너는 복이 있다. 너에게 이것을 알려주신 분은, 사람이 아니라, 하늘에 계신 나의 아버지시다. 나도 너에게 말한다. 너는 베드로다. 나는 이 반석 위에다가 내 교회를 세우겠다. 죽음의 문들이 그것을 이기지 못할 것이다. 내가 너에게 하늘 나라의 열쇠를 주겠다. 네가 무엇이든지 땅에서 매면 하늘에서도 매일 것이요, 땅에서 풀면 하늘에서도 풀릴 것이다."(마태복음 16:16-19)

65 바울의 전도여행 속에 포함되지 않은 알렉산드리아에서 마태복음이 나왔다고 보는 학자들이 있다. 알렉산드리아는 예수 시대에도 사실 예루살렘 다음으로 많은 유대인이 살았는데, 바울은 이 지역에 전혀 관심을 두지 않는다. 이걸 어떻게 이해해야 할까? 예루살렘 교회, 그러니까 야고보와 베드로가 전파하는 예수, 바울이 정죄하는 "다른 예수"가 전파된 곳이 알렉산드리아일 수 있다. 그러나 사실 마태복음 속 예수를 바울의 예수와 '다르다'라고 볼 수는 없기에, 이런 설명을 전적으로 수용하기는 어렵다. 게다가 가장 극명한 반유대주의 구절(27:25)이 들어 있는 게 바로 마태복음이 아닌가?

쳤을 것이다.

"이 사람, 무슨 소리를 하는 거야? 예수는 갈릴리 출신이야. 베들레헴 출신이 아니라고."

그게 다가 아니다. 그는 예수의 족보도 전혀 다르게 썼다. 부활도 마찬가지다. 마태복음은 부활한 예수가 제자들을 바로 갈릴리로 보낸다. 그러나 누가복음에 따르면 예수는 "너희들은 절대로 예루살렘을 떠나지 말라"고 분명하게 명령한다. 부활한 예수가 두 명이 아닌 이상 있을 수 없는 일이다. 이런 측면에서 볼 때, 누가의 눈에 마태가 그린 예수의 체포 장면이 영 마음에 들지 않았을 수 있다. 마태가 그린 예수는 '평화의 사도' 그 자체다. 체포당하는 과정에서조차 "칼로 흥한 자는 칼로 망한다"라고 설교한다. 누가는 어쩌면 그런 묘사가 현실성이 없었다고 생각했을 수도 있다. 따라서 두 자루 정도의 칼을 언급함으로써 분명히 폭력이 오갔을 거친 체포과정을 좀 더 사실적으로 묘사하고 싶었던 건 아닐까?

세 번째 가능성은 아주 단순하지만 의외로 사실일 확률이 높다. 마가복음 속 체포군 중 누군가의 귀가 잘리는 사건을 보고 이렇게 생각한 것이다.

"어, 그럼 누군가 칼을 갖고 갔다는 소리잖아? 귀 하나 자르는 건 뭐, 오해의 소지도 있으니까 칼이 많을 필요는 없겠고…… 두 자루 정도면 되겠지? 느닷없이 귀 잘리는 이야기가 나온다고 생각할 수도 있으니까, 아예 칼을 챙겨서 갔다는 구절을 넣자."[66]

---

66 군대가 들이닥치는 상황에서 진짜로 예수가 단 두 자루 칼로 충분하다고 대답했다면? 어떤 경우에 가능할까? 한 가지밖에 없다. "나는 딱 한 놈만 죽일 거야." 유다. 한 사람이 목표였다면, 칼 두 자루가 아니라 하나로도 충분했을 거다. 예수는 유다에게 마지막으로 배신의 대가를 맛보게 하고 싶었던 걸

이제 체포 장면으로 이어진다.

예수의 둘레에 있는 사람들이 사태를 보고서 말하였다. "주님, 우리가 칼을 쓸까요?" 그 가운데 한 사람이 대제사장의 종의 오른쪽 귀를 쳐서 떨어뜨렸다. 예수께서 말씀하시기를 "그만해 두어라!" 하시고, 그 사람의 귀를 만져서 고쳐주셨다.

(누가복음 22:49-51)

왜 칼을 준비하라고 한 예수가 정작 결사항쟁의 투지를 불태우는 제자들에게 칼을 빼지 말라고 할까? 아무리 칼 이야기를 넣었다고 해도, 차마 예수가 로마군과 칼싸움을 벌이라고 했다고는 쓸 수 없었다.

"그래, 칼을 준비시키기는 하지만, 나중에 싸우려고 할 때 못 쓰게 하자. 또 귀 다친 사람은 고쳐주는 새로운 기적 장면을 하나 넣자. 그 정도면, 마태처럼 굳이 주절주절 떠들지는 않아도 우리 예수님의 사랑이 충분히 드러나지 않을까?"

누가는 말이 아니라 '행동'으로 사랑의 예수를 그리고 싶었다.[67]

과연 무엇이 진짜일까? 나의 세 가지 추측? 아니면, 진짜로 예수가 무

까? 그럴 수 있다. 차라리 안 태어나는 게 나은 놈이니까, 남은 생애 또 다른 누구에게 무슨 짓을 할지 모르니까, 갈 때 가더라도 이놈 하나는 정리하고 떠나겠다? 이렇게 생각하지 않을 이유가 없으니까. 그런데 사실 이것도 말이 안 된다. 유다 하나 죽이는데 왜 제자들이 겉옷까지 팔아야 하나?

67 누가가 모르는 게 있었다. 오랜 세월이 흐르고 마태복음과 누가복음이 둘 다 영감받은 말씀이 되어서 서로를 밀고 당기며 보완해야 하는, 어처구니없는 운명을 맞을 줄은 말이다. 따라서 서로 간에 모순이 있어서는 안 되는데, 어깨동무하고 함께 가도 쉽지 않은 상황인데, 그래야 경전의 권위가 서는데…… 그걸 알았다면 누가도 분명 한 번은 더 생각했을 것이다.

장항쟁을 했으리라는 맥코비와 브랜든의 주장? 진실이 무엇인지 영원히 알 수 없지만, 한 가지는 확실하다. 이 기록을 정직하게 있는 그대로 받아들일 때, 칼을 챙기라는 예수는 복음서 전체의 기조를 흔든다. 칼을 준비시키는 예수를 인류의 구원자 예수와 조화할 방법은 없다. 누가는 난제를 던져놓았다. 당장 유다 속에 사탄을 집어넣어서 예수의 죽음을 전 우주적 차원의 영적 전투로 변화시켰다. 그러니까 고작 칼 몇 자루에 사정이 달라지지 않는다는 것을 누가는 가장 잘 안다. 그렇다면 예수를 더 의연하게 그렸어야 하지 않나? 우주적인 영적 전투를 위한 칼을 준비하라, 그것도 두 자루로 충분하다. 이건 도통 어울리지 않는다.

문제는 그게 다가 아니다. 누군지 알 길은 없지만 누가가 '각하'라고 부른 데오빌로가 누가복음의 수신자다. 누가복음의 후속작 사도행전에는 로마를, 특히 고위관료를 신경 쓰는 누가의 기색을 역력하게 느낄 수 있다. 그렇다면 더더욱 예수를 평화의 사도로 그리는 게 유리하지 않을까? 마태가 지어낸 예수의 말, "칼을 쓰는 사람은 모두 칼로 망한다"를 한 번 더 강조하는 게 낫지 않았을까?

잠시 후에 살펴보겠지만, 귀가 잘리는 폭력도 차라리 미연에 방지하는 시나리오가 더 나았을 수 있다. 칼을 챙기라고 한 예수, 두 자루면 충분하다고 한 예수, 그리고는 정작 칼을 쓰려는 제자들을 말린 예수······ 어떻게 이해해야 할까? 뽑다 만 칼은 아예 뽑지 않는 것만도 못하다는 말도 있지 않은가? 누가가 그린 어정쩡한 예수는 난제를 던진다. 아마도 영원히 풀리지 않을 것이다. 거의 2,000년 전에 쓰인 단편적인 몇 개의 그림에서 저자의 의도를 파악하는 건 불가능하다. 그러나 의미가 있다. 복음서 속 예수는 철저하게 영적인 존재다. 그럼에도 칼 두 자루가 예수로 하여금 처음으로 현실에 발을 내딛게 했다. 마침내 예수가 참혹한 로마의 식민지 팔레스타인의 고통 속으로 걸어 들어왔다.

예수께서 아직 말씀하시고 계실 때에, 한 무리가 나타났다. 열둘 가운데 하나인 유다라는 사람이 그들의 앞장을 서서 왔다. 그는 예수께 입을 맞추려고 가까이 왔다. 예수께서 그에게 말씀하셨다. "유다야, 너는 입맞춤으로 인자를 넘겨주려고 하느냐?" 예수의 둘레에 있는 사람들이 사태를 보고서 말하였다. "주님, 우리가 칼을 쓸까요?" 그 가운데 한 사람이 대제사장의 종의 오른쪽 귀를 쳐서 떨어뜨렸다. 예수께서 말씀하시기를 "그만해 두어라!" 하시고, 그 사람의 귀를 만져서 고쳐주셨다. 그런 다음에, 자기를 잡으러 온 대제사장들과 성전 경비대장들과 장로들에게 말씀하셨다. "너희가 강도를 잡듯이 칼과 몽둥이를 들고 나왔느냐? 내가 날마다 성전에서 너희와 함께 있었으나, 너희는 내게 손을 대지 않았다. 그러나 지금은 너희의 때요, 어둠의 권세가 판을 치는 때다." 그들은 예수를 붙잡아서, 끌고 대제사장의 집으로 데리고 갔다.

(누가복음 22:47-54)

누가는 입맞춤 장면도 수정했다. 무력하게 유다에게 입술을 내어주는 예수가 말이 안 된다고 생각했다. 키스하려는 유다를 밀어내며 도리어 역공한다. 분위기가 앞선 두 복음서와 확연하게 다르다. 비록 두 자루에 불과하지만, 칼을 지닌 사람답게 마가복음이나 마태복음에서는 상상도 할 수 없는 대화가 오간다.

예수의 둘레에 있는 사람들이 사태를 보고서 말하였다. "주님, 우리가 칼을 쓸까요?"

"와, 진짜?"라는 감탄을 자아낸다. 마가복음과 마태복음에서 만나던 비겁한 제자들이 아니다. 걸음아 나 살려라며 도망가는 오합지졸 겁쟁이가 아니다. 먼저 칼을 뽑아서 덤비려고 한다. 달라도 이렇게 다를 수 있을까? 게다가 말보다는 행동이 빠르다. 예수가 허락했다는 말이 없는데도, 칼이 허공을 가르자 누군가의 귀가 땅에 떨어졌다. 마가복음에서 살펴보았듯, 예수를 잡으려는 무리의 행동이 너무 거칠었기 때문일까?

예수께서 말씀하시기를 "그만해 두어라!" 하시고, 그 사람의 귀를 만져서 고쳐주셨다.

복음서 중에서 유일하게 귀 붙이는 기적이 등장한다. 마가복음을 보충한 마태는 평화주의자 예수를 강조했다. 그러다 보니까 예수는 칼을 쓴 제자를 보고 일장 연설을 한다. 그리고 인류 역사에 수도 없이 인용된 유명한 말을 예수의 입에 넣었다.

"네 칼을 칼집에 도로 꽂아라. 칼을 쓰는 사람은 모두 칼로 망한다."

그러나 누가복음 속 예수가 이런 말을 할 리 없다. 애초에 예수가 칼을 챙기게 했기 때문이다. "칼을 쓰는 사람은 모두 칼로 망한다"라고 말하는 순간 예수는 개그맨이 된다. 그 대신 예수는 "그만해라"는 말과 함께 귀를 고친다. 누가는 무슨 말을 하고 싶었던 걸까? 마음만 먹으면 칼이든, 기적이든 예수는 얼마든지 위기상황을 타개할 수 있다는 것을 보여주고 싶었다. 그리고 이미 앞에서 살펴본 같은 말을 한다.

"너희가 강도를 잡듯이 칼과 몽둥이를 들고나왔느냐? 내가 날마다 성전에서 너희와 함께 있었으나, 너희는 내게 손을 대지 않았다. 그러나 지금은 너희의 때요, 어둠의 권세가 판을 치는 때다."

성전에서 매일 가르치는 예수를 모두 알고 있었다니, 유다의 배신 내용을 여전히 미궁에 빠지게 하는 말이다. 누가는 왜 이 부분을 수정하지 않았을까? 대신 그는 중요한 한 구절을 첨가했다.

"지금은 너희의 때요, 어둠의 권세가 판을 치는 때다."

무슨 말인가? 나를 잡으러 온 너희가 어둠이라는 것이다. 어둠이 무엇인가? 사탄이다. 그러니까 지금은 사탄의 권세가 판을 치는 시간이라고 한다. 당연하다. 예수가 왜 잡히는가? 유다 속에 사탄이 들어갔기 때문이다. 누가는 예수의 입을 통해서 선언한다. 지금의 모든 상황은 다 전우주적 선과 악의 싸움이고, 힘이 없어서가 아니라 단지 때가 아니기에 선이 양보한다는 것이다. 그런 누가에게 유다의 배신 내용은 부차적 문제다. 더불어서 예수가 왜 유다의 키스를 거부했는지도 알 수 있다. 어떻게 예수가 사탄과 입을 맞추겠는가? 그런데 문제는 앞에서도 살펴봤지만, 사탄이 성찬식에 참석했다는 것이다. 기독교 역사상 가장 중요한 사건이라고 해도 과언이 아닌 첫 성찬식 현장에 사탄이 있었다. 제자들과 더불어서 그리스도의 몸과 피를 받아먹고 마셨다.[68]

사탄의 지배를 받는 세상을 한탄하는 마지막 말과 함께 예수는 잡혀갔다. 이제 우리는 어떻게 보면 누가복음이 그린 예수의 체포에서 가장 두드러진 장면에 도달했다. 앞선 두 복음서와 확연하게 다른 부분이다. 도망가지 않는 제자들이다.[69] 그들은 도리어 달랑 두 자루의 칼을 들고 예수를 잡으러 온 무리와 맞서 싸우려고까지 했다. 예수가 말리지 않았다면, 스승을 지키기 위해 그들은 생명을 걸었을 것이다. 누가는 왜 제자들을 이처럼 과격하게 그렸을까?

우리는 복음서 저술의 목적을 상기해야 한다. 특히 누가는 데오빌로라는 고위직에게 보내는 서신의 형태로 복음서를 썼다. 왜 썼을까? 생존하기 위해서다. 죽지 않고 살려고 쓴 게 복음서다. 초창기 기독교인을 죽이고 살리는 건 로마에 달려 있었다. 4년이 넘는 제1차 유대-로마 전쟁이 끝난 후, 예수를 따르는 예수파 유대인은 절체절명의 위기에 봉착했다. 그들이 주님으로 따르고 믿는 예수가 로마 반역자에게 가하는 처형 방법인 십자가에서 죽었기 때문이다. 따라서 그들은 자신들이 로마에 위협이 되지 않는다는 사실을 증명해야만 했다. 마가가 선택한 전략은 비

---

68 나는 이 점을 제대로 설명하는 기독교 주석가를 아직 만나지 못했다.
69 요한복음에서도 제자들이 도망가지 않는다. 그러나 상황이 전혀 다르다. 요한복음에서는 예수가 '슈퍼맨'으로 나온다. 제자들이 도망갈 이유가 전혀 없다.

겁한 제자들이었다. "보세요, 우리 기독교인은 이렇게 겁이 많아요. 로마를 상대로 싸울 족속이 못 됩니다. 걱정하지 마세요."

마가가 다른 건 대충대충 쓰면서도, 굳이 도망가는 제자의 모습에 그토록 공을 들여 구체적인 묘사를 한 것도 그런 이유였다.

> 한 청년이 벗은 몸에 베 홑이불을 두르고 예수를 따라가다가 무리에게 잡히매, 베 홑이불을 버리고 벗은 몸으로 도망하니라.

마태는 비겁한 제자들의 모습에 한 가지를 더 가미했다. 평화주의자 예수다. 예수에게 칼은 손에 잡아서도 안 되는 금기다. 망하지 않고 잘살려면 칼은 보지도 말아야 한다.

> "칼을 쓰는 사람은 모두 칼로 망한다."[70]

그러나 누가는 달랐다. 아마도 그는 반전을 생각했던 것 같다. 더불어서 비겁하게 도망가는 제자들의 모습은 현실에 맞지 않다고 봤을 수도 있다. 다 떠나서 유대민족은 로마를 상대로 무려 4년이 넘는 전쟁을 치렀다. 마지막까지 버티다가 전원 자살로 끝난 맛사다의 전투는 또 어떤가? 그걸 모르는 로마인이 있을까? 누가는 차라리 과격한 제자들이 더 효과적일 것이라고 생각했다. 그리고 반전은 '변화'였다. 과격하기 이를

---

70   물론 예수에게 로마는 예외다.

데 없는 예수의 제자들도 성령을 받아 180도 바뀐 것을 강조하고 싶었다. 핵심은 변화가 극적일수록 더 설득력 있고, 로마는 더 안심하리라는 것이다. '칼 두 자루'라는 미스터리도 제자들의 '극적인 변화'를 강조하기 위한 포석으로 해석할 수 있다.

"맞습니다. 우리는 원래 과격합니다. 그러니까 로마를 상대로 전쟁까지 했지요. 그러니까 겟세마네 동산에서조차 칼을 들고 설치지 않았겠습니까? 하지만 그건 다 옛날이야기입니다. 성령을 받은 이 제자들이 어떻게 바뀔지, 들으면 아마 크게 놀랄 겁니다. 성령으로 충만해지면 누구나 다 완전히 바뀝니다. 과격하기 이를 데 없던 예수의 제자들이 나중에 어떻게 바뀌었는지 알게 되면 놀랄 것입니다. 우리가 비록 피는 유대인의 피지만, 성령을 받은 이상 예전의 그 유대인이 아닙니다. 그리스도인, 세계인입니다. 평화를 사랑하는 로마의 충신입니다."

다시 강조하지만, 성찬식에서도 서로 감투를 쓰겠다고 싸우는 과격함, 나아가서 칼까지 들고 로마에 대항하려던 제자들의 모습은 중요한 떡밥이다. 그러나 이제는 모든 게 달라졌다. 성령을 받지 못한 유대민족은 예루살렘 멸망과 함께 다 처리되었고, 이제 남은 건 한때 과격했지만, 성령을 받아 달라진 핏줄로는 여전히 유대인이지만 영으로는 로마를 섬기는 세계인이 된 그리스도인이다. 누가가 앞으로 구체적으로 그릴, 사도행전에 등장하는 착한 유대인뿐이다.[71]

---

71 "그런데 누가는 애초에 왜 예수가 칼을 챙기라는 말을 한 것으로 했을지요? 예수는 그냥 아무것도 모르고, 제자들이 알아서 칼을 갖고 간 것으로 하는 게 더 낫지 않았을까요?" 맞다. 왜 그랬을까? 예수는 모든 것을 다 알고 있고 관장한다는 점을 강조하고 싶어서였을까? 예수 몰래 제자들이 칼을

210
유다 컨스피러시

키스를 거부당한 유다는 더 이상 등장하지 않는다. 그러나 누가는 사도행전에서 그의 죽음을 묘사했다. 누가는 베드로의 입을 빌어서 말한다.

형제자매 여러분, 예수를 잡아간 사람들의 앞잡이가 된 유다에 관하여, 성령이 다윗의 입을 빌어 미리 말씀하신 그 성경 말씀이 마땅히 이루어져야만 하였습니다. 그는 우리 가운데 한 사람으로서, 이 직무의 한몫을 맡았습니다. 그런데, 이 사람은 불의한 삯으로 밭을 샀습니다. 그러나 그는 거꾸러져서, 배가 터지고, 창자가 쏟아졌습니다. 이 일은 예루살렘에 사는 모든 주민이 다 알고 있습니다. 그래서 그들은 그 땅을 자기들의 말로 아켈다마라고 하였는데, 그것은 '피의 땅'이라는 뜻입니다. 시편에 기록하기를 '그의 거처가 폐허가 되게 하시고, 그 안에서 사는 사람이 없게 하십시오' 하였고, 또 말하기를 '그의 직분을 다른 사람이 차지하게 해주십시오' 하였습니다.

(사도행전 1:16-20)

누가는 유다의 배신이 구약에 분명히 예언되었다고 말하고 싶었다. 사실 예수의 입장에서 몇 명 되지도 않는 제자 중에서 배신자가 생긴 건, 부끄럽고 감추고 싶은 일이다. 그러나 그 모든 게 다 예언의 성취라면 상황은 완전히 달라진다. 더는 부끄러울 게 없다. 베드로의 입을 빌어 '다윗을 통해 미리 말씀하신' 내용을 적었다. 시편 69편 25절이다.

챙기는 것 자체가 예수의 권위에 손상을 준다고 생각했을 수도 있다.

그들의 거처를 폐허가 되게 하시며, 그들의 천막에는 아무도 살지 못하게 해 주십시오.

(시편 69:25)

신학자에 따라서 누가가 109편 8절도 고려했다고 주장한다.

그 자식들은 아버지 없는 자식이 되게 하고, 그 아내는 과부가 되게 하십시오.

(시편 109:8)

공식은 단순하다. 원수에게 벌을 내려달라고 간구하는 기도는 그냥 다 유다에 대한 예언이라고 보면 된다. 하지만 69편을 아무리 읽어도 배신자 유다와는 관계가 없다. 당연하다. 히브리성경에 배신자 유다의 운명에 관한 내용이 있을 리 없으니까. 그런데도 이런 주장은 별문제가 되지 않았다. 당시에는 누구나 다 고개를 끄덕이며 이랬을 테니까.

"그렇구나. 어쩐지…… 다 예언에 있었구나!"

진짜 문제는 성령의 감동을 받았다는 베드로의 이야기와 마태복음이 그리는 유다의 죽음이 전혀 다르다는 점이다.

예수를 넘겨준 유다는, 그가 유죄 판결을 받으신 것을 보고 뉘우쳐, 그 은돈 서른 닢을 대제사장들과 장로들에게 돌려주고 말하였다. "내가 죄 없는 피를 팔아넘김으로 죄를 지었소." 그러나 그들은 "그것이 우리와 무슨 상관이요? 그대의 문제요." 하고 말하였다. 유다는 그 은돈을 성전에 내던지고 물러가서,

스스로 목을 매달아 죽었다. 대제사장들은 그 은돈을 거두고 말하였다. "이것은 피 값이니, 성전 금고에 넣으면 안 되오." 그들은 의논한 끝에, 그 돈으로 토기장이의 밭을 사서, 나그네들의 묘지로 사용하기로 하였다. 그 밭은 오늘날까지 피밭이라고 한다.

(마태복음 27:3-8))

이 사람은 불의한 삯으로 밭을 샀습니다. 그러나 그는 거꾸러져서, 배가 터지고, 창자가 쏟아졌습니다. 이 일은 예루살렘에 사는 모든 주민이 다 알고 있습니다. 그래서 그들은 그 땅을 자기들의 말로 아겔다마라고 하였는데, 그것은 '피의 땅'이라는 뜻입니다.

(사도행전 1:18-19)

이 두 장면을 조화할 방법이 있을까? 없다. 한 사람이 두 번 죽지 않는 한 불가능하다. 당장 땅을 산 사람부터 다르다. 솔직히 이 두 죽음의 차이를 놓고 일일이 설명하는 것조차 민망한 일이다. 굳이 누가가 유다의 죽음을 쓴 이유는 마태가 그린 자살이 마음에 들지 않아서였을 것이다.

"마태 이거, 완전히 미친놈 아니야? 뭐라고? 자살했다고? 뜬금없이 왜 자살해? 자살할 정도로 양심이 있는 놈이었으면 애초에 그런 짓을 하지도 않아. 에고, 이거 또 바꿔야겠네."

사실 누가 봐도, 누가가 그린 유다의 죽음이 훨씬 더 자연스럽다. 유다의 후회는 말 그대로 뜬금없다. 유다의 배신 동기보다 더 황당한 게 자살 이유다. 하지만 누가가 준 힌트를 마태복음에 소급 적용한다면, 한 가지 가능한 설명이 있다.

> 열둘 가운데 하나인 가룟이라는 유다에게 사탄이 들어갔다.
>
> (누가복음 22:3)

그러니까 이런 추측이 가능하다.

"목적을 달성한 사탄이 유다를 떠났고, 제정신이 돌아온 유다는 양심의 가책을 받아서 자살했다."

그러나 이런 설명은 기독교의 구원 자체를 근본부터 흔든다. 예수의 십자가를 좌지우지하는 게 사실상 사탄이라는 소리가 아닌가? 그리되면 사실상 기독교의 알파와 오메가는 사탄이라고 해도 과언이 아니다.

스승을 오해한 제자, 열심이 넘쳤던 제자, 너무도 믿었기에 그만큼 실망이 컸던 제자다. 따라서 누구보다 예수를 과대평가했던 제자라는 여지가 있었던 마가복음 속 가룟 유다는 마태복음에 와서 돈벌레로 바뀌었고, 좌절한 이상주의자는 그에게 사치가 되었다. 그럼에도 그의 배신이 사탄과 아무런 관계가 없었다는 점은 변하지 않았다. 마가복음과 마태복음에서 사탄은 예수의 십자가를 막는 존재다. 당연하다. 십자가는 사탄에게 종말을 의미한다. 따라서 사탄에게 마가와 마태복음 속 유다는 가장 '반사탄적'인 인물이다.

그랬던 유다가 누가복음에 와서 완전히 달라졌다. 사탄의 하수인으로 전락했다. 그럼 사탄의 지령을 받아서 누구보다 열심히 예수의 십자가를 막기 위해서 동분서주해야 할 것 같은데, 도리어 반대다. 예수가 십자가를 지게 한다. 그러니까 누가복음이 그리는 사탄은 가미카제 특공대다. 자신에게 종말을 가져다줄 십자가를 지라며, 사탄이 예수의 등을 떠민다는 게 누가복음의 설명이다.

한 가지를 덧붙이지 않을 수 없다. 누가복음이 비록 마가복음/마태복음과 더불어서 공관복음으로 불리지만, 달라도 너무 다르다. 당장 유다의 배신만 해도, 전혀 다른 이야기를 한다. 다른 건 몰라도, 유다에 관해서만은 누가복음과 요한복음을 하나로 묶어야 한다.

4
유다, 완전체 사탄(요한)

요한복음에 들어와서 유다는 입체적 인물이 된다. 예수 무리의 회계 담당이며 돈 욕심이 많아서 공금을 수시로 훔치던 도둑이라는 것이다. 주의 깊은 독자라면 눈치챘겠지만, 요한이 만든 유다의 모습은 결국 유대민족 전체의 운명을 결정했다. 셰익스피어가 쓴 『베니스의 상인』 속 악독한 고리대금업자 샤일록이 유대인의 대표적인 이미지가 되었다.

유다를 돈에 미친, 타락한 인물로 묘사한 것은 반유대주의 확산의 결정적 계기가 되었다. 시간이 지나면서 유대민족 전체는 점점 더 돈과 연결되었고, 또 권력을 잡은 기독교는 유대인이 합법적으로 할 수 있는 유일한 직업을 고리대금업으로 한정했다. 이 모든 게 다 요한복음이 그린 유다에게서 기원을 찾을 수 있다.[72]

여기까지만 보면, 요한의 의도는 기존에 마태가 고착화한 돈벌레 유

---

72   Hyam Maccoby, *Judas Iscariot and the Myth of Jewish Evil*, p.63.

다를 강조하는 것 같다. 따라서 배신의 동기가 돈이 되는 게 자연스러울 듯한데, 요한의 생각은 달랐다. 사탄을 유다 속에 끌어다놓은 누가의 구도, 선과 악의 싸움을 더 심화했다. 요한은 단지 우주적 악이라는 사탄의 역할에 만족하지 않았다. 거기에 더해서 예수의 예정과 섭리 그러니까 예수가 유다의 배신까지도 사실상 다 기획했다는 점을 강조함으로써 선과 악의 대결구도를 더 구체화했다.

여기서 잠깐 요한복음이 공관복음서와 얼마나 다른지 살펴보자. 요한에게 가장 중요한 과제는 예수를 하나님으로 그리는 것이다. 그러니까 어떤 경우에도 예수가 당황하거나 약한 모습을 보이는 건 있을 수 없다. 이 점을 잘 기억하면서 요한복음을 공관복음서와 비교해서 읽는 게 중요하다. 물론 가룟 유다의 배신과 관련해서도 저자가 주안점을 둔 것이 당황하지 않는 예수, 당황은커녕 모든 것을 미리 계산하고 다 기획한 전지한 신성의 소유자 예수다.

공관복음 속 예수의 공생애는 고작해야 1년 남짓이다. 그리고 예루살렘에 머문 시간도 일주일에 불과하다. 마가복음의 경우, 그 일주일이 대부분 분량을 차지한다. 그러나 요한복음 속 예수가 공생애에 투자한 시간은 꼬박 2년이다. 흔히 알려진 '공생애 3년'이 다 요한복음에서 근거한 것이다. 만 2년을 앞뒤로 조금씩만 더하면 3년이 된다. 게다가 예루살렘에서 머문 기간도 일주일이 아닌 무려 6개월이다. 무엇보다 요한복음 속 예수는 공관복음 속 예수와 같은 사람이 아니다. 그는 더 이상 비유로 말하지 않는다. 더는 자신을 "사람의 아들, 인자"라고 부르지도 않는다. 당당하게 "나는 하나님이다"라고 선언한다.

공관복음 속 예수는 말에서도 또 어떤 사항에 관한 접근법에서도 확연한 유대인의 모습을 띠고 있다. 그러나 요한복음에 가면 전혀 달라진다. 예수는 그리스인이다. 수다스럽고 온갖 추상어와 신비주의로 가득한 언어를 쓴다.[73]

공관복음서에서 예수의 적은 바리새인이 전부였다. 그러나 요한복음에 와서는 모든 유대민족이 적이 되었다. 예수는 말 그대로 민족 전체를 적으로 간주한다.

"너희는 너희 아비인 악마에게서 났으며, 또 그 아비의 욕망대로 하려고 한다."

(요한복음 8:44)

지금부터 유다가 본격적으로 등장하는 장면을 살펴보자. 먼저 한 가지 기억할 점이 있다. 요한복음은 어렵다. 유다와 관련해서도 앞선 공관복음처럼 단순하지 않다. 이건 수준이 높아서가 아니다. 두 마리 토끼, 그러니까 돈벌레 유다뿐 아니라 전 우주적 차원의 영적 싸움까지 포함하고 싶은 저자의 욕심 때문이다. 더불어서 예수를 현신한 하나님으로 그려야 하는 그에게는 고려할 점이 한두 가지가 아니었다. 공관복음에서야 어차피 사람에 불과한 예수, 얼마든지 배신당할 수 있다. 그러나 요한복음에서는 있을 수 없는 일이다. 세상에, 하나님이 배신을 당한다는 게 말이나 되나? 하나님이 멍청하게 앉아 있다가 제자에게 뒤통수를 맞는다고? 있

---

73   Hyam Mccoby, *Revolution on Judea*, p.187.

을 수 없는 일이다. 그러다 보니 문제가 복잡해졌다. 한마디로 전지전능과 배신을 조화시키는 게 보통 일이 아니다. 요한복음 속에서 예수와 유다가 뒤죽박죽으로 그려진 이유다. 지금부터 하나씩 살펴보자.

공관복음에 따르면 예수는 십자가에 달리기 직전에 예루살렘에서 딱한 번 유월절을 보냈다. 그리고 그때 최초의 성찬식을 했다. 그러나 요한복음에서 예수가 지킨 유월절은 무려 세 번이다.[74] 더구나 성찬식 메시지를 전한 것도, 죽기 1년 또는 2년 전, 갈릴리 북쪽 바닷가 마을인 가버나움 회당에서였다.

> "내 살은 참 양식이요, 내 피는 참 음료이다. 내 살을 먹고, 내 피를 마시는 사람은 내 안에 있고, 나도 그 사람 안에 있다." …… 이것은 예수께서 가버나움 회당에서 가르치실 때에 하신 말씀이다. 예수의 제자들 가운데서 여럿이 이 말씀을 듣고 말하기를 "이 말씀이 이렇게 어려우니 누가 알아들을 수 있겠는가?" 하였다.
>
> (요한복음 6:55-56, 59-60)

피는 생명의 근원이기에 고기를 먹을 때도 다 빼고 난 이후에야 먹는 유대인에게 피를 마시라는 게 어떤 의미인지는 뻔하다. 당시 유대인에게 예수의 이 말은 도저히 받아들이기 힘든 내용이었다. 요한도 이 점을 잘 알았다. 그래서 예수의 말에 여러 제자가 충격을 받고 떠났다는

---

74   2장 13, 23절, 6장 4절, 11장 55절. 5장 1절 속 '유대인의 명절'도 유월절로 본다.

구절을 추가했다. 그럼 정말로 1세기 유대인 예수가 이런 말을 했을까? 흥미로운 주제지만, 이 책의 논의 대상이 아니다. 지금 물어야 할 것은 요한이 왜 굳이 이런 장면을 만들었을까다.

양고기를 먹는 예수가 아니라, 아예 자신이 양이 되어 죽는 예수를 그릴 목적으로 펜을 든 요한에게 예수의 유월절 만찬은 말도 안 되는 이야기였다.[75] 문제는 그렇다고 성찬식 장면을 아예 뺄 수도 없었다는 점이다. 요한복음이 쓰이던 당시 이미 자리를 잡았을 성찬식의 원조가 바울이 아니라 예수라는 사실을 강조하는 건 요한에게도 중요했다. 그래서 그는 유월절 성찬식 장면을 예수 사역 초기로 바꾸었고, 그 덕에 예수는 유월절을 여러 번 보냈다.[76]

그렇다고 요한이 공관복음 속 유월절 만찬의 의미를 아예 뺀 건 아니었다. 양고기를 먹는 성대한 만찬을 세족식으로 바꾸었다. 십자가를 눈앞에 둔 예수는 제자들을 향한 사랑으로 넘친다. 그의 입에서는 장대하고 감동적인 '사랑의 기도'가 흘러나온다.

공관복음서에서 유다는 성찬식과 떼려야 뗄 수 없다. 아무리 요한이

---

75 공관복음서와 요한복음 속 예수의 죽는 날짜는 하루가 차이 난다. 공관복음에서 예수는 유월절 양고기를 먹고 죽었는데, 요한복음에서는 유월절 양을 잡는 그 시간이 자신이 양이 되어서 십자가에서 죽었다. 유월절 어린양이 되어서 죽는 예수, 요한복음의 핵심 메시지다.

76 성전 정화 사건도 마찬가지다. 사실상 예수의 죽음에 직접적인 원인이 된 사건인데, 요한은 예수가 그 문제로 체포되는 것이 마음에 들지 않았다. 그러나 아예 이야기를 뺄 수는 없고, 예수 공생애 초반에 사건을 배치했고, 당연히 유월절이라는 배경도 같이 넣었다. 그래야 예수가 예루살렘에 가는 게 말이 되니까. 결국 예수는 본의 아니게 또 한 번 유월절을 보내야만 했고, 더 나아가서 똑같은 성전 정화 사건을 두 번 저지른 셈이 되었다. 요한에게 예수가 그런 식의 폭력성을 보이는 게 마뜩잖았기 때문이다. 예수는 오로지 사랑의 모습으로, 특히 십자가를 향해 나아갈수록 더 사랑의 모습만 보여야 했다. 그런 예수가 십자가 직전에 성전에서 난동을 부리는 것은 요한에게 있을 수 없는 일이었다.

라고 해도 머릿속에서 공관복음 속 스토리 전개를 아예 지울 수는 없었을 것이다. 그래서 그런지 유다는 6장 70절에서 그러니까 피를 마시라는 예수의 말에 놀란 제자들이 떠나가던 바로 그 시점에 처음으로 등장한다.

"유다 이놈은 어떻게 하든지 성찬식이랑 연결해야 하는데⋯⋯ 당시 유대인이라면 살을 먹고 피를 마시라는 이야기에 기겁한 사람이 적지 않을 거야. 제자들이 거의 다 떠나고 딱 열두 명만 남는 걸로 하자. 그리고 유다, 이놈은⋯⋯ 남은 열둘을 보면서 우리 주님이 중요한 한마디를 하시는 과정에서 등장시킬까? 그럼 그림이 괜찮을 거 같은데?"

결국 살과 피를 먹고 마시라는 예수의 말에 어리둥절하는 사람들을 두고 예수가 배신자를 언급한다. 매우 뜬금없는 전개다.

예수께서, 제자들이 자기의 말을 두고 수군거리는 것을 아시고, 그들에게 말씀하셨다. "(살을 먹고 피를 마시라는) 이 말이 너희의 마음에 걸리느냐? ⋯⋯ 너희 가운데는 믿지 않는 사람들이 있다." 처음부터 예수께서는, 믿지 않는 사람이 누구이며, 자기를 넘겨줄 사람이 누구인지를, 알고 계셨던 것이다. ⋯⋯ 이 때문에 제자 가운데서 많은 사람이 떠나갔고, 더 이상 그와 함께 다니지 않았다.

(요한복음 6:61, 64, 66)

이어서 떠나가는 제자들을 보면서 예수가 묻는다.

"너희까지도 떠나가려 하느냐?" 시몬 베드로가 대답하였다. "주님, 우리가 누구에게로 가겠습니까? 선생님께는 영생의 말씀이 있습니다." ······ "내가 너희 열둘을 택하지 않았느냐? 그러나 너희 가운데서 하나는 악마이다." 이것은 시몬 가룟의 아들 유다를 가리켜서 하신 말씀인데, 그는 열두 제자 가운데 한 사람으로, 예수를 넘겨줄 사람이었다.

(요한복음 6:67-68, 70-71)

이렇게 유다가 처음 등장한다. 중요한 건 예수가 사역 초기 그러니까 십자가가 아직 멀리 남았을 때부터 유다를 지목하고 그를 '악마'라고 부른다는 사실이다. 요한은 도대체 무슨 말을 하고 싶었던 걸까? 전지전능한 하나님인 예수는 이미 모든 것을 다 알았다. 아예 열둘을 뽑을 때부터 '배신자, 악마'를 일부러 뽑았다!

"내가 너희 열둘을 택하지 않았느냐?"

예수가 제자들을 향해 당당하게 뱉는 이 말이 무슨 뜻인가?
"나는 배신당한 게 아니야. 뒤통수 맞은 게 아니라고. 악마조차도 다 내가 선택한 거라고."
그런데 이런 말을 듣고도 제자들 사이에서 아무런 반응이 없었다. "너희 가운데서 하나는 악마이다." 이 말을 할 때 예수는 누구를 보았을까? 그게 유다였다면 유다는 눈을 내리깔았을까, 아니면 똑바로 시선을 마주쳤을까? 두 사람 사이에 몇 초라도 눈싸움이 있었다면, 다른 제자들이 눈치채지 못했을까? 유다가 너무 일찍 드러나면 안 되니까, 일부러 베드로를 보면서 말했을까? 베드로, 가슴이 철렁했을까, 아니면 황당했을까? 아, 하늘을 보면서 말했다고 보는 게 가장 타당하겠다. 아무튼 요한은 예수의 전능함을 처음부터 강조한다. 그리고 더불어 유다의 배신은 단지 돈 문제가 아니라 사탄과 영적 싸움이라는 것을, 그러니까 사탄조차도 결국은 다 예수의 손안에 있다는 점을 분명하게 한다. 처음부터 끝까지 예수의 선택이고, 사탄은 단지 등장인물에 불과하다. 요한복음의 시각에서 볼 때, 따지고 보면 사탄도 피해자다. 그런데 예수의 전지함, 선지식을 강조하려는 시도는 좋았지만, 천하의 요한도 거기에 숨은 더 심각한 문제는 몰랐던 것 같다.

생각해보자. 사탄이 바보인가? 이것저것 다 떠나서, 사탄이 예수를 죽이려고 하는 게 말이 되나? 예수가 안 죽어야 자기가 무궁무진 잘사는 걸 몰랐을까? 설마 예수를 죽여야 자기가 승리하리라고 착각했을까? 아니, 예수가 3년 동안 그게 아니라고, 내가 죽어야 승리한다고, 그래야 부활해서 사탄을 박살 낼 것이라고 그토록 가르쳤는데? 그 모든 가르침을 사탄의 하수인 유다도 들었다. 그럼 사탄도 다 안다는 건데, 그런데도 예수를 죽이려고 했다고? 아니면 십자가의 비밀은 오로지 유다가 자리를 비웠을 때만 들려줬다고 봐야 하나? 그것도 아니면, 사탄이 예수의 말을 안 믿었다고? 그래서 십자가의 죽음을 밀어붙였다고?

그렇다 보니, 초기 기독교 교부가 "사탄이 우리 주님에게 속았다"[77]고

---

[77] 물론 이런 설명도 가능하다. 유다가 악마이기는 했지만, 아직 완전히 악마가 된 건 아니다. 나중에 악마가 유다 속으로 '들어오는' 시점이 또 있으니까. 그러니까 사탄은 예수의 십자가 계획을 알 수 없었다.

변명하는 것도 이상하지 않다. 다시 물어보자. 사탄이 바보인가? 그런 바보 때문에 굳이 하나님이 인간이 되어서 죽어야만 했을까? 이건 9급 공무원이 잘못 떼어준 가족 증명서 하나 때문에 청와대가 나서서 수습하는 모양이다.

다음으로 유다가 나오는 장면은 공관복음에서 이미 살펴본 향유사건(요한복음 12:3-6)이다.[78] 요한은 공관복음 속 이야기 두 개, 베다니 나병환자 시몬의 집에서 있었던 향유사건과 누가복음에만 등장하는 마르다와 마리아 자매 이야기[79]를 하나로 합쳤다. 그 결과 마르다와 마리아는 요한복음에만 등장하는 예수에 버금가는 주인공, 죽었다가 다시 살아난 사나이 나사로의 누이가 되었다. 요한의 의도는 충분히 짐작할 수 있다. 익명으로 처리된 공관복음 속 향유사건을 좀 더 생생하게 그리려면 더욱더 비중 있는 인물이, 그것도 실명으로 등장하는 것이 훨씬 더 효과적이라고 생각했을 것이다. 그래서 찾아낸 게 누가가 예수의 말씀을 사모하는 사람으로 매우 긍정적으로 그린 여인 마리아였다. 그녀가 예수에게 향유를 붓는 주인공으로 낙점되었다.

"우리 주님의 죽음을 제대로 이해하지 않는 사람이 향유를 붓는 건 말이 안 되지. 그런 중요한 일을 익명으로 또는 창녀를 쓰는 건 신성모독이야. 말씀을 사모하는 마리아 정도가 되어야 하지 않겠어? 게다가 죽은 오빠를 살려준 것에 대한 감사의 의미까지 있다고, 다들 고개를 끄덕이

---

78 이미 살펴본 대로, 유다의 배신을 돈 문제에서 우주적이고 영적인 차원으로 승격시킨 누가복음은 향유사건과 유다의 배신을 연결하지 않는다.

79 누가복음 10장 38-42절.

며 예수 부활의 의미까지 되새기지 않을까? 무엇보다 핵심은 유다야. 이렇게 모든 등장인물과 상황이 생생하게 드러나는 현장에 넣어야 스토리가 확 살지 않겠어? 거기에 더해서 유다 이놈을 좀 더 현실성 있게 그리자면, 아 그러면 되겠다. 우리 주님의 돈을 담당하던 재정 책임자, 그리고 도둑놈으로……."

자, 요한은 그래서 이런 스토리를 만들었다.

유월절 엿새 전에, 예수께서 베다니에 가셨다. 그곳은 예수께서 죽은 사람 가운데에 살리신 나사로가 사는 곳이다. 거기서 예수를 위하여 잔치를 베풀었는데, 마르다는 시중을 들고 있었고, 나사로는 식탁에서 예수와 함께 음식을 먹고 있는 사람 가운데 끼여 있었다. 그때에 마리아가 매우 값진 순 나드 향유 한 근을 가져다가 예수의 발에 붓고, 자기 머리털로 그 발을 닦았다. 온 집 안에 향유 냄새가 가득 찼다. 예수의 제자 가운데 하나이며 장차 예수를 넘겨줄 가룟 유다가 말하였다. "이 향유를 삼백 데나리온에 팔아서 가난한 사람들에게 주지 않고, 왜 이렇게 낭비하는가?" 그가 이렇게 말한 것은, 가난한 사람을 생각해서가 아니다. 그는 도둑이어서 돈자루를 맡아 가지고 있으면서, 거기에 든 것을 훔쳐내곤 하였기 때문이다.

(요한복음 12:1-6)

앞에서 언급했던 내용을 복기하자.

요한은 복음서를 통틀어 유일하게 유다에 관한 신상 정보를 공개한다. 예수의 회계 담당이고 수시로 공금을 횡령하는 도둑이라는 것. 그는 단지 돈벌레가 아니라 상습 범죄자다. 바로 이 지점에서 우리는 은돈 30닢과 관련해서 심각한 의문을 던질 수밖에 없다. 이런 궁금함이 생기지 않는다면, 그게 더 이상하다.[80]

"아니, 유다가 왜 예수를 고작 은돈 30닢에 팔지?"

자, 한번 상상해보자. 예수에게 들어오는 헌금에서 유다가 수시로 빼먹었다는 돈이 과연 얼마나 되었을까? 은돈 30닢보다는 훨씬 짭짤했을 거다. 마가복음 속 오병이어 사건을 한 번 더 소환하자. 무려 200데나리온이라는 목돈이 들어가는 큰 지출인데도, 예수는 제자들에게 너희들 주머닛돈으로 먹이라고 '당연하게' 지시했다. 이 장면에서 우리는 예수 무리의 재정상태를 엿볼 수 있다. 그 정도는 충분히 처리할 수 있으리라고 예수가 생각했을 정도로 '헌금'이 적지 않았다. 따라서 유다가 정말로 돈자루를 맡은 책임자였다면, 그가 3년간 빼돌린 금액은 만만찮았을 것이다. 그런 유다에게 무엇이 가장 중요했을까? 끊임없이 들어오는 캐시 플로다. 은퇴 없는 예수의 줄기찬 사역이다. 예수의 '퇴장'이야말로 유다에게 닥칠 수 있는 최악의 뉴스다. 그런데 그가 고작 푼돈 은돈 30닢에 예수를 팔아버리고 수입의 원천을 아예 차단한다고? 평생 황금알을 낳아줄 암탉의 배를 무자비하게 갈라버린다고? 행여 누군가가 예수를 배신하려고 했다 해도, 몸을 던져 막을 사람이 유다다. 예수의 사역을 번창하게 해야 할 가장 큰 동기를 가진 제자, 결코 배신하지 않을

---

80 가장 이상한 사람을 이 구절을 쓴 요한복음 저자라고 생각할 수도 있다. 그러나 그렇지 않다. 애초에 '틀린' 공관복음서를 '바로잡으려고' 쓴 게 요한복음이다. 따라서 공관복음과 일으키는 '모순'은 전혀 문제 될 게 없었다. 당연한 결과니까. 그건 모순이 아니라 해결이니까.

딱 한 사람을 꼽으라면, 바로 유다다. 사랑해서도, 충성해서도 아니다.[81]

상황이 더 복잡해졌다. 유다를 돈주머니 담당자로 만드는 순간 누가 시작한 선과 악의 거대한 싸움의 구도로 가려던 유다의 배신이 심각하게 훼손되었다.

"뭐야? 결국 돈 문제였어?"라는 의구심을 지울 수 없게 된 것이다. 이런 위험을 감지한 요한은 더더욱 예수의 전지함과 사탄의 존재를 반복해서 강조한다. 그러나 유다의 돈 사랑을 지우기에는 부족했다. 심지어 20세기 최고의 복음주의 신학자 중 한 사람인 존 스토트조차도 요한의 진심을 곡해한다.

어떤 흑암의 격정이 유다의 마음속에서 끓어오르고 있었는지는 단지 추측할 수밖에 없지만, 요한의 주장에 의하면 유다를 지배한 최후의 동기는 돈에 대한 욕심이었다.[82]

말 그대로, 결과는 뒤죽박죽이 되어버린 서사다.[83] 두 마리의 토끼를 잡고 싶었던 요한의 과욕은 인류에게 치명적인 재앙까지 안겨주었다. 도

---

81   이 책 149~150쪽 인용.
82   존 스토트, 『그리스도의 십자가』, 79쪽.
83   요한이 공관복음을 참고한 것은 거의 분명하지만, 다시 강조하지만 그는 '틀린' 공관복음서를 바로 잡으려고 요한복음을 썼다. 자기가 쓴 글이 공관복음과 하나로 묶여서 성경이 되는 것은 상상도 못 했을 것이다. "어, 내용이 서로 안 맞는데?" 이런 질문을 하는 사람이 생길 세상은 꿈도 꾸지 못했을 것이다.

둑놈 구절이 더해짐으로 "유다는 돈에 미친, 타락한 인물로 묘사되어 반유대주의 확산의 결정적 계기가 되었다."[84] 그러나 요한은 억울할지도 모른다. 그걸 의도한 게 아니니까. 유다가 돈을 훔치는 나쁜 놈인 게 사실이기는 하지만, 돈과 배신은 아무런 상관이 없도록 그리는 게 애초의 목표였으니까. 돈이 그토록 중요했다면, 마지막 한 사람이 되어서까지라도 예수를 지켰을 인물이 바로 유다라는 말을 하고 싶었던 거니까. 유다를 돈주머니 관리자로 만들었다는 사실처럼 그의 의도를 정확하게 드러내는 것도 없다.

"절대로 돈 때문에 배신한 것 아니야! 돈은 배신 같은 것 하지 않아도 얼마든지 구할 수 있었다고!"

그나마 칼뱅이 요한의 진심을 알아줬다. 실로 숱한 성경 주석을 썼지만 가룟 유다와 관련해서는 별로 남긴 기록이 없는 그는, "유다는 사탄에게 완전히 굴복했다"[85]라고 썼다. 그럼 악마인지 다 알면서 유다에게 돈자루를 맡긴 예수는 어떻게 이해해야 할까?

"내가 너희 열둘을 택하지 않았느냐? 그러나 너희 가운데서 하나는 악마이다."

유다가 수시로 돈을 빼먹었다면, 오병이어 기적에서 돈이 없어서 곤란해하는 제자들, 너희 사비를 털어서 사람들 먹이라는 예수의 말에 황

---

84   Hyam Maccoby, *Judas Iscariot and the Myth of Jewish Evil*, p.63.
85   https://www.ligonier.org/learn/devotionals/judas-wicked-scheme.

당해하는 그들이 조금은 이해가 된다. 재정관리가 엉망이라서 곳간이 빈 것이다. 어쩌면 워낙 교묘한 유다의 횡령수법에 예수와 제자들은 애초에 헌금이 별로 없었다고 생각했을지도 모른다. 하지만 그건 말이 안 된다. 처음부터 악마인 줄 알면서도 유다를 선택했을 뿐 아니라, 돈주머니까지 맡긴 예수가 아닌가? 그렇다면 예수는 한마디로 만사를 방조한 셈이다. 가장 중요한 재정까지 악마에게 맡기고 손을 놓았다는 게 아닌가? 그런 예수를 어떻게 이해해야 할까? 공동체 전체에 막대한 피해를 주는 걸 뻔히 알면서도 그냥 눈 감았다는 소리가 아닌가?[86] 그것도 예정인가?

　지속해서 돈을 빼먹는 유다는 그럼 어땠을까? 예수가 지칭한 악마가 바로 자기라는 것을 알았을까? 그날 이후로도 꾸준히 돈주머니에서 돈을 빼돌리면서, "아, 나는 악마구나" 이렇게 생각했을까? 아닐 것이다. 악마의 인격과 유다의 인격이 따로 놀았다면, 유다는 몰랐을 것이다. 물론 악마는 모를 수 없다. 그럼 예수의 말에 당장 도망갔어야 하지 않나? 복음서 몇몇 사건에서, 우리는 예수 앞에서 벌벌 떠는 악마를 만난다. 그런데 유다 속에 들어간 녀석은 등급이 달랐던 걸까? 유다가 계속 돈을 훔쳤다면 악마는 계속 유다 속에서 별문제 없이 있었다는 건데, 사실상 악마가 예수보다 고수라고 봐야 할까?

　"그래? 네가 내 정체를 알았다고? 그래도 상관없어. 나는 하고 싶은 대로 하고 살 거야. 막을 수 있으면 막아 봐."

86　이런 예수의 모습을 보면 오늘날 교회에서 차마 말도 할 수 없을 정도의 부패가 넘치는데도 여전히 침묵만 하는 야훼를 이해할 수 있다. 범죄를 향한 예수의 침묵…… 일관성 있다.

이어지는 서사에서도 요한복음은 공관복음과 전혀 다른 전개를 선보인다. 마가복음과 마태복음에 따르면 향유사건 이후 유다는 바로 대제사장을 찾아가서 배신을 모의한다. 그러나 요한복음에서 유다는 전혀 그런 움직임이 없다. 누가복음과 마찬가지로 향유사건과 배신은 직접적인 관련이 없다. 그 점을 명확히 하려는지 요한은 한 구절을 덧붙임으로써 베다니 향유사건과 공관복음 성찬식을 대체한 세족식 사이에 간격을 명확하게 했다.

유월절 엿새 전에, 예수께서 베다니에 가셨다.

시간이 흘러도 유다가 대제사장을 찾아가는 장면이 등장하지 않는다. 왜 그럴까? 누가복음과 마찬가지로 배신의 동기가 돈이 아니기 때문이다. 더불어서 더 중요한 이유가 있다. 요한에게 유다가 대제사장을 찾아가서 배반을 의논하는 장면은 자존심이 상한다는 것. 요한의 시각에서 십자가 구원이라는 장대한 우주적 드라마에 한갓 유대 지도자가 관여했다는 것 자체가 말이 안 된다. 겟세마네에서 이 잔을 받지 않겠다는 예수의 기도 장면과 십자가를 대신 지고 걸어간 구레네 시몬의 이야기가 요한복음에서 다 사라진 것과 같은 맥락이다.[87] 인간의 약함을 드러내는 모든 이야기는 사실상 예수의 보혈을 오염시키는 사족이다. 예수가 오롯이

---

87 예수의 처녀 탄생과 세례 이야기가 없는 것도 같은 맥락이다. 하나님인 예수에게 다 쓸데없는 이야기다.

100% 책임지고 이뤄내는 구원의 역사, 십자가 속에 누군가의 '도움'이 있다는 것 자체가 말이 안 된다. 마찬가지로 배신도 100% 사탄, 또는 유다에 의해서 일어나야만 한다. 거기에 유대인인 대제사장들이 들어설 여지는 없다.

유다가 다시 등장하는 장면은 요한이 벼르고 벼르던 하이라이트, 공관복음 속 유월절 만찬을 대체한 세족식이 나오는 13장이다. 유다 속에 악마가 들어갔다는 말로 이야기를 시작한다.

저녁을 먹을 때에, 악마가 이미 시몬 가룟의 아들 유다의 마음속에 예수를 팔아넘길 생각을 불어넣었다.

그리고 이어지는 구절은 두 가지를 강조한다. 예수가 제자들을 사랑한다는 것, 그리고 '예수가 자신의 우주적 권세, 기원, 그리고 목적지에 대한 완전한 자의식을 갖고 있다'[88]는 것이다.

유월절 전에 예수께서는, 자기가 이 세상을 떠나서 아버지께로 가야 할 때가 된 것을 아시고, 세상에 있는 자기의 사람들을 사랑하시되, 끝까지 사랑하셨다.

유다에게 들어온 사탄과 예수의 사랑을 병렬로 놓고 스토리를 시작

---

88   『무디성경주석』, 1868쪽.

함으로써, 요한은 선과 악의 대결구도를 명확하게 한다.

요한은 유월절 만찬을 '저녁 식사'로 대체했다. 성대한 만찬은 생략했지만, 식사를 뺄 수는 없었다. 유다와 관련해서 '음식'이 중요한 역할을 하기 때문이다. 기억할 건, 바로 이 시점에 '마침내' 악마가 유다의 마음속에 배신의 씨앗을 심었다는 점이다. 예수를 팔겠다는 생각이 들어갔다고 한다. 그럼 유다는 분명히 깨달았을 것이다.

"아, 나였구나. 오래전에 예수님이 말했던 악마, 그게 바로 나였구나."

유다에게 이미 악마가 확실하게 들어간 것을 알면서도 예수는 제자들의 발을 씻긴다. 스승이 씻어주는 게 얼마나 좋았던지, 더 씻어달라는 베드로에게 예수가 이렇게 말한다.

예수께서 그에게 말씀하셨다. "이미 목욕한 사람은 온몸이 깨끗하니, 발밖에는 더 씻을 필요가 없다. 너희는 깨끗하다. 그러나 다 그런 것은 아니다."

여기에 예수 화법의 특징이 나온다. 가룟 유다와 관련해서만은 꼭 당사자가 아닌 베드로에게 뜬금없이 툭툭 던진다는 것. 베드로가 묻지도 않았는데 굳이 유다를 언급한다. 배신을 처음 언급할 때도 이런 식이었다.

"너희까지도 떠나가려 하느냐?" 시몬 베드로가 대답하였다. "주님, 우리가 누구에게로 가겠습니까? 선생님께는 영생의 말씀이 있습니다." …… "내가 너희 열둘을 택하지 않았느냐? 그러나 너희 가운데서 하나는 악마이다."

"주님께는 영생의 말씀이 있습니다"라는 베드로의 감동에 찬 대답에 박수를 치는 대신 예수는 뜬금없는 배신자, 악마를 언급했다. 지금도 마찬가지다. 기분이 좋아서 "주님, 내 발뿐만이 아니라, 손과 머리까지도 씻겨 주십시오"라며 애교를 떠는 베드로에게 왜 굳이, "너희는 깨끗하다. 그러나 다 그런 것은 아니다"라고 하는 걸까? 왜 항상 이런 식으로 말할까? 아니, 요한은 왜 스토리를 이렇게 만든 걸까? 이유는 하나다. 예수가 모르는 게 없다는, 예수가 전지전능하다고 말하고 싶어서다.[89]

예수께서는 자기를 팔아넘길 사람을 알고 계셨다. 그러므로 "너희가 다 깨끗한 것은 아니다" 하고 말씀하신 것이다.

처음에도 그랬다. 베드로가 묻지도 않았는데, "너희 가운데서 하나는 악마"라는 뜬금없는 말을 예수의 입에 담은 것도 다음 말을 하고 싶어서였다.

처음부터 예수께서는, 믿지 않는 사람이 누구이며, 자기를 넘겨줄 사람이 누구인지를, 알고 계셨던 것이다.

(요한복음 6:64)

꼭 이렇게 맥락 없이 드러내야만 할까? 이런 식의 사족이 예수의 수

---

[89] 공관복음서 저자, 특히 마태는 예수가 구약의 예언을 이룬 메시아라는 것을 말하는 데 거의 강박증 수준을 보인다면, 요한은 예수가 하나님이라는 것을 말하는 데 있어서 같은 증세를 보인다.

준을 얼마나 낮추는지, 요한은 미처 생각하지 못했을 것이다. 예수는 베드로를 향해 "너희는 깨끗하다"라고 했다. 그럼 "너희"가 아닌, 더러운 그놈이 도대체 누구인데? 순간 예수의 시선이 어디를 향했을까? 이번에는 실내니까 천장을 봤을까? 아니면, 유다를 봤을까? 이제 유다도 자신이 누구인지 잘 안다. 두 사람의 시선이 마주쳤을까? 불꽃이 튀겼을까? 별다른 언급이 없는 것으로 보아, 예수는 유다의 발도 씻은 게 분명하다. 그럼 유다는 예수가 씻었는데도 여전히 더럽다는 것인가? 앞서 누가복음에서 사탄이 들어간 유다는 성찬식에 참석했다. 사탄도 얼마든지 예수의 살과 피를 먹고 마실 수 있다. 그런데 요한복음도 비슷한 문제를 제기한다. "너희는 깨끗하다. 그러나, 다 그런 것은 아니다"라는 예수의 말은 심각한 신학적 문제를 제기한다. 아무리 예수가 씻어도 깨끗해지지 않을 수 있다는 것이다. 따라서 예수의 말은 "내가 열심히 씻었지만 여전히 깨끗하지 않다"라고 이해하는 게 타당하다. 아, 사탄은 그토록 강력한가? 사탄은 하나님의 아들이 씻어도 쫓아낼 수 없는가? 그럼 귀신을 쫓아낸다는 퇴마사는 예수보다도 더 강하다는 건가?

요한복음이 공관복음과 일치하는 게 딱 하나 있다. 배신자를 반복하는 예수의 말에 무덤덤하기 이를 데 없는, 기이하기 짝이 없는 제자들의 모습이다. 보기에 따라서, 예수가 제자들에게 구조신호를 보내는 것으로도 이해할 수 있다. 그러나 그들은 반응이 없다. 애초에 예수를 구할 마음이 없었던 걸까? 예수가 죽어야 구원이 성취된다는 것을 너무 잘 알고 있어서? 예수가 배신을 이야기할수록 속으로는 박수를 쳤을까? 그런데 이어서 심각하기 이를 데 없는 배신자를 언급했던 예수가 언제 내가 그런 이야기를 했냐는 듯 갑자기 사랑을 논한다.

"너희도 서로 남의 발을 씻겨주어야 한다."

"주님, 조금 전에 말씀하신 깨끗하지 않은 자의 발도 씻겨줘야 합니까?"
이런 똘똘한 질문을 던지는 제자는 없었다. 뜬금없이 한참이나 사랑
을 설파하던 예수가 드디어 진심을 드러낸다.

예수께서 이 말씀을 하시고 나서, 마음이 괴로우셔서, 환히 드러내어 말씀하
셨다. "내가 진정으로 진정으로 너희에게 말한다. 너희 가운데 한 사람이 나
를 팔아넘길 것이다."

그리고는 잠시 후 한 번 더 배신을 언급한다.

"나는 내가 택한 사람들을 안다. 그러나 '내 빵을 먹는 자가 나를 배반하였다'
한 성경 말씀이 이루어질 것이다. 내가 그 일이 일어나기 전에 너희에게 미
리 말하는 것은, 그 일이 일어날 때에, 너희로 하여금 '내가 곧 나'임을 믿게
하려는 것이다."

(요한복음 3:18-19)

요한은 여기서 또 한 번 예수가 '모든 것'을 다 안다는 점을 강조한다.
그리고 앞선 공관복음서 저자들이 애매하게 처리한 구약의 예언까지도

구체적으로 언급한다.

"'내 빵을 먹는 자가 나를 배반하였다' 한 성경 말씀이 이루어질 것이다."

바로 시편 41편 9절에 나오는 다윗의 말이다.

내가 믿는 나의 소꿉동무, 나와 한 상에서 밥을 먹던 친구조차도, 내게 발길
질을 하려고 뒤꿈치를 들었습니다.

여기서 다윗이 말하는 친구는 반란을 일으킨 아들 압살롬을 도운 자신의 친구 아히도벨이다.[90] 그런데 예수가 시편을 인용한 게 맞다면 문제가 있다. 일단 다윗은 믿었던 친구에게 배신당했다. 말 그대로 뒤통수를 맞았는데, 예수가 유다에게 뒤통수를 맞았는가? 아니, 예수가 유다를 믿은 적은 있나? 무엇보다 요한은 예수가 유다를 배신자로 '선택'했다는 점을 강조하고 또 강조한다. 공관복음서는 잘해야 유다를 배신자로 '지목'하는 데 그치지만, 요한은 '선택'으로 차원을 높였다. 예수가 애초에 모든 배반의 과정을 다 알고 있었고, 사실상 자신이 다 기획한 것이라는 점을 강조한다. 그런데 다윗과 아히도벨 이야기를 예수에게 갖다 붙이는 게 맞나?

두 번째로 아히도벨은 철저하게 정치적인 인물이다. 그가 유다를 상

---

90   압살롬은 또 사람을 보내어서, 다윗의 참모이던 길로 사람 아히도벨을 그의 성읍인 길로에서 올라
      오라고 초청했다. 아히도벨은 길로에서 정규적인 제사 일을 맡아 보고 있었다. 이렇게 반란 세력이
      점점 커지니, 압살롬을 따르는 백성도 점점 더 많아졌다.(사무엘하 15:12)

징하는 인물이 되는 순간, 예수와 유다의 관계는 더 정치적으로 바뀐다. 복음서 저자가 그토록 무슨 수를 써서라도 피하고 싶은 바로 그 구도가 된다. 예수를 어떻게든 비정치적 인물로 만들고 싶은 목적이 물거품이 될 수도 있다. 그런데 문제는 이 말을 하는 게 예수 자신이라는 것이다.

요한이 이런 문제를 몰랐을까? 설혹 알았다고 해도, 아히도벨을 포기할 수 없었을 것이다. 아히도벨에게는 두 가지 매력이 있었다. 첫 번째가 반란에 실패한 그가 목을 매서 자살했다는 것이다.(사무엘하 17:23) 요한은 마태복음 속 유다의 최후를 알고 있었다. 그렇기에 유다의 배신이 예언되었다고 주장하기에 아히도벨보다 더 적합한 인물은 없었다. 게다가 시편 41편 9절 속 "나와 한 상에서 밥을 먹던 친구조차도", 이 구절은 도저히 그냥 포기할 수 없었다. 유다 역시 예수와 한 상에서 밥을 먹었던 제자가 아닌가. 게다가 예수가 메시아라는 주장은 다윗과 연결하는 게 가장 효과적이었다. 다윗의 후손에서 메시아가 나온다고 하지 않았던가? 다른 사람도 아닌 다윗 이야기인데, 요한은 무릎을 쳤다. 아히도벨이 유다가 되는 순간 생기는 문제는 사소하다고…… 구약에서 뭐라도 하나 건지려고 발버둥 친 건 요한만이 아니었다. 다른 복음서 저자도 다르지 않았다.[91] 그러나 그 누구도 배반과 관련한 명확한 구절을 찾아내지 못했다. 그러니 요한이 아히도벨을 놓칠 리 없었다.

"마가, 마태, 누가, 너희들이 고민하던 거 내가 해결해줄게. 우리 주님

---

91 "인자는 자기에 관하여 성경에 기록되어 있는 대로 떠나가지만"(마가복음 14:21), "인자는 자기에 관하여 성경에 기록되어 있는 대로 떠나가지만"(마태복음 26:24), "인자는 하나님께서 정하신 대로 가지만"(누가복음 22:22).

이 배신자를 지목한 곳이 어디야? 바로 식사 자리였어. 같이 먹는 것과 배신이 어떻게 연결되어서 예언되었는지, 내가 똑바로 보여줄게."

배신을 단돈 몇 푼 때문이 아니라 태초부터 계획된, 전 우주적 차원으로 끌어올리려는 요한이다 보니, 누구보다 구약에서 예언을 찾아내는 게 절실했다. 배신하는 유다의 수준이 올라가야 예수의 신성이 더 부각되니까. 게다가 당시에 같은 식탁에서 식사하는 건 지금과는 비교도 할 수 없는 친밀한 관계, 무엇보다 충성을 상징했다. 항상 같이 식사하는 게 누구인가? 가족이 아닌가? 가족 같은 사람에게 당하는 배신은 그 충격이 배가 된다. 그러나 복음서 속 예수에 관한 예언 거의 100%가 다 그렇지만, 예언성취를 주장하는 순간 더 큰 문제가 생긴다. 이번 경우도 예외가 아니다.

히브리성경에는 악의 세력을 통한 구원의 완성이라는 신화는 찾으려야 찾을 수 없다. …… 구원에 죽음이 필요하고, 승리에 죽음이 필요하다는 개념은 없다. …… 기독교 스토리의 근원을 찾을 수 있는 곳은 이방 신화이지 유대교가 아니다. …… 아히도벨이 종종 가룟 유다와 비교되는데, 그는 결코 악당이 아니다. 그는 확실한 동기를 가지고 반역을 꾀한 정치가다. 그리고 목적이 좌절되자 자살한 것이다. 그의 역할은 셰익스피어가 그린 오셀로 속 이아고가 아니라, 줄리어스 시저 속 캐시우스다.[92]

이어서 가룟 유다와 관련해서 가장 논쟁을 불러일으키는, 매우 흥미

---

92   Hyam Maccoby, *Judas Iscariot and the Myth of Jewish Evil*, pp.49, 70, 117.

로운 이야기가 등장한다.

예수께서 이 말씀을 하시고 나서, 마음이 괴로우셔서, 환히 드러내어 말씀하셨다. "내가 진정으로 진정으로 너희에게 말한다. 너희 가운데 한 사람이 나를 팔아넘길 것이다." 제자들은 예수께서, 누구를 두고 하시는 말씀인지 몰라서, 서로 바라다보았다. 제자들 가운데 한 사람, 곧 예수께서 사랑하시는 제자가 바로 예수의 품에 기대어 앉아 있었다. 시몬 베드로가 그에게 고갯짓을 하여, 누구를 두고 하시는 말씀인지 여쭈어보라고 하였다. 그 제자가 예수의 가슴에 바싹 기대어 "주님, 그가 누구입니까?" 하고 물었다. 예수께서 대답하셨다. "내가 이 빵조각을 적셔서 주는 사람이 바로 그 사람이다." 그리고 그 빵조각을 적셔서 시몬 가룟의 아들 유다에게 주셨다. 그가 빵조각을 받자, 사탄이 그에게 들어갔다. 그때에 예수께서 유다에게 말씀하셨다. "네가 할 일을 어서 하여라." 그러나 거기 앉아 있는 사람들 가운데서 아무도, 예수께서 그에게 무슨 뜻으로 그런 말씀을 하셨는지를 알지 못하였다. 어떤 이들은, 유다가 돈자루를 맡고 있으므로, 예수께서 그에게 명절에 그 일행이 쓸 물건을 사라고 하셨거나, 또는 가난한 사람들에게 무엇을 주라고 말씀하신 것으로 생각하였다. 유다는 그 빵조각을 받고 나서, 곧 나갔다. 때는 밤이었다.

공관복음과 비교해서 요한은 스토리 속 디테일을 살리려고 애쓴 게 역력하다. 무엇보다 공관복음을 읽은 사람이라면 누구나 다 궁금했을 질문에 대답하려고 시도했다.

"아니, 예수님이 유다가 배신자라고 지목했는데, 왜 다른 제자들이 다가만히 손놓고 있던 거지? 말이 안 되잖아?"

요한은 그 이유를 두 가지 측면에서 설명한다. 첫 번째는 예수의 말이 어려워서 제자들이 이해하지 못했다는 것이고, 두 번째는 유다가 돈자루를 맡았기에 심부름하러 나갔다고 착각했다는 것이다.

"왜 베드로가 직접 묻지 않은 거지? 아니, 아까 예수가 배신자 이야기를 꺼낸 대상도 베드로였잖아? '주님 지금 무슨 말씀을 하시는 거예요?' 하면서 진즉에 아까 물었어야지, 내내 가만있다고 왜 지금 와서 갑자기 궁금해진 거야?"

"그러니까 지금 다른 제자들은 다 딴짓하고 있다는 거지? 이 대화는 세 사람 사이에서만 은밀하게 일어난 거고?"

여전히 이런 의문이 들겠지만, 핵심은 뒤에 나오는 내용이다. 배신자가 누구냐는 제자의 질문을 받은 예수의 행동과 말이다. 스토리의 흐름을 정리하자. 예수가 느닷없이 말한다.

"너희 가운데 한 사람이 나를 팔아넘길 것이다."

그러고는 아무런 후속 내용이 없자, 베드로의 지시를 받은 제자가 묻는다.

"주님, 그가 누구입니까?"

거기에 대한 예수의 대답이 명확하다.

"내가 이 빵조각을 적셔서 주는 사람이 바로 그 사람이다." 그리고 그 빵조각을 적셔서 시몬 가룟의 아들 유다에게 주셨다.

앞에서 다뤘던 공관복음으로 돌아가자. 거기에 따르면, 유다의 정체가 드러난 건 일종의 우연이었다. 유다가 언제 빵을 집을지 기가 막히게 알아차린 예수가 선수를 쳤다.

"나와 함께 이 대접에 빵을 적시려고 손을 담근 사람이, 나를 넘겨줄 것이다."

별생각 없이 빵을 대접에 적시던 유다가 이 말에 분명 화들짝 놀라서 손을 거뒀을 거라고, 앞에서 말했다. 그런데 요한의 설명대로 예수가 단지 옆에 있는 한두 명 하고만 은밀하게 이야기하는 중이었다면, 마가복음 속 황당해 보이는 상황도 이해할 수 있다. 다른 사람과 웃고 떠들다가 별생각 없이 빵을 대접에 찍는 유다를 유심히 보던 예수가 그 시점에 맞춰서 자기도 빵을 대접에 찍는 경우다. 아무것도 모르는 유다는 계속 다른 제자들과 웃고 떠들었을 것이다. 그러나 마가복음은 단 몇 명이 아니라 예수가 제자 전체와 대화했다는 사실을 분명하게 한다.[93] 따라서 앞에

---

93   예수와 제자들이 자리를 잡고 앉아서 먹고 있을 때에, 예수께서 말씀하셨다. "내가 진정으로 너희에게 말한다. 너희 가운데 한 사람, 곧 나와 함께 먹고 있는 사람이 나를 넘겨줄 것이다." 그들은 근심에 싸여 "나는 아니지요?" 하고 예수께 말하기 시작하였다. 예수께서 그들에게 말씀하셨다. "그는 열둘 가운데 하나로서, 나와 함께 같은 대접에 빵을 적시고 있는 사람이다. 인자는 자기에 관하여 성경에 기록되어 있는 대로 떠나가지만, 인자를 넘겨주는 그 사람에게는 화가 있다. 그 사람은 차라리 태어나지 않았더라면 자기에게 좋았을 것이다."

서도 설명했듯, 모든 제자가 유다의 정체를 알면서도 가만히 있었다는 건 이해가 쉽지 않다.

예수와 유다가 동시에 빵을 대접에 찍었다는 사실만으로도 기독교인은 예수가 모든 상황을 통제한다는 충분한 증거로 받아들인다. 그러나 꼭 그런 건 아니다. 훨씬 더 자연스러운 해석이 있다. 예수가 배신자를 운에 맡기는 경우다. 그러니까 예수는 지금 이렇게 말하는 것이다.

"너희 열둘 중에 누가 될지는 몰라도, 내가 지금 빵을 대접에 적시는 순간에 동시에 적시는 '그놈'이 배신자가 될 것이다. 운명이다, 이놈들아. 받아들여라."

물론 이런 식의 제비뽑기를 반드시 운에 맡긴다고만 볼 수는 없다. 얼마든지 하나님의 선택으로 받아들일 수도 있다. 사도행전 1장에는 가룟 유다 대체자로 맛디아를 뽑는 장면이 나온다. 그때 사용한 방식이 바로 제비뽑기였다.[94] 그러나 요한은 차마 오해의 소지가 있는 공관복음 속 장면을 받아들일 수 없었다. 예수가 배신자의 선택을 운에 맡겼다고? 뭐라고? 중차대한 십자가 구원의 핵심인물인 배신자가 누구인지 공개하는 순간이 '우연'에 의해서 결정났다고? 이건 신성모독이다. 하나님인 예수에게 어울리지 않는다. 예수는 모든 상황을 철저하고 완벽하게 지배한다. 요한에게 예수는 모든 상황을 100% 주도적으로 끌고 가는 주인공이지 결코 끌려가는 존재가 아니다. 예수는 천지를 창조한 하나님이다. 그 점

---

94 그들에게 제비를 뽑게 하니, 맛디아가 뽑혀서, 열한 사도와 함께 사도의 수에 들게 되었다.(사도행전 1:26)

을 그는 이미 앞에서 몇 번이나 강조했다.

처음부터 예수께서는, 믿지 않는 사람이 누구이며, 자기를 넘겨줄 사람이 누구인지를, 알고 계셨던 것이다.

"내가 너희 열둘을 택하지 않았느냐? 그러나 너희 가운데서 하나는 악마이다."

요한은 예수를 수동적 위치에서 적극적 '주도자'로 바꾼다. 그래서 예수는 직접 빵을 집어서 유다에게 건넨다. 그리고 분명하게 말한다. "네가 바로 배신자다"라고.

"내가 이 빵조각을 적셔서 주는 사람이 바로 그 사람이다." 그리고 그 빵조각을 적셔서 시몬 가룟의 아들 유다에게 주셨다.

한 가지를 기억하자. 이미 앞에서 언급했듯, 지금 이 모든 대화는 예수와 베드로 그리고 질문한 제자, 세 명 사이에서만 이뤄지고 있다. 나머지는 다들 먹기에 바쁘거나 아니면 자기네끼리 다른 대화에 열중했다고 봐야 한다. 그게 아니라면 지금 모든 제자가 주목하는 가운데서 이 대화가 이뤄졌다는 건데, "이 빵을 받는 놈이 배신자다"라고 하면서 건네는 빵을 유다가 넙죽 받았다고? 말이 안 된다. 유다가 어떻게 나오는 게 정상일까? "주님, 무슨 소리입니까? 당신 미쳤습니까?" 하면서 펄쩍펄쩍 뛰어야 한다. 따라서 유다는 예수와 두 제자 사이에 일어난 대화를 전혀 모르다가 뜬금없이 예수가 내미는 빵에 조금 놀랐다고 보는 게 타당하다. 유다의 기분이 어땠을까? 으쓱했을 거다. 그러면서 주변을 둘러보지 않았을까?

"봤지? 내가 이런 사람이야. 베드로한테도 안 주는 빵을 주님이 내게만 건네잖아?"[95]

따라서 이런 예수에게 가장 어울리지 않는 소리가 있다면, 마가와 마태복음에 나오는 저주다.

"그 사람은 차라리 태어나지 않았더라면 자기에게 좋았을 것이다."

이 구절을 보면서 요한은 땅을 쳤을 것이다. 예수의 생애를 쓴 복음서 저자가 정작 신성모독죄를 저질렀다고 한탄했을 것이다. 그래서 그는 이 구절을 삭제했다. 자, 그런데 유다가 으쓱하는 마음으로 예수가 건넨 빵을 받는 순간, 상황이 바뀌었다.

그가 빵조각을 받자, 사탄이 그에게 들어갔다.

사탄이 들어온 순간 유다가 눈을 들어 예수를 보았을 것이다. 뿌듯했던 감정이 순식간에 사라졌을 것이다. 갑자기 모든 게 선명해졌다. 내가 누구라는 '자의식'이 그를 깨웠다.

"배신자…… 배신자가 바로 나였구나."

---

[95] "떡 한 조각을 적셔서 다른 사람에게 주는 것은 우정과 존경의 표시였다."(『무디성경주석』, 1869쪽)

요한은 확실하게 하고 싶었다. 예수는 사탄조차도 통제한다고 말이다. 그래서 그는 유다가 빵조각을 받는 순간에 맞춰서 사탄이 그에게로 들어갔다고 분명하게 적었다. 달리 말하면, 예수가 사탄을 유다에게 버터처럼 발라서 줬다고 보는 게 타당하다. 배신자가 누구라는 것을 알게 된 건 유다 혼자가 아니다. 베드로와 질문한 제자는 아마도 놀라서 예수와 유다를 번갈아봤을 것이다.

"뭐라고요? 유다라고요? 재정을 책임지는 유다가 배신자라고요?"

그리고 도무지 이해할 수 없는 말이 예수의 입에서 나왔다.

예수께서 유다에게 말씀하셨다. "네가 할 일을 어서 하여라."

아마도 예수의 목소리가 꽤 컸던 것 같다. 그래선지 각자 대화에 열중하던 다른 제자도 다 잠시 멈추고 예수와 유다를 쳐다보았다. 그러나 그들은 지금 전후 상황을 모른다. 자리에서 일어나는 유다를 그냥 멀뚱멀뚱 바라보았을 뿐이다.

그러나 거기 앉아 있는 사람들 가운데서 아무도, 예수께서 그에게 무슨 뜻으로 그런 말씀을 하셨는지를 알지 못하였다. 어떤 이들은, 유다가 돈자루를 맡고 있으므로, 예수께서 그에게 명절에 그 일행이 쓸 물건을 사라고 하셨거나, 또는 가난한 사람들에게 무엇을 주라고 말씀하신 것으로 생각하였다.

요한은 공관복음에서 불만이었던 부분을 여기서 해결했다. 그도 분명히 똑같은 의문을 가졌을 것이다.

"아니, 배신자라고 밝혀졌는데 나가는 걸 그냥 보고만 있었다고? 말이 안 되잖아? 뭔가 설명이 있어야지."

그래서 그는 유다를 돈주머니 담당자로 만들었다. 공관복음의 허점을 보완할 뿐 아니라 돈 훔치는 나쁜 놈으로 그렸다. 그런데 한 가지 의문이 남는다. 다른 제자야 그렇다고 쳐도, 베드로와 질문한 제자까지 나가는 유다를 그냥 멀뚱멀뚱 보고만 있었다는 것을 어떻게 이해해야 할까? 어쩌면 그들은 충격 상태에서 빠져나오지 못했을 수도 있다. "배신? 유다가 배신한다고? 도대체 무슨 배신을 어떻게 한다는 거야?" 하면서 어리둥절했을 수 있다. 그렇다 보니 잠시 멍한 상태에서 들린 예수의 말, "네가 할 일을 하라"를 심지어 그들조차 이해하지 못했고, 그래서 자리에서 일어나는 유다를 향해 의혹의 눈길을 보내긴 했지만, 다른 제자처럼 물건 사러 간다고 오해했다면 크게 이상하지 않다.

이제 두 가지 문제가 남는다. 첫 번째는 빵을 건네는 예수의 행동이다. 예수를 전능한 하나님으로 그리려는 요한의 의도를 모르는 바 아니지만, 그래서 역효과가 일어났다. 예수의 공모 혐의다. "예수가 빵을 건네면서 허락하자, 틈을 엿보던 사탄이 비로소 유다에게 들어갔다"고 해석할 수 있다. 게다가 "네가 할 일을 어서 하여라"라는 말은 비록 사탄이 들어왔지만, 여전히 망설이며 갈등하는 유다를 재촉한 것으로 볼 수 있다. 결국 유다를 배신의 사지로 떠민 게 예수라는 말이 된다. 아무리 사탄이 들어왔어도 예수 곁에서 무려 3년을 배운 제자인데, 그렇게 쉽게 넘어갔을까? 치열한 내적 싸움을 통해서 사탄을 물리쳤을 수도 있는데, 예수가 유다에게 그런 기회조차 주지 않은 게 아닌가? 그러나 정작 요한에게 그런 고민은 없다. 논리적 사고가 가져다주는 예수의 공모라는 불경한 상상은 그의 사고영역 밖이라고 보는 게 타당하다.

두 번째 문제는 악마가 한참 전, 저녁을 먹으려고 할 때 이미 유다 속으로 들어왔다는 사실이다.

저녁을 먹을 때에, 악마가 이미 시몬 가룟의 아들 유다의 마음속에 예수를 팔아넘길 생각을 불어넣었다.

그럼 빵을 받는 순간 들어온 녀석은 뭘까? 예수의 세족식으로 잠시 달아났던 악마가 다시 돌아온 것으로 봐야 할까? 그러나 이미 살펴본 대로 그럴 여지를 예수가 주지 않는다. 예수는 자기가 열심히 씻었지만 유다 속의 악마는 여전히 있다고 말한다.

"이미 목욕한 사람은 온몸이 깨끗하니, 발밖에는 더 씻을 필요가 없다. 너희는 깨끗하다. 그러나, 다 그런 것은 아니다."

그럼 앞에 들어온 건 악마이고, 이번에는 사탄 대장이 들어온 것으로 봐야 할까? 도대체 자신이 배신자라는 자의식을 유다는 언제 갖게 되었을까? 저녁 식사를 시작할 때, 아니면 나중에 빵조각을 받았을 때일까? 그것도 아니면 차츰 점진적으로 깨닫게 된 걸까? 알 수 없다. 아무튼 유다의 배신을 고차원의 영적 문제로 끌고 가고 싶은 요한의 욕심이 과했다. 그래서 문맥의 흐름을 무시하고 또 한 번 언급했다고 보는 게 타당하다. 그게 아니면, 빵을 건네는 행위의 중요성을 특별히 강조하고 싶었기에 한 번 더 사탄을 언급한 걸까? 일종의 문학적 욕심 말이다.

예수의 말에 자리에서 일어난 유다가 밖으로 나갔다. 사탄이 들어와 모든 것이 선명해진 그는 이제 예수의 모든 말을 이해할 수 있었다. 지금까지 수수께끼만 같았던 스승의 말이 맑은 하늘처럼 명확해졌다.

유다는 그 빵조각을 받고 나서, 곧 나갔다. 때는 밤이었다.

스승을 배신하려고 칠흑처럼 어두운 밤거리를 나서는 유다, 요한은 사탄의 세력이 특히 강하게 작용하는 밤을, 어둠을 강조하고 싶었다. 악을 상징하는 밤, 어둠…… 그 속으로 불나방처럼 몸을 던지는 유다. 그는 분명히 그 어두운 밤길을 뛰었을 것이다. 요한은 괜스레 문학적인 표현으로 멋을 부렸다.

예수가 건넨 빵과 관련해서 조금 더 생각해보자. 앞에서도 말했듯이, 마가와 마태가 그린 가룟 유다를 보면서 요한은 땅을 쳤을 것이다. 돈벌레라는, 가장 조악하고 추잡하게 그려진 유다라는 존재가 예수의 수준까지 구덩이에 처박는다는 점에 생각이 미치지 못했다는 데 요한은 절망했을 것이다. 그래서 그는 전혀 새로운 차원의 유다를 그려내고 싶었다. 그건 전지전능한 예수 그리스도를 제대로 묘사하는 길이기도 했다. 그러다 보니 한 가지 부작용이 드러났다. 나는 과연 요한이 이 부분을 생각했는지 궁금하다. 유다가 떨어지면 예수도 떨어진다. 올라간다고 다를까? 예수가 올라가면, 거기에 맞춰서 유다도 따라 올라간다. 그러니까 예수는 올라가지만 유다는 떨어지는, 이상한 그림은 애초에 불가능하다. 요한 덕분에 사탄의 행동대장이 된 유다는 하나님과 대결하는 수준으로 업그레이드되었다. 빵조각은 그런 유다를 만드는 데 중요한 도구가 되었다. 물론 이건 요한의 의도가 아니다.

배신한 사람에게는 성스러운 음식인 과(유)월절 만찬의 빵조각이, 배신당한 사람에게는 입맞춤이 주어졌습니다. 비록 암시적 표현이지만, 주인과 충직한 제자 사이의 은밀한 일치, 신성한 제유를 보여주고 있음을 여기에서 분명하게 드러나고 있습니다. …… 유다는 이미 하느님께 봉헌되어 있었습니다. …… 이와 다른 주장을 펴는 사람은 예수를, 우리를 가지고 놀며 시험을 들게 하고 범법자로 만드는 마귀로 바꿔놓는 것입니다. 나는 그러한 예수 믿기를 거부합니다. "그가 빵조각을 쥐었을 때 악마가 그에게 들어갔다." 거룩한 성찬의 빵을 청산가리 캡슐로 바꿔놓는, 은총이 없는 신인(god-man)을 나는 믿지 않을 것입니다.[96]

행여 천국에 기독교인이 전혀 상상하지 못한 서프라이즈가 준비되었던 건 아닐까? 예수와 거의 같은 위상으로 숭배받는 가룟 유다를 만날지도 모르니까. 유다를 높이는 건 결코 반기독교가 아니다. 오히려 하나님의 위상을 높이려는 충성심의 결과다. 복음서 저자들이 멍청하게 그린

---

96   발터 옌스, 『유다의 재판』, 164~165쪽.

돈벌레, 잘해야 사탄의 끄나풀에 불과한 유다를 원래 위상으로 회복함으로써, 하나님도 원래 위치에 복귀시킬 수 있다. 기독교의 핵심인 십자가의 구원이 유다의 배신처럼 조악하기 이를 데 없는 코미디로 이뤄졌다는 게 견딜 수 없는 신실한 기독교인의 노력이다.

더불어서 빵조각을 자유의지와 연결하는 기독교인이 적지 않다. 왜 그럴까? 얼마든지 배신을 충동질했다고 볼 수 있기에, 예수가 '사탄이 묻은' 빵조각을 건네는 장면이 당황스러운 것이다. 그래서 도리어 반전을 꾀한다. 충동질이 아니라 배신을 막기 위해서 건넸다는 것이다. 빵조각에 묻은 건 사탄이 아니고 사랑이란다. 그리고 그 사랑을 거부한 건 유다의 자유의지라는 설명이다.

> 식사를 할 때 음식을 한 조각 건네는 것은 우정의 표시입니다. 유다의 배신을 분명히 알고 있음에도 불구하고 계속해서 선의와 호의를 베푸는 것은 유다의 심중에 품고 있는 음모를 중지할 것을 따뜻하게 촉구하는 것입니다. 그러나 유다는 끝내 예수와 그분의 우정 어린 호의를 거절했고, 이를 요한복음은 그 순간 사탄이 그의 마음에 들어갔다고 표현함으로써 유다의 결정이 무엇이었는지 보여줍니다. …… 유다의 배반은 그 자신의 자유로운 선택과 결단이었습니다. 하나님은 그 누구도 충동질하지 않으십니다. 하나님은 어떤 피조물이라도 죄를 짓도록 미리 확정하지 않습니다. 그와 반대로 자기 아들을 아끼지 않으실 정도로 우리가 돌아오길 바라십니다. 유다는 정녕 자유합니다.[97]

---

97   김기현, 『가룟 유다 딜레마』, 53, 55쪽. 이런 식의 설명은 긴 역사를 자랑한다. 성 아우구스티누스는

김기현의 해석은 아마도 존 스토트의 『그리스도의 십자가』에서 근거했는지도 모르겠다. 십자가와 관련해서 가장 권위 있는 단 한 권의 책을 들라면 바로 그 책이다. 거기서 존 스토트는 이렇게 말한다.

사단의 영향력이 아무리 강했다고 하더라고, 그가 스스로 그 영향력에 대하여 자기를 개방한 때가 있었던 것이다. 예수님은 유다의 행동에 대한 책임이 유다에게 있는 것으로 간주하신 것이 명백하다. …… 떡 한 조각을 찍어서 그에게 주심으로써 최후의 호소를 하셨지만 유다는 그 호소를 거부했다. 그의 배반은 환대에 대한 극악한 배은망덕의 행위였으므로 더욱 가증한 것으로 보인다.[98]

그러나 정작 이런 설명에 통곡하며 땅을 칠 사람이 있다면, 요한이다. "내가 그토록 자세하게 썼는데…… 그렇게도 모르겠어? 사탄이 유다에게 들어간 거라고. 그런데 무슨 자유의지 타령이야? 아니, 자유의지가 우리 하나님보다 더 강력해? 하나님이 정하셨는데, 자유의지로 바꿀 수 있다는 거야? 이게 무슨 신성모독이야? 아니, 그래, 너희 주장대로 유다가 생각을 바꿨다고 치자. 자유의지를 발휘해서 회개하고 돌아왔다고 치자고. 그럼 십자가는 어떻게 되는데? 십자가는 어떻게 질 건데?"

이러면서 화를 낼 것이다. 물론 존 스토트처럼 설명하는 기독교인

이렇게 설명한다. "주님이 유다에게 건네준 소량의 음식이 사악한 것이었을까? 절대 그렇지 않다. 의사는 환자에게 독을 주지 않는다. 마찬가지로 예수가 유다에게 건넨 것은 치료약이었다. 하지만 유다는 그 치료약을 받아들일 자격이 없었고, 빵조각을 건네받았을 때 그 마음이 평온하지 않았기에 결국 그 빵조각을 받아서 파멸로 치닫게 된 것이다." 피터 스탠퍼드, 『예정된 악인』, 167쪽.

98   존 스토트, 『그리스도의 십자가』, 76쪽.

을 이해한다. 사랑의 예수님이 배신을 충동질했다고는 차마 믿을 수 없기 때문이다. 그러나 요한은 분명하게 말한다. 유다에게 사탄이 들어왔다고. 생각해보자. 유다가 정말로 자유한가? 사탄이 들어왔는데, 자유하다고? 내가 그걸 막을 수 있다고? 게다가 예수까지도 세상의 권세 잡은 자라고 인정한 사탄이 내 안에서 둥지를 틀고 앉았는데, 내게 자유의지가 있다고? 두 가지 중에 하나다. 인간에게는 성령 아니면 사탄이 들어간다. 그리고 그건 순전히 운에 달렸다. '운'이라는 단어가 싫다면, 사탄의 종이 될지 성령의 종이 될지를 하나님이 미리 결정했다고 하자. 이렇게 인정하는 게 그나마 정직하다. 마지막으로 이 빵조각에는 기독교의 중요한 성례인 성찬식과 관련해서 한 가지 심각한 문제가 담겨 있다.

그리스도교의 전통이 예수의 육체라고 부르게 될 것을 유다에게 주면서 예수가 그에게 사탄이 들어가게 한 것을 어떻게 설명할까? 유다가 마치 (예수의) 사악한 분신인 것처럼 만일 예수의 타락한 쌍둥이에 불과하다면 말이다.[99]

유다의 배신이 성찬식과 얽힌 만큼 쉽지 않은 문제다.[100] 당장 예수의 몸에 해당하는 빵조각이 유다 속에 들어간 것을 사탄이 들어갔다고 쓴 요한은 난제를 남긴 셈이다. 예수가 자신의 일부인 '사탄'을 유다 속에 넣었다고 보아야 하나? 아니면 요한은 애초에 성찬식 자체를 부정하고 싶

---

99   카트린 슐라르 책임편집, 『유다』, 148~149쪽.
100 물론 요한복음 속 만찬은 성찬식이 아니라 세족식, 단순한 식사 자리의 빵이라고 설명할 수 있다.

었던 걸까? 그래서 은연중에 그런 암시를 남긴 걸까?

자, 다음 장면으로 넘어가자. 유다가 떠나고 예수는 마치 아무 일도 없었다는 듯 설교를 시작한다.

유다가 나간 뒤에, 예수께서 말씀하셨다. "이제는 인자가 영광을 받았고, 하나님께서도 인자로 말미암아 영광을 받으셨다. …… 서로 사랑하여라. 내가 너희를 사랑한 것 같이, 너희도 서로 사랑하여라."

다른 게 아니라, 사랑하라는 설교다. 참 이상하다. 지금 상황에서 이런 설교가 가당키나 한가? 그런데 제자들도 이상하기는 마찬가지다. 도무지 이해가 불가능한 사람들이다. 하다못해 베드로라도 이렇게 물어야 하는 거 아닌가?

"주님, 유다가 무슨 배신을 한다는 겁니까? 지금 주님 심부름 나간 게 맞습니까? 그리고 서로 사랑하라고 하시는데, 거기에는 유다도 포함됩니까? 원수도 사랑하라고 하셨으니까, 배신자도 사랑하라고 이해하는 게 맞습니까?"

그러나 요한에게 이런 상식적 전개는 중요하지 않다. 유다의 배신은 사탄이 꾸민 모략의 절정이다. 십자가 사건은 선과 악이 싸우는 대결에서 하이라이트다. 그에게 사탄은 현재 이 세상을 다스리는 통치자다.[101]

---

101 나는 너희와 더 이상 말을 많이 하지 않겠다. 이 세상의 통치자가 가까이 오고 있기 때문이다.(요한복음 14:30)

예수는 유다가 떠난 자리에서 장엄한 기도를 이어간다. 여기에 우리의
시선을 끄는 한 대목이 있다.

> "내가 그들과 함께 지내는 동안은, 아버지께서 내게 주신 아버지의 이름으로 그
> 들을 지키고 보호하였습니다. 그러므로 그들 가운데서는 한 사람도 잃지 않았습
> 니다. 다만, 멸망의 자식만 잃은 것은 성경 말씀을 이루기 위함이었습니다."
>
> (요한복음 17:12)

한마디로 유다를 잃은 건 목적 달성을 위해서니까 마이너스로 볼 수
없다는 소리다. 항상 그렇듯이, 유다는 여기에서도 예외다. 그게 아니라
면, 예수의 말은 위선이다. 그는 앞에서 이렇게 말했다.

> "나를 보내신 분의 뜻은, 내게 주신 사람을 내가 한 사람도 잃어버리지 않고,
> 마지막 날에 모두 살리는 일이다."
>
> (요한복음 6:39)

> "나는 그들에게 영생을 준다. 그들은 영원토록 멸망하지 아니할 것이요, 또
> 아무도 그들을 내 손에서 빼앗아가지 못할 것이다."
>
> (요한복음 10:28)

요한은 예수가 앞에서 한 말을 잘 기억했다. 그렇기에 그는 '멸망의
자식', 달리 말하면 '멸망할 운명이 정해진 인간'을 빼고는 예수가 다 구

했다고, 모두 살리고 구원한다는 말이 빈말이 아니라는 점을 여기서 분명히 한다. 예수조차도 예정된 운명은 바꾸지 못할 뿐이다. 그러나 그런 예수의 '제한성'을 드러내는 게 요한의 목적이 아니다. 요한은 멸망이라는 운명에 처한 유다도 다 예수의 계획이나 섭리 안에 있다고 말하고 싶은 것이다. 그러다가 뭔가 곤란하고 답답하면, 꼭 이런 말을 넣는다. 닥치고 믿으라는 복음서 저자들의 일관된 무언의 압박이다.[102]

이게 다 성경 말씀을 이루기 위함이었습니다.

자, 예수의 체포 장면으로 가기 전에 한 가지 기억할 점이 있다. 요한은 공관복음서가 조금은 애매하게 드러낸 유다의 '배신 내용'을 나름 명확하게 했다. 다름 아니라, 로마와 대제사장이 모르는 예수의 은신처를 알려주는 게 배신이라는 점을 분명하게 했다.[103] 그래서 애초에 유다의 역할을 예수의 은신처로 안내하는 것으로 한정하고, 앞에 떡밥을 뿌려놓았다. 평소에도 예수가 은신처 중심으로 동선을 잡았다는 내용이다. 나름 밀고자의 필요성, 배신의 내용에 관해서 신경 쓴 흔적이다.

그날부터 대제사장과 바리새파는 예수님을 죽일 음모를 꾸미기 시작했다. 그래서 예수님은 유대인 가운데 더 이상 드러나게 다니지 않으시고 그곳을

---

102 앞에서도 살펴보았지만, 예수가 이루려고 한다는 성경 말씀이 뭔지는 도통 알 길이 없다.
103 오사마 빈 라덴의 경우를 봐도, 은신처 발설이야말로 가장 타당성 있는 배신이다.

떠나 광야 가까이에 있는 에브라임이라는 마을로 가서서 제자들과 함께 거기에 머물러 계셨다.

(요한복음 11:53-54)

이제 예수가 어떻게 체포되는지 살펴보자.

예수는 제자들과 함께 기드론 골짜기 건너편으로 가셨다. 거기에는 동산(정원)이 하나 있었는데, 예수와 그 제자들이 거기에 들어가셨다. 예수가 그 제자들과 함께 거기서 여러 번 모이셨으므로, 예수를 넘겨줄 유다도 그곳을 알고 있었다.

(요한복음 18:1-2)

공관복음에는 분명하게 올리브산 겟세마네 골짜기로 나오는 장소를 요한은 '동산, 정원'으로 바꿨다. 유명한 공공장소인 겟세마네 골짜기에는 평소에도 사람들이 많고 또 예수가 수시로 나타났는데, 그걸 몰라서 배신자가 필요하다는 건 말이 되지 않는다. 은신처 급습이라는 그림을 위해서는 사람들이 잘 모르는 은밀한 정원이 필요했다. 그리고 유다가 그곳을 알았다는 점을 분명하게 한다. 더불어 요한은 예수를 체포한 주체가 유대 종교 지도자가 아니라, 로마 군인이라는 점도 확실하게 한다.

유다는 로마 군대 병정들과, 제사장들과 바리새파 사람들이 보낸 성전 경비병들을 데리고 그리로 갔다.

(요한복음 18:3)

앞에서 살펴보았듯이, 요한은 유다가 대제사장을 찾아가는 장면 자체를 삭제했다. 배신 동기가 향유사건에서 빚어진 돈 문제가 아닌 이상, 공관복음이 돈과 연결한 대제사장을 굳이 배신과정에 넣을 필요가 없었다. 요한은 유다가 '돈을 사랑하는 돈벌레다'는 정도의 언급으로 만족한다. 그러니까 유다가 그 야심한 밤에 찾아간 건 로마이지 대제사장이 아니다. 한편으로 보면, 예수의 체포를 대제사장이 주도한다는 주장이 주는 비현실성을 인식했을 수도 있다.[104]

결국 사탄의 꼭두각시에 불과한 유다의 역할은 예수의 은신처 인도로 끝난다. 공관복음에서 꽤 중요한 키스 장면, 상상도 할 수 없다. 그건 요한에게 신성모독 그 자체다. 행여 예수의 신성에 흠집을 내는 행동을 미연에 방지하기 위해서라도, 유다는 즉시 수면 아래로 사라진다. 그렇다 보니 요한복음에서 예수는 유다와 말 한마디 섞지 않는다. 체포 장면을 살펴보자.

그들은 등불과 횃불과 무기를 들고 있었다. 예수께서는 자기에게 닥쳐올 일을 모두 아시고, 앞으로 나서서 그들에게 물으셨다. "너희는 누구를 찾느냐?" 그들이 대답하였다. "나사렛 사람 예수요." 예수께서 그들에게 말씀하셨다.

---

104 그렇다고 요한이 현실성을 제대로 반영했을까? 전혀 아니다. 먼저 그는 바리새파가 마치 사병을 거느린 것처럼 묘사했다. 당시 현실과 완전히 동떨어진 어이없는 소리다. 그런데 체포한 예수를 로마 군인이 유대인에게 데리고 가는 장면도 어이없다. "로마 군대 병정들과 그 부대장과 유대 사람들의 성전 경비병들이 예수를 잡아 묶어서 먼저 안나스에게로 끌고 갔다." 이건 예수의 시신을 지키던 로마병정이 대제사장을 찾아갔다는, 마태가 쓴 황당한 글과 비슷하다(유튜브 '옥성호의 진리해부' 31편 참조. https://www.youtube.com/watch?v=lbiikLKpyhQ&t=26s).

"내가 그 사람이다." 예수를 넘겨줄 유다도 그들과 함께 서 있었다. 예수께서 그들에게 "내가 그 사람이다" 하고 말씀하시니, 그들은 뒤로 물러나서 땅에 쓰러졌다. 다시 예수께서 그들에게 물으셨다. "너희는 누구를 찾느냐?" 그들이 대답하였다. "나사렛 사람 예수요." 예수께서 말씀하셨다. "내가 그 사람이라고 너희에게 이미 말하였다. 너희가 나를 찾거든, 이 사람들은 물러가게 하여라."

(요한복음 18:3-8)

"예수를 넘겨줄 유다도 그들과 함께 서 있었다"라는 게 체포 장면에 등장한 유다의 전부이고, 그는 더 이상 보이지 않는다. 장기판의 졸처럼 그렇게 허망하게 사라진다.

공관복음은 어떻게 하든지 예수가 종교적 이유로 죽었다는 점을 부각한다. 당연히 예수를 체포한 것도 대제사장의 사병이다. 그런데 요한복음에는 그런 시도가 별로 보이지 않는다. 요한은 처음으로 로마 군인을 수면 위로 끌어올렸다. 왜 그랬을까? 부작용이 있을 수 있지만, 그것을 상쇄하는 긍정적 요소가 있다고 판단한 게 아닐까? 내가 생각하기에 해답 중 하나가 다음 장면에 있다.

예수께서 그들에게 "내가 그 사람이다" 하고 말씀하시니, 그들은 뒤로 물러나서 땅에 쓰러졌다.

그들이 누구인가? 로마 군인이다. 당연히 이런 헛웃음이 나온다.

이 이야기가 인위적이라는 것은 예수의 엄청난 이 말이 어떠한 여파도 없었다는 것에서 명확하게 드러난다. 우리는 군인들이 일어서서 먼지를 턴 다음 멍청하게도 아무 일도 일어나지 않았다는 듯이 "지금 우리가 어디에 있는 거지"라고 말한다고 상상해야 한다.[105]

요한이 슈퍼맨 예수를 넣은 이유가 뭘까? 내가 생각하는 이유는 잠시 후에 살펴볼 빌라도와의 대화 장면을 위한 떡밥이라는 것이다. 그러니까 영화 〈기생충〉 속 송강호가 아들에게 하는 대사, "너는 다 계획이 있구나"가 딱 여기에 해당한다.

"요한, 너는 다 계획이 있었구나……."

물론 다른 이유도 있다. 먼저 요한은 그의 일관된 목적, 예수가 하나님이라는 사실을 한 번 더 강조했다.

예수가 "내가 그 사람이다"라고 말할 때 왜 600명에 달하는 군인들이 땅에 엎드렸는가? "나는 나다(I am)"는 구약성경에서 하나님의 거룩한 이름이다.(출애굽기 3:14) 군인들은 거룩한 자 앞에서 무릎을 꿇었다.[106]

마음만 먹으면 600명이 아니라 6만 명도 처리할 수 있는 예수가 십자가를 진 것은 자발적이며, 결코 무력하게 체포되어 사형당한 게 아니

---

105 로버트 프라이스, 『복음서의 탄생』, 521쪽. 로버트 프라이스는 또한 요한이 이 이야기를 열왕기하 1장 9-15절의 엘리야 이야기에서 가져왔을 것이라고 추측한다.

106 마커스 보그 · 존 도미니크 크로산, 『마지막 일주일』, 221쪽.

라고 말하려는 것이다. 이처럼 공관복음서와 달리 하나님의 위용을 갖춘 요한복음 속 예수는 호연지기가 하늘을 찌른다. 당연히 도망가는 제자들도 없다. 스승 한마디에 천하의 로마 군인들이 볏짚처럼 쓰러지는데, 도망갈 이유가 없지 않은가? 사족처럼 붙어 있는 베드로의 검술 이야기는 생략하자.[107]

겟세마네 속 예수의 호연지기 속에서 우리는 사라져버린 키스를 한 번 더 떠올린다. 수동적으로 유다의 키스를 받는 예수는 요한에게 상상도 할 수 없다. 그래서 요한은 빵조각으로 키스를 대신했다. 키스를 '당하는' 대신, 예수는 빵조각을 '건네준다.' 바로 이 장면과 똑같다. 인간 주제에 유다가 하나님인 예수를 지목하는 건 있을 수 없다. 아니, 지금 예수가 숨어서 피하기라도 한다는 말인가? 당연히 예수가 먼저 나선다.

"너희는 누구를 찾느냐?"

---

107 "시몬 베드로가 칼을 가지고 있었는데, 그는 그것을 빼어 대제사장의 종을 쳐서, 오른쪽 귀를 잘라버렸다. 그 종의 이름은 말고였다"(요한복음 18:10)에 대한 『무디성경주석』의 주석은 매우 재미있다. 이어지는 15절, "시몬 베드로와 또 다른 제자 한 사람이 예수를 따라갔다. 그 제자는 대제사장과 잘 아는 사이라서, 예수를 따라 대제사장의 집 안뜰에까지 들어갔다"와 연결해서, 이 제자가 베드로의 지시(?)를 받아서 예수에게 배신자가 누구인지 물어본 사람이고 또한 예수의 특별한 사랑을 받은 제자이자 요한복음의 저자 요한이라는 것이다. 사실 이게 기독교의 정설이다. 그렇다 보니까 요한은 베드로의 칼에 귀가 잘린 사람의 이름이 '말고'라는 디테일한 정보까지 알아냈다는 것이다. 아마도 20년 전 이런 설명을 접했다면, 나는 감격해서 눈물을 흘렸을 것이다. "주님, 정말로 주님의 말씀은 오차가 없습니다. 어쩌면 이렇게 딱딱 들어맞습니까? 정말이군요, 요한복음을 쓴 요한이 겸손하게 자신을 드러내지는 않았지만, 정말로 요한복음의 저자였군요." 그런데 문제는 뒤따라오는 예수와 빌라도 사이의 긴 대화. 요한복음 저자가 그 대화를 어떻게 알았을까? 대제사장과의 연줄이 그 대화 녹취록까지도 전해준 것일까? 그런데 빌라도와 예수의 모든 대화는 다 '관저' 안에서 이뤄진 것이다. 거기까지 대제사장의 영향력이 닿았다는 것인가?

그 말에 로마 군인들은 볏짚처럼 힘없이 뒤로 나가떨어진다. 하지만 쓰러지는 로마 군인이라는 묘사에는 위험 부담이 따른다. 행여라도 예수를 죽인 게 로마라는 오해를 부를 수도 있는 도박인 셈이다. 그건 공관복음서와 완전히 상충될 뿐 아니라, 친로마를 추구하는 복음서 저술의 목적 자체를 훼손하는 게 아닌가? 아, 두 마리 토끼를 동시에 다 잡는 게 얼마나 어려운가? 그러나 요한은 최선을 다했다. 이 문제를 해결하기 위해서 그는 빌라도에게 각별한 정성을 쏟았다.

먼저 공관복음 속 대제사장이 주도하는 취조 내지 재판 장면까지 완전히 삭제했다. 애초에 유대인에게는 십자가와 관련해서 지면을 할애할 가치도 없는 것이다. 그 대신 빌라도와 관계에 치중한다. 예수를 마치 수다스러운 그리스인처럼 만들면서까지, 예수와 빌라도 사이에 보이지 않는 끈끈한 라포(rapport, 친밀감)를 형성한다. 가능한 모든 '지면'은 로마인 빌라도에 쏟자는 게 요한의 생각이다. 이에 반해서 마가복음에서 예수가 빌라도에게 한 말은 딱 한 문장이다.

빌라도가 예수께 물었다. "당신이 유대인의 왕이오?" 그러자 예수께서 빌라도에게 대답하셨다. "당신이 그렇게 말하였소." 대제사장들은 여러 가지로 예수를 고발하였다. 빌라도는 다시 예수께 물었다. "당신은 아무 답변도 하지 않소? 사람들이 얼마나 여러 가지로 당신을 고발하는지 보시오." 그러나 예수께서는 더 이상 아무 대답도 하지 않으셨다. 그래서 빌라도는 이상하게 여겼다.

(마가복음 15:2-5)

2부 컨스피러시: 형성, 왜곡 그리고 함정

너무 말이 없어서 빌라도의 눈에 이상하게 비친 예수, 마태복음은 이 부분에서 마가복음을 거의 그대로 베꼈다. 뜬금없이 헤롯을 등장시킨 누가복음도 별반 다르지 않다.[108] 그런데 요한복음에서 예수는 네 번에 걸쳐서, 그것도 긴 문장으로 빌라도에게 대답한다. 자세한 설명은 생략하지만, 요한만큼 빌라도에게 관대한 저자는 없다. 적지 않은 기독교 주석가가 예수를 향해서 진리가 무엇이냐고 묻는 그를 비난한다.

"진리를 바로 앞에 두고 진리가 무엇인지 묻는 빌라도는 어리석기 그지없습니다. 우리는 빌라도처럼 치명적인 실수를 하면 안 됩니다."

그러나 그건 요한이 그리는 빌라도를 곡해한 것이다. 행간을 자세히 관찰하면 빌라도는 예수가 진리일 뿐 아니라, 하나님의 아들이라는 사실도 깨달은 게 분명하다.[109] 그게 요한이 그리는 빌라도다. 먼저 요한은 예수가 죽는 것은 로마 때문이 아님을 예수의 입을 통해서 명확하게 한다. 예수가 빌라도에게 말한다.

"내 나라는 이 세상에 속한 것이 아니오. 나의 나라가 세상에 속한 것이라면, 나의 부하들이 싸워서, 나를 유대 사람들의 손에 넘어가지 않게 하였을 것이오."

(요한복음 18:36)

예수는 지금 내가 마음만 먹었다면 잡히지 않았을 것이라고 말한다.

---

108 여기서도 누가는 자신이 마가/마태와 달리 역사성에 치중한다는 사실을 드러내고 싶어 한다. "예수가 갈릴리 출신인데 왜 빌라도의 심판을 받는 거야?"라는 가능한 질문에 답을 주려는 것이다.
109 당연하다. 한낱 백부장도 깨닫는 복음의 진리를 빌라도가 모른다는 건 말이 되지 않으니까.

그리고 자신을 잡으려는 대상이 '유대 사람'임을 분명하게 한다. 빌라도, 그러니까 로마에 잡혀 있으면서도 예수는 유대민족을 범인으로 본다. 사실상 빌라도와 로마에는 아무런 책임이 없다고, 내 죽음의 모든 책임은 유대민족에게 있다는 말과 다르지 않다. 이어지는 장면을 살펴보자.

> 유대 사람들이 빌라도에게 대답하였다. "우리에게는 율법이 있는데 그 율법을 따르면 그는 마땅히 죽어야 합니다. 그가 자기를 가리켜서 하나님의 아들이라고 하였기 때문입니다." 빌라도는 이 말을 듣고, 더욱 두려워서, 다시 관저 안으로 들어가서 예수께 물었다. "당신은 어디서 왔소?" 예수께서는 그에게 아무 대답도 하지 않으셨다. 그래서 빌라도가 예수께 말하였다. "나에게 말을 하지 않을 작정이오? 나에게는 당신을 놓아줄 권한도 있고, 십자가에 처형할 권한도 있다는 것을 모르시오?" 예수께서 대답하셨다. "위에서 주지 않으셨더라면, 당신에게는 나를 어찌할 아무런 권한도 없을 것이오. 그러므로 나를 당신에게 넘겨준 사람의 죄는 더 크다 할 것이오." 이 말을 듣고서, 빌라도는 예수를 놓아주려고 힘썼다.
>
> (요한복음 19:7-12)

나는 앞에서 예수의 말 한마디에 뒤로 나가떨어진 로마 군인은 요한이 심은 떡밥이라고 말했다.

> 예수께서 그들에게 "내가 그 사람이다" 하고 말씀하시니, 그들은 뒤로 물러나서 땅에 쓰러졌다.

무엇을 위한 떡밥일까? 빌라도의 진심을 전하기 위해서다. 예수의 말 한마디에 군인들이 다 쓰러졌다는 기적에 관한 보고를 받은 빌라도, 그는 이미 예수의 능력을 알고 있다는 맥락으로 요한은 말하고 있다. 그 결과가 무엇인가? 예수가 하나님의 아들이라는 말에 빌라도가 두려워한다. 그게 다가 아니다. 나는 위에서 허락했기에 자진해서 죽는다는 예수의 말에 빌라도는 예수를 놓아주려고까지 힘쓴다. 빌라도는 알고 있다. 예수가 마음만 먹으면 로마 전체를 무너뜨릴 수도 있다는 것을 말이다. 그런 빌라도의 심정이 어떨까? 초조한 것이다. 그래서 예수의 석방에 더 힘을 쏟는 것이다. 복음서 저자에게 로마는 예수가 하나님이라는 사실을 깨달은 존재다. 로마를 변명하는 과정에서도 요한은 디테일을 놓치지 않는다. 신적 능력을 은근히 과시하는 중에도 예수는 모든 잘못이 유대인에게 있다는 사실을 반복해서 강조한다.

"위에서 주지 않으셨더라면, 당신에게는 나를 어찌할 아무런 권한도 없을 것이오. 그러므로 나를 당신에게 넘겨준 사람의 죄는 더 크다 할 것이오."

'나를 당신에게 넘겨준 사람'이 누구일까? 보통 대제사장으로 보지만, 가룟 유다로 볼 수도 있다. 그리고 결국은 유대민족이라는 말이다. 빌라도 앞에서 예수는 두 번씩이나 유대민족을 정죄한다.

"나를 유대 사람들의 손에 넘어가지 않게 하였을 것이오."

"나를 당신에게 넘겨준 사람의 죄는 더 크다 할 것이오."

잠시만 상식선에서 생각해보자. 예수, 굳이 빌라도 앞에서까지 이렇게 유대민족 욕을 해야 할까? 조금 전까지 제자들을 앉혀놓고, 아니 발까지 씻어주면서 사랑을 논하던 그가 아닌가? 뭐라고? 서로 사랑하라고? 아니, 아무리 유다가 배신자라고 해도, 적 앞에서는 배신한 제자라도 감싸는 게 스승 아닌가? 요한은 왜 이렇게까지 썼을까? 유대민족을 빌라도와 극명하게 대비하기 위해서다. 그러니까 로마를 대표하는 빌라도를 더 긍정적으로 그리기 위해서 기회가 있을 때마다 예수 살인자인 유대민족을 강조하는 것이다.

앞에서 예수는 유다를 구하지 않은 것도 다 말씀을 이루기 위해서였다고 분명하게 말했다. 마찬가지로 '위에서 주지 않았다면'이라는 소리도 같은 맥락이다. 한마디로 빌라도는 죄가 없다는 것이다. 로마는 무죄다. 오히려 예수를 살리려고 발버둥 쳤다. 사실 이런 빌라도를 향해서 예수는 베드로에게 했듯이, "사탄아, 물러가라!"고 외쳐야 하는데 절대 로마를 향해서는 그런 막말을 하지 않는다. 그러면서 예수는 자신을 넘겨준 유다 또는 유대인의 죄를 명확하게 특정한다. 참 이상하다. 왜 빌라도에게 적용하는 용서의 원리를 유다에게는 적용하지 않는 걸까?[110] 왜 유다가 빌라도보다 더 큰 죄인일까? 유다야말로 모두를 살리는 희생자가 아

---

110 사실상 다음 구절은 논리적으로 말이 안 된다. "위에서 주지 않으셨더라면, 당신에게는 나를 어찌할 아무런 권한도 없을 것이오. 그러므로 나를 당신에게 넘겨준 사람의 죄는 더 크다 할 것이오."

닌가? 심지어 빌라도까지?

바로 여기에 그리스도의 희생에 대한 기독교의 근본적인 모순이 있다. 선을 구현하는 그리스도를 죽이는 것은 나쁘지만, 그가 죽지 않으면 인류는 죄에서 구원받을 수 없다. 어떻게 할 것인가? 첫 번째 희생을 이루기 위해 두 번째 희생자가 필요한 것이다. 따라서 유다는 단지 빌라도의 알리바이뿐만 아니라 다른 모든 사람, 오늘날까지 그리스도의 죽음을 원하는 모든 기독교인의 알리바이를 맡고 있다.[111]

이런 논리도 가능하다. 예수가 인류의 구원자라면, 예수의 구원자는 가롯 유다다. 예수의 희생을 가능하게 만든 진짜 희생자는 유다다. 우리가 예수에게 감사한다면, 예수는 유다에게 감사해야 한다. 유다에게 큰절이라도 해야 한다. 그러나 현실에서는 어림도 없는 소리다. 논리적이지만 가능하지 않다. 예수의 은혜와 사랑을, 공적을 누군가와 나눈다고? 여전히 기독교가 막강한 영향력을 끼치는 세상에서는 상상도 할 수 없다.

요한은 예수가 고발된 이유가 종교적 이유, 율법을 어겼기 때문이라고 말한다.

유대 사람들이 빌라도에게 대답하였다. "우리에게는 율법이 있는데 그 율법을 따르면 그는 마땅히 죽어야 합니다. 그가 자기를 가리켜서 하나님의 아들

---

111 카트린 슐라르 책임편집, 『유다』, 212쪽(저자 문장 수정).

이라고 하였기 때문입니다."[112]

이 장면과 관련해서 조금 더 자세하게 살펴보자. 예수를 빌라도에게 데리고 온 유대인은 사실상 거짓말을 한다.

> 빌라도가 그들에게 말하였다. "그를 데리고 가서, 당신들의 법대로 재판하시오." 유대 사람들이 "우리는 사람을 죽일 권한이 없습니다" 하고 대답하였다.
>
> (요한복음 18:31)

무슨 거짓말인가? 예수를 죽일 권리가 없다는 거짓말이다. 물론 이게 거짓말이 아닐 수도 있다. 만약에 예수가 정치범이라면, 그들에게는 아무런 권한이 없다. 따라서 예수를 애초에 빌라도에게 데리고 온 것도 그렇기 때문이라고 이해할 수 있다. 예수가 정치범이고, 따라서 자신들에게는 죽일 권리가 없기 때문에 데리고 온 것이다. 그런데 이게 거짓말이라는 게 잠시 후에 밝혀진다.[113] 그러나 그전에 이런 거짓말이 필요했던 것도 다 말씀을 이루기 위해서라는 말이 유행가 후렴처럼 나온다.

---

112 자신을 '하나님의 아들'이라고 부르는 것은 전혀 율법을 어기는 게 아니다. 다른 복음서 저자들과 마찬가지로 요한복음 저자도 유대 율법에 얼마나 무지한지를 보여주는 부분이다. 복음서에는 시대착오에 빠진 오류가 넘친다.

113 거짓말 여부를 떠나서 이 장면은 역사성이 결여된, 유대 재판에 관해 무지한 저자의 창작이다. 그러니까 요한복음에 따르면 예수를 놓고 산헤드린이 일종의 '사전재판'을 했다는 건데, 이스라엘의 대법원 판사를 역임한 하임 콘은 이렇게 지적한다. "대산헤드린이든, 소산헤드린이든, 그들이 로마의 에이전트가 되어서 범죄 조사 역할을 했다는 기록은 전혀 찾아볼 수 없다." Halm Cohn, *The trial and death of Jesus*(Konecky & Konecky, 2000), pp.17, 109.

일이 이렇게 될 것은 예수님이 자기가 당하실 죽음에 대해서 이야기하신 그 말씀이 이루어지기 위해서였다.

(요한복음 18:32)

도대체 무슨 말씀이 이뤄지기 위해서인지는 차치하고라도, 하나님의 말씀이 대제사장들의 '거짓말'을 통해서 이뤄진다는 걸까? 하나님의 뜻을 이루기 위해서 굳이 거짓말까지 필요하다는 건가? 문제는 예수에게서 아무런 정치적 범죄를 찾지 못한 빌라도가 예수를 살려주려고 한다. 그제야 대제사장들은 실토한다.

유대 사람들이 그에게 대답하였다. "우리에게는 율법이 있는데 그 율법을 따르면 그는 마땅히 죽어야 합니다. 그가 자기를 가리켜서 하나님의 아들이라고 하였기 때문입니다."

(요한복음 19:7)

정상적 상황이라면 이 말을 들은 빌라도가 뭐라고 대답해야 할까?

"당신들, 나를 무슨 바보로 아는 거야? 아까 당신네한테는 사람을 죽일 권한이 없다고 했잖아? 종교적 이유면 너희들이 알아서 죽이면 되지 왜 나한테 데리고 와서 이 난리를 치는 건데?"

이러는 게 정상이다. 율법을 어긴 사람은 얼마든지 대제사장이 죽일 수 있다. 돌로 쳐서 죽이면 된다. 로마는 종교영역에 간섭하지 않는다. 그게 로마의 핵심 통치철학 중 하나였다. 그런데 대제사장들이 자신에게 죽일 권리가 없다고 '거짓말'을 했는데, 빌라도가 그냥 멍청하게 앉아만 있었다는 것이다. 그리고 한참 후에 이어지는 결과는 더 이상하다. 예수를 구하는 데 실패한 빌라도가 예수와 몇 마디를 더 나누고는 마침내 그를 유대인에게 넘긴다. 그리고 공관복음서보다 더 황당한, 비현실적인 상황이 등장한다. 빌라도에게 예수를 넘겨받은 대제사장들이 로마 군인에게 명령을 내려서 십자가 처형을 했다는 것이다.

> 이리하여 이제 빌라도는 예수를 십자가에 처형하라고 그들에게 넘겨주었다. 그들은 예수를 넘겨받았다.
>
> (요한복음 19:16)

자, 그래서 어떻게 되었는가? 예수가 십자가에 달렸다. 도무지 이해할 수 없는 설정이다. 왜 유대인이 율법을 어긴 사람을 십자가에 매다는가? 그것 자체가 율법을 어기는 일이다. 차마 상상도 할 수 없는, 결코 일어날 수 없는 주장을 요한복음이 펼치고 있다. 왜 이런 무리수를 둔 걸까? 예수가 십자가에서 죽은 게 로마의 잘못이 아니라 유대인의 책임이라는 말을 하기 위해서다. 비록 예수를 체포한 건 로마지만, 죽음은 종교적 이유라고, 그래서 유대인이 자행한 만행이라고 말하기 위해서다. 그럼 굳이 왜 빌라도에게 데려갔을까? 앞선 모든 공관복음서에 등장하는 빌라도를 뺄 수는 없으니까. 무엇보다 예수를 살리기 위한 빌라도의 노력을 더 강조해야 하니까.

그럼 모든 역사적 현실을 바탕으로 할 때, 빌라도의 등장을 어떻게 이해할 수 있을까? 정말로 예수가 율법을 어겼다면, 빌라도가 등장할 여지가 있을까? 한 가지 가능한 경우가 있다. 예수를 돌로 쳐서 죽이려는 대제사장을 빌라도가 막는 경우다. 왜 막을까? 빌라도가 보기에 정치적 범죄의 가능성이 있다면, 좋은 기회가 될 수도 있으니까, 유월절을 통해서 세계 각지에서 몰려든 사람들에게 로마에 대항하는 반역자의 말로가 무엇인지 '본보기'로 보여줄 수 있으니까. 그래서 일부러 더 잔혹한 십자가형을 실시하는 경우다. 그러나 정신이 제대로 박힌 정치가라면 이런 어리석은 일을 벌일 리 없다. 유대민족의 독립을 기념하는 유월절에 그들의 민족의식을 자극하는 무모한 행동을 할 리 없다.

예수의 재판 및 죽음과 관련해서, 예수 시대를 가장 현실적으로 그린 영화가 있다. 휴 숀필드의 책을 원작으로 만든 1976년에 나온 *Passover Plot*이다. 숀필드는 당시 상황을 다음과 같이 재현한다.

빌라도에게 로마에 반대하는 예수는 말 그대로 눈엣가시다. 그러나 그는 군이 예수를 십자가에서 죽임으로 민족영웅을 만들고 싶지 않았다. 유대민족을 자극해서 좋을 게 하나도 없다는 것을 너무 잘 알았기 때문이다. 그러나 어떻게 하든지 예수를 처리하고 싶었던 빌라도는 한 가지 묘안을 짜냈다. 산헤드린이 신성모독죄로 예수를 처리하도록 하는 것이다. 그건 빌라도에게 로마의 손에 피를 묻히지 않고 정적을 없애는, 일석이조의 효과였다. 유월절이기에 공식 모임 자체가 불가하다는 산헤드린의 항의에도 빌라도는 조금도 꿈쩍하지 않고 산헤드린, 대제사장들을 협박한다.

"산헤드린을 소집하시오. 당신네가 알아서 당장 죽일 방법을 찾아내라고. 당신들이 나를 도우리라 나는 확신하오. 예수에 관한 내 뜻이 확고

하다는 점을 명심하시오."

마침내 산헤드린에서 심의가 열리자, 엄격하게 율법을 지키려는 바리새인의 항의가 특히 강경하다. 궁지에 몰린 대제사장이 변명한다.

"우리는 로마와 공존하는 법을 찾아야 하오. 어쩔 수 없소. 이건 빌라도가 원하는 것이오."

마침내 예수가 앞에 불려 오고 신성모독죄 여부를 확인하기 위한 대제사장의 세 가지 질문이 이어진다.

"행여 아무도 없을 때라도 그대는 하나님의 거룩하신 이름을 입에 망령되게 담은 적이 있는가?"

"없습니다."

"하나님을 저주한 적이 있는가?"

"없습니다."

"사람들로 하여금 다른 신을 섬기도록 유도한 적이 있는가?"

"없습니다."

심문을 마친 대제사장이 빌라도를 찾아간다.

"이 사람에게서는 아무런 죄를 찾을 수 없소."[114]

---

114 복음서가 예수를 신성모독죄로 정죄한 이유는 그가 자신을 그리스도, 그러니까 메시아라고 했기 때문이다. 대제사장이 예수께 물었다. "그대는 찬양을 받으실 분의 아들 그리스도요?" 예수께서 말씀하셨다. "내가 바로 그이요. 대제사장은 자기 옷을 찢고 말하였다. "이제 우리에게 무슨 증인들이 더 필요하겠소? 여러분은 이제 예수가 하나님을 모독하는 말을 들었소. 여러분의 생각은 어떠하오?" 그러자 그들은 모두, 예수는 사형을 받아야 마땅하다고 정죄하였다.(마가복음 14:61-62, 63-64) 그러나 메시아라고 부르는 건 신성모독이 전혀 아니다. 2차 유대-로마 전쟁 당시 지금도 존경받는 랍비 아키바는 반역의 수장 바 코크바를 공식적으로 '메시아'라고 불렀다. 그 누구도 그런 아키바를 또 바 코크바가 신성모독죄를 범했다고 하지 않는다. 얼마나 복음서 저자들이 시대착오에 빠진 사람인지를 잘 보여준다. 문제는 기독교에서 가장 중요한 십자가를 둘러싼 거의 모든 상황에 오류가 넘친다는 것이다.

격노한 빌라도는 어쩔 수 없이 재판을 열고 예수를 향해 "진리가 뭐냐?"라고 피식피식 웃으며 형식적인 심문을 한다. 그러고는 침묵하는 예수에게 십자가 사형을 선고한다.

그러나 요한복음은 역사가 알려주는 사실과 가장 거리가 먼, 현실과 180도 다른 설정을 한다. 빌라도가 예수를 살려주려고 안간힘을 쓰고, 유대민족이 그를 죽이려고 혈안이 되었다고, 게다가 십자가형을 유대인이 내렸다고 주장한다.

마가가 그린 유다가 오리무중이라면, 마태는 그린 유다는 돈벌레다. 그리고 누가는 반쯤 희생된 인물로 그렸다. 요한은 결코 유다를 희생자로 만들고 싶지 않았다. 그에게 중요한 건 예수의 신성이기 때문이다. 그러나 유다라는 인물 자체를 삭제하지 않는 한, 희생자가 되는 유다를 막는 건 불가능했다. 결국 유다는 요한에 의해서 완전한 희생자가 되었다. 그는 기독교의 희생자가 되었다.

중세의 암흑기에나 가능했을 비논리적인 악인 유다가 지금도 통한다는 건 비극이다. 누구라도 이성적으로 바라본다면, 그는 희생자다. 그러나 기독교는 결코 유다를 희생자로 받아들일 수 없다. 유다가 희생자가 되는 순간, 예수가 가해자가 된다. 이게 무슨 의미일까? 기독교 구원교리에 심각한 문제가 있음을 스스로 인정하는 것이다. 그래서 유다는 죽어야 한다. 예수가 살기 위해서는 지난 2,000년 동안 그랬듯, 유다는 오늘도 죽어야만 한다.

에필로그

'예수의 십자가 죽음' 이야기를 그 어떤 선입관이나 편견 없이 접하는 사람이라면, 가룟 유다의 배신 앞에서 자연스럽게 이런 질문이 떠오를 것이다.

"아니, 인류를 구원하는 데 배신자가 왜 필요하지?"

"배신의 동기가 뭐야? 그리고 무슨 배신을 했다는 거야?"

"이것저것 다 떠나서, 유다가 배신하지 않았다면, 십자가는 불가능했다는 거야?"

그런데 정작 나는 아주 오랫동안 유다의 배신과 관련해서 별다른 의문을 가진 적이 없었다. 악질 중 악질, 차라리 태어나지 말았어야 하는 종자, 예수의 사랑을 배반한 자 등, 내가 태어나면서부터 그와 관련해서 세뇌된 기존 관념에서 빠져나오지 못했기 때문이다. 그런데 정작 내가 이상하다고 생각했던 부분은 따로 있었다. 예수가 죄인을 위해서 대신 죽었다, 또는 희생했다는 주장이었다.

"아니, 예수가 무슨 희생을 했다는 거지? 3일 만에 살아나서 엄청 영광 받았잖아? 진짜로 죽어야 희생이지, 잠시 죽었다가 살아나는 게 무슨 희생이야? 그리고 자기 아들을 죽일 만큼 인류를 사랑한다는 하나님의 사랑도 좀 웃겨. 진짜로 아들을 잃어야 사랑이지, 잠시 죽였다가 다시 살릴 건데, 뭐가 그리 대단한 사랑이라고 호들갑이야? 그 정도 죽었다 살아나는 희생이나 사랑은 나도 가능할 것 같은데? 해피엔딩이 보장된 짜고 치는 고스톱이잖아? 대박이 보장된 투자잖아?"

마비된 이성을 흔들어 깨워 정신을 차릴 수만 있다면, 당신 눈에도 분명히 보일 것이다. 기독교의 '모든' 주장은 인간의 이성을 모욕하는 황당하기 그지없는 이야기라는 것을. 그리고 허무맹랑하기 이를 데 없는 이야기의 중심에 바로 가룟 유다의 배신이라는, 인간의 붓끝에서 나온 가장 사악한 이야기가 있다는 것. 그리고 그 이야기는 진리라는 가면을 쓰고 피를 불렀다는 사실이다.

인류 역사에 발생한 가장 큰 비극이 뭘까?

예수를 역사로 만든 복음서의 등장이다.

더 큰 비극은 그 복음서를 정경으로 숭상하는 기독교 종파가 로마제국의 국교가 되어 무려 1,000년이 넘는 세월 동안 인류의 정신을 질식했다는 사실이다. 신화에 머물러야 할 예수 이야기가 역사 속에 자리 잡자, 정작 보존해야 할 인류의 역사와 전통은 이교(pagan)와 이단이라는 이름으로 파괴되고 사라졌다. 신화에 머물러야 할 예수 이야기가 역사 속에 자리 잡자, 이성은 마비되고 진리라는 이름으로 자행된 잔혹한 인간 사냥이 역사를 피로 물들였다. 유대민족을 향한 증오와 복수야말로 마비된 이성과 권력 집착이라는 기독교의 속성을 가장 잘 드러내는 사례다.

백번 양보해서, 오로지 예수의 죽음만이 인류의 구원을 가져온다고 치자. 구원자답게 죽는 방법이 배신당해 죽는 길밖에 없었을까? 그것도 배신자를 향해 저주하며 죽는 방법밖에 없었을까? 예수가 정녕 구원자 라면, 거기에 걸맞은 죽음은 수도 없이 많다.

인류를 위한 금식기도를 하다가 굶어 죽는 것, 당당하게 빌라도에게 찾아가서 유대 땅을 해방하라며 외치다가 순교하는 것, 훨씬 구세주다운 죽음 아닌가?

그러나 기독교의 하나님이 선택한 방법은 한때 선택했던 민족을 희생제물로 삼는 것이었다. 결과적으로 그들로 하여금 잠시 죽었다가 살아난 예수와는 비교도 안 되는 '진짜 희생'을 치르도록 만들었다.

마비된 이성을 흔들어 깨워, 정신을 차릴 수만 있다면, 이 모든 건 증오에 눈이 먼 누군가의 창작 외는 설명할 길이 없다. 비극은 역사가 되어버린 증오의 창작이 인류의 재앙을 불렀다는 것이다.

기독교가 인류에게 가한 모든 만행은 문자적 해석 때문이다. 기독교 초기부터 시작해서 기독교 역사 전체를 그토록 비극적으로 만든 반유대주의, 홀로코스트까지 이른 그 만행의 뒤에도 문자적 해석이 자리 잡고 있다. 600만 유대인을 죽인 건 교회가 아니다. 그러나 수 세기에 걸친 예수 수난을 문자적으로 이해하고 받아들인 것 …… 특히 마태복음 속 "그의 피를 우리 후손에게 돌리라"와 그 외 여러 반유대주의 구절은 수 세기에 걸쳐서 마틴 루터까지 포함한 수많은 신학자에게 이어졌고, 마침내 홀로코스트가 가능하도록 했다. 지금도 유대인, 동성애자, 무슬림 등을 향한 증오는 여전히 성경을 문자 그대로 이해해야 한다는 사람들에 의해서 부추겨진다. 기독교의 문자주의가 사라지지 않는 한, 인류에게 평화란 있을 수 없다.[1]

이 책은 독자가 이야기를 이야기로, 신화를 신화로 보도록 하는 데 작은 계기가 되었으면 하는 바람으로 썼다.

2023년 7월
옥성호

---

1   Tom Harpur, *The Pagan Christ* (Thomas Allen publishers, 2004), p.186.